JN005688

合力 知工 *Chiko Goriki*

著

新

「逆転の発想」の経営学——創造性が生み出す力

同友館

はじめに ―改訂にあたって―

　本書は、2010年に同友館から出版されたものであるが、時代の流れとともに企業経営を取り巻く環境が大きく変化したことを見据え、10年を一つの区切りとして、そのコアコンセプトは残し、事例の入れ替えを中心に新たな知見を加えるなどして、新版とすることにした。

　本書の構成は、四部構成で、第Ⅰ部が「モノの見方」、第Ⅱ部が「経営戦略の基礎理論」、第Ⅲ部が「理念型企業」、第Ⅳ部が「社会と共生する企業経営」となっている。

　まず、第Ⅰ部の「モノの見方」は、本書にとってまさに核心部分である。経営戦略の策定にとって最も重要なのは、その方法論よりもむしろ方法を生み出す土台となる「モノの見方」であると著者は考えている。しかし、経営戦略論に関する多くの文献が、この「土台」を飛ばして、その「上物」ばかりに焦点が当てられている。そこで、本書では、まず第Ⅰ部でこの「土台」に相当する「モノの見方」について、「Creativity（創造性）」と関連させながら、できる限り平易な表現をし、分かり易い説明になるように工夫した。第Ⅱ部以降は、いわゆる経営戦略について著者なりの視点から考察しているが、第Ⅰ部を理解したうえで第Ⅱ部以降に進むと、その内容や著者の意図が非常に明確に伝わるのではないかと期待している。

　第Ⅰ部の第1章と第2章では「発想の仕方」や「Creativityの重要性」について、心理学的あるいは脳科学的視点から説明し、第3章では「逆転の発想」で収益を伸ばしている企業の事例として、「ヴィレッジヴァンガードコーポレーション」「未来工業」「佰食屋」を紹介している。

　第Ⅱ部では、著者が経営戦略に関して最も基礎的な知識として押さえておくべき項目を、多数ある中から、第1章「経営戦略の役割と策定プロセスおよび組織の3要素」、第2章「PPM（Product Portfolio Management）」、第3章「SWOT分析（『PEST分析』『3C分析』『5F《ファイブフォース》分析』『RFM分析』『VRIO分析』）」、第4章「競争戦略と協調戦略」、第5章「リーダーシップ論」、第6章「CRM（Customer Relationship Management）」に絞り、事例とともに説明を加えている。

　第Ⅲ部では、まず第1章で「ヒトの繋がりの重要性」について考察し、そ

れらを重視することを経営理念に据えている企業の事例として、第2章で「本田技研工業」、第3章「日本理化学工業」、第4章「伊那食品工業」、そして第5章で「アトラエ」を挙げている。

　第Ⅳ部では、第Ⅰ部から第Ⅲ部を踏まえたうえで、「社会と共生する企業経営」について考察している。著者は、いかなる経営戦略も程度の違いはあれ、企業と社会とを繋ぐ役割を果たし、企業の利益とともに社会の利益を創出するようなものでなければ、その存在意義はないという立場をとっている。そのようなスタンスを貫くには、CSR（Corporate Social Responsibility：企業の社会的責任）の正しい理解と、CSRに大きく影響を及ぼす企業倫理とCSRとの関連性を明確にしておく必要があり、その考察を第1章と第2章で行っている。

　また第3章では、「社会と共生する企業経営」の近年の動向の一つとして、CSV（Creating Shared Value：共通価値の創造）について考察し、そして、最後に第4章において、CSV（≒積極的CSR）の事例として、「ボーダレス・ジャパン」の取組について紹介している。

　本書は、とにかく「ヒトの重要性」を強調している。社員であれ、顧客であれ、取引先であれ、株主であれ、ヒトには無限の可能性があり、その可能性を引き出すことが経営戦略の醍醐味であると著者は考える。したがって、経営者はまず「ヒトの保有する考えや能力がどんなものであるのか」を把握し、そしてそれらを把握できたら次に「それらをいかにして引き出すか」について、柔軟な「モノの見方」を駆使し、知恵を絞って考え、実際に行動を起こす、という段取りを踏む必要がある。もちろん、多くの経営者は知恵を絞っているに違いないし、著者も上述したような段取りを踏んでいる経営者を多数知っている。しかし、問題は、その知恵を絞る「土台」を確立しないままに工夫をして自己満足あるいは達成感を味わっていたり、上述したような段取りを踏んでいなかったりする経営者も多数存在するということである。

　社員であれば「ヒトのリストラ」は最終の最終の最終手段である。社員のパフォーマンスが低い場合、社員に問題があるのは確かであるが、「社員だけに問題がある」というケースは非常に少ない。そのように考えたい気持ちはよく分かるが、それは企業に都合のよい解釈をしたいだけであり、それを繰り返していても企業全体の業績は上がらないであろう。企業にも問題があ

るのである。

　その問題を直視した多くの企業は、その根源に「ヒトに対する自社の見方の誤り」があることに気づく。見方を誤れば環境づくりも誤り、活用の仕方も誤ることになる。だが、見方を正せば、環境づくりも正され、活用の仕方も正される。そして、社員のパフォーマンスも上がることになる。

　例を挙げよう。多くの企業は社員のスキル面を重視し、その管理を徹底的におこなうかもしれない。だが、本当に重要なのは、社員のスキルの管理ではなく、社員の「ヒトとしての管理」である。もっと噛み砕いて言えば、経営者や管理者にとって、「スキルに関するデータベース」作りよりも「個人に関するデータベース」作りの方が重要であるということである。では、「個人に関するデータベース」とは何か。それは、社員に紙とボールペンを渡して質問項目に答えさせることにより得た、一方通行の情報ではなく、自らが日々社員とコミュニケーションをとることによって得た、双方向の情報のデータベースである。これを活用すれば社員のパフォーマンスは、少なくとも「スキルのみのデータベース」よりも上がるはずである。詳細は第Ⅱ部の第1章をご覧いただきたい。

　顧客に対しても同様である。顧客ニーズを探るには、顧客に「潜入」し、顧客の「本音」を引き出す必要がある。その方法のひとつが「クレームの掘り起こし」である。詳細は、第Ⅱ部の第6章をご覧いただきたい。

　社員の「個人に関するデータベース作り」、顧客の「クレームの掘り起こし」で社員と顧客に約束されるもの、それは「安心感」である。

　クレアモント大学の心理学者であったM.チクセントミハイ教授の提唱している「フロー理論[1]」によると、人間はフロー（flow）な状態でパフォーマンスが最高に上がるという。フローとは「人間がそのときしていることに完全に浸り、精力的に集中している感覚に特徴づけられ、完全にのめり込んでいる精神状態」であり、本人の「能力」と「挑戦」がより高いレベルで均衡している状態のことを指す。そして、フロー状態の構成要素として、①明確な目的がある、②迅速なフィードバックが得られる、③挑戦と能力が均衡している（易しすぎず、難しすぎない）、④高度に集中している、⑤時間を忘れる、⑥自分で制御している感覚がある（手応えがわかり、自分で調整できる）、⑦やっていることに価値を見出せる、の7つを挙げており、フロー状態になれない最大の阻害要因を「潜在的な不安」としている。

フローな状態とはまさに社員のパフォーマンスが高い状態であり、顧客がロイヤルカスタマー（優良顧客）化している状態である。チクセントミハイ教授のフロー理論を支持するならば、この状態を社員や顧客にもたらすには、彼らに「安心感」を与えることが何よりも重要ということがわかる。社員を頻繁に整理したり、非正社員化したり、商品の価格を上げたり下げたりすることは、社員や顧客に不安を与える。それは決して優れた経営戦略とは言えないのである。

　本書では、「ヒトを大切にする経営戦略」について、その根拠、具体的なやり方、事例などについて紹介している。研究者や学生はもちろんのこと、ビジネスマンや特に中小企業の経営者の方々に是非、読んでいただきたいと願っている。

2022年2月

合力　知工

〔注〕
1　日本能率協会編（2009）、pp.36-38

【参考文献】
　日本能率協会編（2009）『働く人の喜びを生み出す会社』日本能率協会マネジメントセンター

目　次

モノの見方

―あなたは損をしていないか―

我々は何か行動を起こす前に、意識的であろうと無意識であろうと、必ず「考えて」いる。では、その「考え」のもとになっているものは何か。それは「モノの見方」である。この「モノの見方」は不変ではない。「転換」させることが可能だ。しかし、ずっとこれを転換させないままの人もいる。大学生には大学生なりの、社会人には社会人なりの「モノの見方」があるはずだが、これがもし小学生のときと変わっていないとしたら…、そしてこの先、ずっと変えないとしたら…、あなたは必ず損をするだろう。

　経営戦略も同様である。一般に、経営戦略は「分析」が重視されるが、実際は、その策定者あるいは策定グループの「モノの見方」が強く影響する。したがって、経営トップであろうと経営ミドルであろうと、また経営ロワーであろうと、戦略策定者は、何よりも自身の「モノの見方」を見つめ直し、常に頭を柔らかくしておく必要がある。

　第Ⅰ部では、「モノの見方」について、「Creativity（創造性）」と関連させながら、どのようにすれば「モノの見方」が変えられるか、そして、その「モノの見方」の活用事例などについて説明していく。

1. 「Creativity（創造性）」の育て方

(1) Creativity が必要とされる背景

　近年、我が国でも第 4 次産業革命[1]や Society5.0 などへの対応の方向性に関する議論が始められており、大学であれ小学校であれ、教育現場では、このような社会で活躍できる人材の輩出を念頭に置いた教育が、今後益々必要となるであろうし、それは企業においても同様であろう。

　第 4 次産業革命や Society5.0 への対応に必要な基礎力として、最も重要な力の一つが「創造性（creativity）」であると言われており、この創造性の育成は、企業が持続的に成長していくためにも必須の力であると言える。

①我が国における第 4 次産業革命の動き

　2016 年 1 月、経済産業省は、「第 4 次産業革命への対応の方向性」[2]を示した。その中に「我が国の『仕事・働き方』を取り巻く環境の変化」につい

て述べられているが、そこには「少子高齢化の進展、グローバリゼーションの深化・産業構造変化の加速化にさらに第 4 次産業革命の発現という要素が加わることにより、我が国の『仕事・働き方』を取り巻く環境は大きく変化しつつある」とある。

　まず、少子高齢化が進行すると、短期的には、景気拡大に伴い人手不足が顕在化し（特にサービス業、中小企業）、中長期的には、少子高齢化が加速して、2060 年には人口は 8700 万人になると試算されており、その結果、労働供給の制約により経済成長が阻害されることが懸念されている。

　また、グローバリゼーションが深化し、産業構造の変化が加速化すると、人は生まれ育った国や一つの企業に定着するというより、生活する国を選んだり、より能力を発揮できる企業へ移ろうとするため、企業は迅速に事業再編をしたり、ダイバーシティを進めたり、雇用の流動性を前提とした組織構造の変革を迫られることになるだろう。

　こうした状況下で到来した第 4 次産業革命であるが、この発現により、AI やロボット等を通じて非定型労働についても生産性の向上・省力化が進展し、それに伴ってビジネスプロセスも変化することになるだろう。つまり、人手不足産業における労働需給のミスマッチが解消される可能性が広がり、我が国の雇用のボリュームゾーンである従来型の仕事は大きく減少し、新たな雇用ニーズに転換していくことが予想されるため、企業は組織や事業の変革を迫られるということである。

　では、第 4 次産業革命下で、新しい内容の仕事に対応するためにはどのようなマインドや基幹能力が必要となってくるだろうか。経済産業省では、そのマインドとして「チャレンジ精神」「自己研鑽意識」「多様性・異文化理解」、基幹能力として「創造性」「問題発見・解決力」「マネジメント力」「ヒューマンタッチ・コミュニケーション」を挙げている[3]。

②我が国における Sosiety5.0 の動き[4]

　総務省は、Society5.0 を「サイバー空間（仮想空間）とフィジカル空間（現実空間）を高度に融合させたシステムにより、経済発展と社会的課題の解決を両立する、人間中心の社会（Society）」と定義している。

　ちなみに、Society 1.0 とは狩猟社会、Society 2.0 とは農耕社会、Society 3.0 とは工業社会、Society 4.0 とは情報社会を意味し、Society5.0 はそれらに続

く、新たな社会を指すもので、第5期科学技術基本計画において我が国が目指すべき未来社会の姿として提唱されている。

　これまでのSociety4.0では、a「知識・情報の共有、連携が不十分」、b「必要な情報の探索・分析の負担が大きい」、c「地域の課題や高齢者のニーズなどに十分対応できていない」、d「年齢や障がいなどにより、労働や行動範囲に制約がある」などの問題がうまく解決できていなかったが、Society5.0では、a「IoT[5]ですべての人とモノが繋がり、新たな価値が生まれる」、b「AIにより、必要な情報を必要な時に提供・取得できる」、c「各分野のイノベーションにより、様々なニーズに対応できる」、d「ロボットや自動走行車などの技術で、人の可能性が広がる」というようなことが実現されると考えられている。

　Society 4.0では、人がサイバー空間に点在するクラウドサービス（データベース）にインターネット経由でアクセスして、情報やデータを入手し、分析をおこなっていたのに対し、Society5.0では、フィジカル空間の各種センサーから膨大な情報が集積されたサイバー空間において、その集積されたビッグデータを人工知能（AI）が解析し、その解析結果がフィジカル空間の人間に様々な形でフィードバックされることになった。

　つまり、Society 4.0とSociety5.0の最も大きな違いは、前者の社会においては「人間が情報を解析することで価値が生まれてきた」のに対し、後者の社会においては「膨大なビッグデータを人間の能力を超えたAIが解析し、その結果がロボットなどを通して人間にフィードバックされることで、これまでには出来なかった新たな価値が産業や社会にもたらされる」ということであろう。

　さて、上述したように、第4次産業革命とSociety5.0の到来にあたって、AIやロボット等を含め、デジタル技術は指数関数的に進展していくであろう。一見、こうした社会の進展は、「人間の力を必要としない」ようにも映るが、事実はその逆で、こうした社会が進展されるからこそ、人間の力はこれまで以上に必要となる。

　ただし、当然、このような社会においてAIやロボットに代替されるような力では意味がない。「AIやロボットに仕事を奪われた」などという議論は成り立たなくなり、「AIやロボットが出来ないような仕事」を考えていくこ

とが現実的であり、そこで必要であると考えられるいくつかの力の中でも、本書が特に注目するものが「Creativity」ということになる。

では、どのようにすればCreativityを育成することができるか。次節では、その育成の仕方について述べていきたい。

(2) Creativity の定義

まず、Creativityの定義をしておこう。本書では、Creativityを

「過去に存在しない、新規あるいは差別化された、
　生産的な考えやモノを生み出す能力」

と定義したい。

この定義において重要なのは「生産的な」という部分である。どんなに創造性があるものであっても、それが社会とは無関係の個人的なものであったり、独りよがりなものであったりするものはあまり意味がない、というのが著者の考えである。

著者は、Creativityを育成するためには、「モノの見方・習慣」が大きく関わっており、具体的には、「『人には無限の可能性（潜在能力）が広がっている』という事実を信じる」ということと、「Critical Thinking（批判的思考・常識を打ち破る思考・偏見から抜け出す思考）を怠らない」ということが重要であると考えている。以下、それらの説明をして、その後に、Creativityを発揮している企業の事例をいくつか紹介しよう。

(3) 「人には無限の可能性（潜在能力）が広がっている」という事実を信じる―自らの可能性を制限していないか？―

①人は見ようとするものしか見えないし、聞こうとするものしか聞こえない

ポジティブ心理学者[6]であるタル・ベン・シャハー[7]は、その著作である『Q・次の2つから生きたい人生を選びなさい：ハーバードの人生を変える授業Ⅱ』の中で、ヘレンケラーのエッセー「目の見える3日間」を引用して次のように述べている[8]。

1歳7か月のときに病が原因で視力と聴力を失ったヘレンは、もしも3日間、目が見えて耳も聞こえたら何をするだろうか、ということを書いています。

　このエッセーの中でヘレンは、森の中を1時間散歩してきた友人との会話を回想しています。そのときヘレンは友人に森の中にどんなものがあったかと尋ねました。すると友人は「別に何も」と答えたのです。ヘレンは森の中を歩いてきて「別に何も」ないなんてことがどうして言えるのだろうと思いました。

　　目の見えない私から、目の見えるみなさんにお願いがあります。明日、突然目が見えなくなってしまうかのように、すべてのものを見てください。明日、耳が聞こえなくなってしまうかのように、人々の歌声を、小鳥の声を、オーケストラの力強い響きを聞いてください。明日、触覚がなくなってしまうかのように、あらゆるものに触ってみてください。明日、嗅覚と味覚を失うかのように、花の香りをかぎ、食べ物を一口ずつ味わってください。五感を最大限に使ってください。世界があなたに与えてくれている喜びと美しさを讃えましょう。

　このヘレンケラーの話から導き出せる重要な教訓は、「人は見ようとするものしか見えないし、聞こうとするものしか聞こえない」という事実である。

　森の中を歩いてきて「別に何も」なかったと答えた友人は、確かに生い茂る緑を見て、小鳥のさえずりや虫の声を聞いたはずである。しかし、その友人は「そこにあるはずのもの」に何も気づかなかった。

　我々は、果たして、日常生活の中で、他者に対しても自分自身に対しても、「真の姿」を見ようとし、「真の声」を聴こうとしているだろうか。それを見聴きせずに、「あの人（自分）は優秀だ」とか「あの人（自分）はダメな人間だ」とか、勝手に判断してはいないだろうか。

　もし、これまでの生活で「真の姿」「真の声」を見聴きしていなければ、それは幸いであるとも言える。なぜならば、これからそれらを見聴きすることによって、他者や自分のこれまで見聴きしていなかった姿や声、すなわち潜在的な能力に出会うことができるからである。

②答えはいつも自分の中にある―「事実」と「現実」の違いを知る：マインドセット―

事実と現実。似て非なる言葉である。

事実とは、「ある出来事を客観的に捉えたもの」であり、誰が見ても聞いても同じである。例えば、「伊藤博文は日本の初代内閣総理大臣である」というのは事実であり、人によってこれが変わるということはない。

一方、現実とは、「ある出来事を、客観的かつ主観的に捉えたもの」であり、個々人の「主観的な解釈」によって異なる。例えば、「伊藤博文は優秀な日本の初代内閣総理大臣である」というのは、ある人にとってはそうかもしれないし、別の人にとっては違うかもしれない。このような違いを生み出すのは、「優秀な」という「解釈」が入るからである。

同じ「事実（経験、出来事）」でも、それをどう解釈するかによって、「現実」はまったく違うものになる。「私は人間である」というのは事実である。そこに「ダメな」というネガティブな解釈が入れば、「ダメ人間」という現実が待っており、「思いやりのある」というポジティブな解釈が入れば、「思いやりのある人間」という現実が眼前に広がることになる。

「答え」はいつも我々の中にある。つまり、解釈次第で「答え」は変わり、「答え」次第で自らの可能性は狭くも広くもなるのである。

自分の置かれた状況をどのように経験するか、またその中で成功できるかどうかは、マインドセット、すなわち心の持ちよう（解釈）によって、絶えず変化する。具体的には、幸福と成功をもたらす「てこの力」が最大になるように、「心の持ちよう（てこの支点）」を調整すればいいのである。

我々は誰しも潜在的な能力を秘めているが、潜在的な可能性を最大にする力は、2つの重要な要素に基づく。一つはてこの長さ、つまり「自分が持っていると信じる潜在能力や可能性」、もう一つは支点の位置、つまり「変化を起こす力を生じさせるマインドセット」の2つである。

我々の潜在的な可能性というのは固定したものではない。見方や習慣を変えて、自分の潜在能力を掘り起こし、支点をポジティブな方に動かせば（つまり、マインドセットをポジティブに変えれば）、より大きなてこの力（レバレッジ）を生み出すことができる[9]。

図表Ⅰ-1　マインドセットの概念図（○は出来事の大きさ、▲は心の持ちよう）

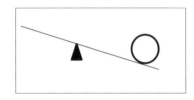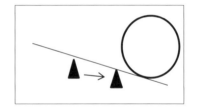

　これを図表Ⅰ-1で説明してみよう。○は事実（経験、出来事）であり、▲は心の持ちよう（支点）である。例えば、○の事実が「親友の事故」だとする。左図の程度の軽い事故であれば、それを受け止める（持ち上げる）ことは可能である。しかし、それが右図のように、親友を死に至らしめるような大事故であったら、どうであろうか。もし、支点（心の持ちよう、マインドセット）をそのままにして、その事故を解釈しようとしても、それを受け止める（持ち上げる）ことはできないかもしれない。無理をして受け止めよう（持ち上げよう）とすると、支点のところからポキっと折れてしまうかもしれない。

　では、親友の死を一生受け止めることはできないのか。もし、支点（心の持ちよう、マインドセット）を固定させて動かさないというのであれば、そうなのかもしれない。しかし、もし、支点（心の持ちよう、マインドセット）の位置をポジティブの方向に動かすことができればどうであろうか。てこの長さ（自分が持っていると信じる潜在能力や可能性）が長くなり（広がり）、これを受け止める（持ち上げる）ことができるかもしれないのである。

　「コップに半分の水が入っている」という事実を、「もう半分しか残っていない」とネガティブに解釈すると、「焦る」という現実が待っている。しかし、「まだ半分も残っている」というポジティブな解釈をすると、「感謝」引いては「落ち着く」という現実になるだろう。

　「失恋した」という事実を、「悔しい」とネガティブに解釈すれば、「ずっと引きずり、他のことが手につかない」という現実が待っており、ともすれば「ストーカーになる」という現実まで襲ってくるかもしれない。しかし、「良い経験だった。勉強になった」というポジティブな解釈をすれば、「次の恋愛を探し始め、新しいことにチャレンジする」という現実が待っているかもしれない。

　「受験や昇格試験に失敗した」という事実を、「もうダメだ」とネガティブに解釈すると、「挫折、やる気が出ない」という現実が待っている。しかし、「自分の力不足だ。自分にはもっと潜在能力があったはずだ」とポジティブに解釈すると、「努力し、第一志望以外の場所で新たな意義を見つけ、自己成長に繋げる」という現実が広がってくる。

　我々が最高の環境に恵まれることは稀である。しかし、不遇の環境でも最高の選択をすることは誰にでも可能である。眼前の事実に対して、どのような解釈をするかということが、どのような選択をするかに大きく関わっている。これら一つひとつの解釈や選択、すなわち、「モノの見方」が自らの潜在能力を刺激し、新しい、かつ、価値あるものを創造していく力— Creativity —へと変換されるのである。

③生産性を高める（成果を出す）ためには、「幸福感」が不可欠である

　さて、「失恋した」という事実に対して、「悔しい（ネガティブな解釈）」「良い経験だった（ポジティブな解釈）」という２つの解釈の仕方があると述べたが、この場合、前者と後者ではどちらがより幸福感を感じているだろうか。もちろん、後者であろう。必ずしも「ポジティブな解釈＝幸福感」という等式が成り立つわけではないが、ポジティブな解釈が幸福感に何らかの「正の相関性」をもたらしていることは、ポジティブ心理学や脳科学の研究結果により明らかになっている。

　後者の解釈は、松下電器創業者である松下幸之助の言う「主体変容」、あるいは経営コンサルタントであるスティーブン・コヴィーが『７つの習慣』で示した「インサイド・アウト」[10]のような「モノの見方・習慣」、すなわち「状況を変えたければ、まず自らが変わる」という姿勢から生じる。

　「インサイド・アウト思考（内省、自己責任から始める）」の人の口癖は「〜のおかげ」であり、自分の周囲の事実に対して、たとえそれが誰の目にも最悪と映るような事実に対してでさえも、「それがあったおかげで」と考える。

　こうした「モノの見方」を習慣化することにより、自らの行動の結果に満足できるようになると、人は幸福感を抱くようになる（成功の習慣）。

　一方、前者の解釈は、外的要因を重視するものであり、こうした解釈をする人は、何か問題が生じたとき、その事実に対して「自分は被害者だ」という意識が真っ先に働く。これを、先のコヴィーは、「インサイド・アウト思考」

に対して、「アウトサイド・イン思考」と呼んでいる。

　「アウトサイド・イン思考」の人の口癖は「〜のせい」であり、いつも他人に責任があると考える。何をやるにしても対処療法的色彩（「土台」ではなく「上物」を変えようとする傾向）が濃く、いつも不安定で、不満を口にしている。この思考の経営者は、会社の経営がうまくいかないことを経営コンサルタントのせいにして、次々に経営コンサルタントを変えていく傾向が強い。また、この思考の親は、我が子の成績不振を家庭教師のせいにして、次々に家庭教師を変えていく傾向が強い。アウトサイド・イン思考では、いつまでたっても「真の問題」にたどり着けないのは明らかである。

　こうした「モノの見方」を習慣化することにより、自らの行動の結果に不満ばかり抱くようになると、人は不幸感を抱くようになる（失敗の習慣）。

　では、「ポジティブな解釈（インサイド・アウト思考）」の人と「ネガティブな解釈（アウトサイド・イン思考）」の人では、成果にどのような差が生じるであろうか。

　図表I-2で説明しよう。

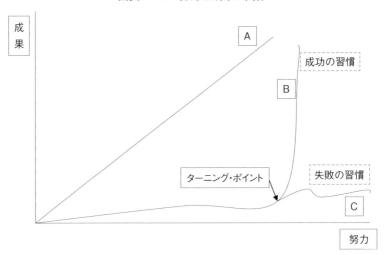

図表I-2　努力と成果の関係

　図表I-2は、「努力と成果の関係」を示したものである。

　Aは「努力をした分だけ成果が出る」ということを表しているが、これ

は理想的ではあるものの、なかなかこのようにならないことは、誰しも経験をしているだろう。もちろん、このような人もいるかもしれないが、一般的にはBかCのようなカーブを描く、すなわち、努力をしてもしばらくは成果が出ないという状況が続くのではないだろうか。

　しかし、この努力を続けていると、あるときターニング・ポイントが訪れて、急激に成果が出てくる人（B）と、ターニング・ポイントが訪れることなく、成果が出ない状況がずっと続く人（C）とに分かれてくる。

　では、BとCを分けているものは何か。それこそが、「ポジティブな解釈⇒インサイド・アウト思考に基づく行動（成功の習慣）」と「ネガティブな解釈⇒アウトサイド・イン思考に基づく行動（失敗の習慣）」である。

　「努力は必ず実る。私はこれまでそうしてきた」と言い切る人がいれば、「努力は必ず実る、なんて幻想だ。どんなに努力しても成果が出ないものもある」と言い切る人もいるが、実はどちらも正しい。これらの違いは、前者の人が「成功の習慣」を繰り返し、後者の人が「失敗の習慣」を繰り返したことにより生じたのである。

　「就職活動で自分は50社回ったが、良い結果は出なかった。しかし、結果はダメだったとはいえ、これだけ活動したのだから、アルバイトでも後悔はない」と考える人は、とても残念である。これをポジティブ思考とは呼ばない。ただの妥協である。もちろん、アルバイトが悪いと言っているのではない。正社員を希望して活動していたのに、アルバイトでいいと妥協したことが残念なのである。

　そうした妥協では、つまり、マインドセットを変えないままでは、社会に出てから何も成果を生み出すことはないかもしれない。いつまでたっても、「ターニング・ポイント」は訪れない。成果を生み出すターニング・ポイントはただ待っていて訪れるものではない。「失敗の習慣」を「成功の習慣」に転換させること、つまりマインドセットの位置をポジティブな方向に変える必要があるが、それはいつからでもどこからでも始められる。

　では、なぜ「成功の習慣（ポジティブな解釈、インサイド・アウト思考）」を繰り返せば、あるとき「ターニング・ポイント」が訪れて、成果を出し始めると言えるのか、その根拠について「脳科学」と「ポジティブ心理学」の観点から簡単に説明しよう。

　先に、ポジティブな解釈（インサイド・アウト思考）が幸福感をもたらし、

ネガティブな解釈（アウトサイド・イン思考）が不幸感をもたらすと記したが、脳科学的に見ると、人は「幸福感が高いとき、副交感神経が活性化し、緊張を鎮めて美しいものや素晴らしいものに心を開かせる神経の部分が優位になる」と言われており、一方、「不幸感が高いとき、交感神経が活性化しており、ストレス反応が優位になり、不安や不満が高まる」と言われている。

　つまり、ポジティブな解釈（インサイド・アウト思考）といった「モノの見方」を習慣化すると、人は「謙虚さ」「勇気」「正義感」「勤勉意欲」「自信」など、成功をもたらす（成果を出す）要件を獲得していくようになるのである。

　また、ポジティブ心理学の基礎理論に、ノースカロライナ大学心理学教授であるバーバラ・フレドリクソンの提唱する「拡張－形成理論」というものがある。これは、「ポジティブ感情は可能な選択肢を増やし、我々をもっと思慮深く、創造的にし、新しい考えに対して心を広げる」という「拡張効果」と、「ポジティビティが認識や行動の幅を広げると、人はより創造的になるだけでなく、将来にわたって有効な身体的、社会的、知的、心理的リソースを形成して、人により良い変化を起こさせる」という「形成効果」を各種実験により明らかにしたものであり[11]、「幸福感と成果（生産性）との間には正の相関性がある」ということを裏づける重要な理論の一つである[12]。

　また、実際には、ポジティブ感情とネガティブ感情は二律背反の関係にあるわけではなく、混在しているのであるが、フレドリクソンは、ポジティビティとネガティビティの黄金比率（ポジティビティ比）を見出した。自分の気持ちの中で、「ポジティブがネガティブの３倍以上になると幸福優位になる」、すなわち「ポジティブ：ネガティブ＝３：１」という比率が、幸福優位になるための目安になるということである。

　なお、これは個人だけでなく、組織にも当てはまり、ポジティビティ比がこの比率以下であると、組織の生産性は低下するという。だが、この比率は、固定的なものではない。個人の内面でも、組織内においても、不変のものではなく、「成功の習慣」を継続的におこなうことにより、マインドセットを変え、ポジティビティ比を変えることが可能である。

（4）Critical Thinking（批判的思考・常識を打ち破る思考・偏見から抜け出す思考）を怠らない

①結婚していないカップル

ここでクイズをしよう。

あなたが定食屋で友人とご飯を食べていると、カップルが一緒に入ってきた。友人は「あの二人は最近結婚したばかりなんだ」と教えてくれたが、あなたが尋ねると、男性は女性のことを妻ではないと言うし、女性も男性のことを夫ではないという。しかし、嘘ではないとのこと。いったい、これはどういうことか[13]。

答えは、「カップルは夫婦ではなく、男女とも別々の相手と最近結婚したばかりだったということ」である。

男性をＡ、女性をＢとしよう。このクイズを問われた際、多くの人が「ＡとＢが結婚をした」と考えるかもしれない。このクイズの場合、「あの二人」という言葉が本質を見抜くうえで、障害となっている。この言葉から、自分で勝手に「この二人」と思い込んでしまい、そのイメージに縛られ、それ以外の発想ができなくなってしまっているのである。

このクイズは意地悪でも何でもない。実際には、ＡはＡ′と、ＢはＢ′と最近結婚をして、その「片割れ同士」が一緒に入ってきたのであるが、その状況を話すとき、「あの二人は結婚したばかりなんだ」という表現の仕方は、ごく普通ではないだろうか。そのごく普通の表現の仕方を、我々は自分の思い込みで理解できないようになり、自分の思い込みによる「正解」を作り出そうとするのである。

自分の考えや有識者の考えがいつも正解とは限らない。疑ってみることが大切である。これにより、Creativity の幅は格段に広がる。

②９つの点とマンホールのフタ

クイズを続けよう。

下のように９つの点が並んでいる。どれか１点から出発して、一筆書きの要領で、４本の直線を引いて、９つの点をすべて通るようにしてほしい。ただし、紙を折ったり切ったりするのは NG である。

この９つの点からなる「正方形」の枠内だけで答えを出そうとすると、ど うしても５本の直線が必要になる。そこで、発想を文字通り「枠外」へと広 げてみると答えが見えてくるかもしれない。

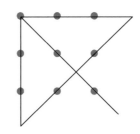

　「枠内のみで考える」というのが常識的な考えであり、「枠を飛び越えてみ る」というのが Critical Thinking である。こうした見方が Creativity をど んどん育成していくことに繋がっていく。

　最後のクイズは過去にマイクロソフト社の入社試験でも出されたことのあ るものである。
　それは、「マンホールのフタはなぜ丸いか」という問題である。
　この問題の「正解」を出すには、「なぜ四角や三角ではないのか」を考え ると答えを導きやすくなる。例えば、以下の２つのような答えが考えられる かもしれない。
　　Ａ．丸いと運びやすいから。
　　Ｂ．四角や三角だと、マンホールのフタが下に落ちてしまうから。
　Ａの考え方の背景には、マンホールの運搬状況の視点がある。マンホー ルのフタは非常に重いので、一人で持ち上げて運ぶのはまず無理であろう。 フタの形状が四角や三角であると転がして運ぶことは困難であるが、丸い形

状であると簡単に転がして運ぶことができる。

　Bの考え方の背景には、マンホールのフタの設置状況の視点がある。フタの形状が四角や三角であると穴も四角や三角となるが、その場合、穴に対してフタの角度がずれてしまうと、フタは穴に落ちてしまう。一方、フタの形状が丸いと穴も丸くなるが、その場合、円は直径が均一（どこから測っても幅が一定）なので、フタと穴との角度がずれることがなく、フタが穴に落ちることはない。

　AとB、それぞれの説明に論理性があり説得力があれば、どちらも「正解」ということになろう。正解は一つではない。大切なのは、正解を導き出すプロセスである。そのプロセスにおいて、どれくらい Critical Thinking がおこなわれているかによって、Creativity の度合いも変わってくるであろう。

③ 「DHMO」の正体を知る

　あなたは、「DHMO とは何か知っていますか？」と問われ、続けて次のように説明されたとする。

　DHMO は、固体、液体、気体の状態で我々の身の回りに多量に存在している。その性質は、

　　　X 温室効果を引き起こす。
　　　X 重篤なやけどの原因となりうる。
　　　X 地形の侵食を引き起こす。
　　　X 多くの材料の腐食を進行させ、さび付かせる。
　　　X 電気事故の原因となり、自動車のブレーキの効果を低下させる。
　　　X 末期がん患者の悪性腫瘍から検出される。

しかし、その危険性に反して、DHMO は頻繁に用いられている。

　　　X 発泡スチロールの製造に用いられる。
　　　X 各種の残酷な動物実験に用いられる。
　　　X 防虫剤の散布に用いられる。洗浄した後も産物は DHMO による汚染
　　　　状態のままである。
　　　X 各種のジャンクフードや、その他の食品に添加されている。

　そして、この一連の説明の後に、「このような危険な物質である DHMO は断じて規制すべきである。皆さんも、この DHMO 撲滅キャンペーンに是非協力してほしい」と署名をお願いされたら、あなたはどうするであろうか。

多くの人は、署名するかもしれない。

　では、DHMO とは何か。DHMO（ディー・エイチ・エム・オー）とは Dihydrogen Monoxide（ジハイドロゲンモノオキサイド）の略称で、一酸化二水素（いっさんかにすいそ）とも称される水素と酸素の化合物である。化学式では H_2O で表される。簡単に言えば、「水」であり、それをあえてわかりにくくした表現なのである。

　DHMO は水のことであるので、

　　　○人間が生きていくうえで必要不可欠のものである。
　　　○防火剤として用いられる。
　　　○工業用の溶媒、冷却材として用いられる。

など、当然、その性質や用途に関してプラスの側面もあるが、「DHMO を規制する」という目的を果たすために、その目的の達成を妨げるような、自らに都合の悪い情報は意図的に隠すことは可能である。ここに書かれていることは「事実」のみで、嘘は一切ない。しかし、DHMO の撲滅キャンペーンで署名してしまえば…。

　同様のことが我々の身の回りで、ごく普通におこなわれている。そして、簡単に「署名してしまった（何も疑わず、盲目的に信じてしまった）」人は、「騙された」と被害者意識を抱くかもしれない。しかし、そこに嘘はないので、騙されたのではない。自分の解釈に問題があったのである。

　したがって、重要なのは、その事実をどう解釈するか、ということであり、そのためには Critical Thinking をおこなう必要がある、ということである。例えば、相手からネガティブな側面ばかりを強調されたとしたら、ポジティブな側面の確認をしてみると良い。逆も、しかりである。そして、総合的に判断すればいいのである。

　ネガティブ情報であろうと、ポジティブ情報であろうと、偏った情報のみでの判断が問題なのである。就職活動で志望する会社や取引先が、ポジティブ情報のみを伝えてきたときは要注意と考えて、まず間違いないだろう。

　DHMO と類似の表現として、「以下の危険な食べ物を規制すべきか」というものがある。

　　　X 犯罪者の98％はこれを食べている。
　　　X これを日常的に食べて育った子どもの約半数は、テストが平均点以
　　　　下である。

　Ⅹ 暴力的犯罪の90％は、これを食べてから24時間以内に起きている。

　Ⅹ これは中毒症状を引き起こす。被験者に最初はこれと水を与え、後に水だけを与える実験をすると、2日もしないうちにこれを異常にほしがる。

　Ⅹ 新生児にこれを与えると、のどをつまらせて苦しがる。

　「これ」の正体は、「パン」である。上記の説明は、パン食が一般的である地域にしか当てはまらないものもあるが、パンについて誤ったことは言っておらず、こうした偏った情報のみを与えることによって、「パンは危険な食べ物」という印象を与えることが可能なのである。

(5)「learn」と「study」

　さて、これまで、Creativity を育成するためには、「ポジティブな解釈（インサイド・アウト思考）」やそれをベースとした「幸福感」、Critical Thinking が重要になってくると述べたが、言うまでもなくそれらはすべて「情報」である。こうした「情報」をどのように見るか、どのように取り扱うかによっても、Creativity の広がりは変わってくる。ここでは、それを「learn」と「study」というパターンに分けて説明していく。

　両者を端的に表現すると以下のようになる。

　　◎ learn－情報を知識として蓄積すること：情報の蓄積
　　◎ study－知識として蓄積した情報を関連づけること：情報の関連づけ
　　　　　　（ここで連関された知識は知恵にもなる）

　まず我々は、外部から情報をインプットし、それらを蓄積する。つまり、「知らない」情報が新たに入ってくることによって「知る」ようになってくる。これを learn 型情報蓄積と呼ぼう。learn 型情報の特徴は、インプットした情報が知識となり、そのままの形でアウトプットされる、すなわち、インプットされる情報とアウトプットされる知識とが基本的に同じということである。

　しかし、情報はただ蓄積されるだけではない。それらは相互に連関させることが可能である。この一連の相互連関のプロセスが study にほかならない。インプットした複数の情報が内的に共有され、それらが相互連関することにより、インプットしたものとは異なる新たな知識（知恵）が形成され、それ

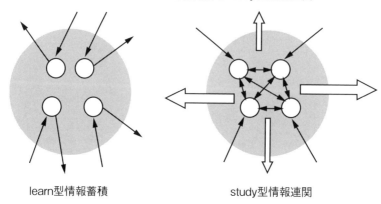

図表Ⅰ－3　learn 型情報蓄積と study 型情報連関

learn型情報蓄積　　　　　　　　study型情報連関

※「○」は情報（知識）、「→」は情報の流れ、「↔」は相互連関プロセス、「⇨」
　は新たに形成された情報（知識あるいは知恵）の流れを表す。

がアウトプットされる時、情報は差別化された価値を有することになる。こ
れを study 型情報連関と呼ぼう。

　一般に、learn の成果は「どれだけ正確に情報が蓄積しているか」で測ら
れる。一方、study の成果は「『いかに多くの情報』を『いかに多くの角度
から』関連づけているか」ということによって評価される。そして、この「関
連づけ」のさせ方に「モノの見方」が大きく関わっている。

　前者のパターンで蓄積された情報は、蓄積されるだけでとどまるのであれ
ば、どの人に蓄積されても同じ形であるので、その「総和」としての価値は
あまり高くない（蓄積当初は価値が高かったとしても、やがて陳腐化してい
く）といえる。一方、後者のパターンで相互連関をもった情報は、「モノの
見方」が柔軟であればあるほど、他者とは差別化された個性的な知識（知恵）
へと変容しているので、その価値は非常に高い状態で維持される（相互連関
を繰り返すことにより、どんどん価値が高まっていく場合もある）。

　音楽を例にしてみよう。高校や大学の学祭では必ずといってよいほど、バ
ンドの演奏会がおこなわれる。出演者には、たいてい「コピーバンド」と「オ
リジナルバンド」がいる。コピーバンドとは、既に誰かが発表した楽曲を忠
実に再現しようとするものであり、その精度が高いほど評価される。一方、
オリジナルバンドとは、自らで楽曲を創り出し発表するものである。その

Creativity が高いほど評価も高い。

　もちろん、両者に優劣は存在しない。だが、Creativity が自分を高める武器になることは間違いないだろう。では、Creativity とはどのようにして形成されるのか。実は、この形成のプロセスこそがまさに「study」なのである。「自分には Creativity がない」という人はぜひ参考にしていただきたい。

　作詞・作曲を手がけるあるミュージシャンが以前、ラジオのインタビューで、自分の楽曲について次のように話していた。

　「私は作曲者というより、編曲者といったほうがいいかもしれない。私はロック、ヒップホップ、ジャズ、クラシック、ソウル、ラテン、演歌など、ジャンルを問わずなんでも聴く。それらを頭の中でいろいろとシャッフルし、組み合わせて自分なりの音楽を作り出すのです」。

　このミュージシャンの行為が study であることは明白である。つまり、Creativity とは、生まれつき備わっているものでも、無の状態から突如沸いてくるわけでもない。まずは、learn による情報蓄積が不可欠である。そして、その蓄積された複数の情報を相互連関させることにより、新たな情報（知識）が創造されていくのである。

　したがって、「自分には Creativity がない」という人は、まず、自らがきちんと情報収集活動をおこなっているか、そしてその蓄積した情報の相互連関活動をおこなっているか、を検証する必要がある。

　study では、情報量が多ければ多いほど、相互連関のパターンも増えるということになり、また相互連関のさせ方がより差別化されたものであればあるほど、その成果も高度に差別化されたものとなる。相互連関の差別化が苦手な人は情報量を多くすることでカバーすることが可能であり、また情報量の少ない人は相互連関の差別化の程度を高めることでカバーすることも可能である。

　社会にも企業にも解決すべき問題（課題）がたくさんある。それを解決したり新しい考えを提案したりするために、まずは他企業や諸外国で成功あるいは失敗している事例を learn することが大切である。しかし、ただそれを模倣し、同じことをおこなうだけでは、効果的な解決や提案はできないだろう。自分の持っている知識を総動員して相互連関させる study によってはじめて効果的な解決や提案ができるのであり、この姿勢が経営戦略策定に不可欠であることは言うまでもない。

では、以下に「動植物の知識と製造技術の知識を相互連関させ、問題（課題）を解決する」という事例をいくつか紹介しよう。

①洋服の色落ち、色あせ、色移りを防ぐことはできないか？→　モルフォ蝶

　「モルフォ蝶（南米）」は、鮮やかな青色の蝶である。だが、その羽に青い色素は一切含まれていない。無色なのである。羽の断面の構造により、太陽光の7色のうち、光の干渉で青色に発色するのである。この技術を応用して、「光発色繊維」が開発された。この繊維は構造を変えることにより、青色以外にも鮮やかな色を出すことができ、無染色であるため、色落ちや色あせがしない洋服が作られるようになっている。

②新幹線の騒音を軽減できないか？→　ふくろう、カワセミ

　「ふくろう」は夜、音を立てずに静かに飛ぶことが出来る。これも羽の構造に秘密がある。これを新幹線のパンタグラフに応用して、騒音を抑えるようにした。

　また、「カワセミ」は静かに水の中に入り獲物を捕らえることができる。それは、口ばしの構造に秘密がある。これを新幹線の先端部分に応用して、トンネルに入ったときに起こる「爆音」を抑えることが出来た。

　なお、興味深いことに、これらを開発したメンバーには、「日本野鳥の会」の会員もおり、趣味としての鳥の知識が仕事の知識に連関されたのである。

③雨の日のフロントガラスの視界の悪さを改善できないか？→　蓮の葉

　「蓮の葉」には、人間の目では知覚できない、幅0.03mm、高さ0.2mmほどの超微細粒子の突起が無数にある。あまりにも接触面積が小さ過ぎて、水滴はそこに付着することができず、転がり落ちるしかない（ロータス効果）。この構造を応用して「撥水性被膜製品」が開発された。

　上記の問題（課題）に対し、これまでは、撥水型のスプレーやクリームなどで対応していたが、それらではどうしても耐久性の面で効果が低かった。「撥水性被膜ガラス」はガラスそれ自体に撥水効果があるため、その効果の耐久性は半永久的となる。

　動植物に関する知識と製造の技術に関する知識は、別々の時期に別々の情

報として蓄積される。そのほかにも我々の頭の中には膨大な情報が知識として存在する。しかし、これを「ただ蓄積させているだけ」の人がいかに多いか。「ただ蓄積させているだけで満足している」人がいかに多いか。

　確かに「博識」は武器になる。だから「たくさん知っているということ」を自慢する人もいる。多くの試験は「知識量」を問う。多くのクイズ番組は「知っていること」を競う。そこで「勝った」人は称賛を浴びるが、そこで留まるのでは非常にもったいない。

　大切なのはむしろその先であり、その蓄積された知識をいかに結びつけるかが、自分にも社会にも利益をもたらす大きなカギとなる。一人の人間の力に限界があるように、一つの情報の力にも限界がある。一人の人間の力よりも複数の人間の連携した力のほうが勝るのと同様に、一つの情報の力よりも複数の情報の相互連関した力のほうが勝るのである。

　動植物に関する情報収集は趣味、技術に関する情報収集は仕事、と分けるのではなく、それらを含め、頭の中に散らばっている情報を可能な限り柔軟に、可能な限り多くの角度から相互連関させるのである。

　では、頭の中に散らばっている情報を可能な限り柔軟に、可能な限り多くの角度から相互連関させるにはどのようにすればよいか。そこで不可欠になってくるのが「モノの見方」にほかならない。

2.「常識」の落とし穴

　さて、前章では Creativity と関連させる形で、「モノの見方」の重要性について述べてきた。特に、同章第4節の「Critical Thinking を怠らない」では、「常識を打ち破る思考」を強調したが、本章ではさらに「常識」に着目して「モノの見方」について考えてみたい。

(1) 氷がとけると何になるか

　「氷がとけると何になるか」。「そんなの簡単だよ。『水になる』が答えに決まっているじゃない」と考える人が多いかもしれない。だが、本当にそう「決まっている」のだろうか。

確かに、この質問が、もし「氷はとけると何になるか」であると、その答えは「水になる」に限定されるかもしれない。だが、質問は「氷が…」となっている。つまり、「は」となると、「何になるか」の主格は「氷」に限定されるが、「が」であると、「何になるか」の主格は、必ずしも「氷」である必要はなくなってくるのである。したがって、「が」の場合には「氷がとけると、どういう状況になるか」という質問にも言い換えられることになる。

　実際、想像力のある人ならば、上記のような理屈を考えることなどせず、イメージを膨らませることができる。「氷」を「冬」と見立てて、それがとけると「春になる」と答える人もいるだろうし、「氷」を第二次世界大戦後の「東西冷戦」と見立てて、「平和になる」と答える人もいるかもしれない。

　「水」と答えた人は自然科学的な「モノの見方」をし、「春」と答えた人は文学的な「モノの見方」をし、「平和」と答えた人は政治・経済的な「モノの見方」をしたのである。つまり、課題（問題）に対しての答えは、視点が違えば異なってくるということである。

　他にも、「スイカは何色ですか」という質問に対し、「緑色」と答える人もいるし、「赤色」と答える人もいる。「緑色」と答えた人はスイカの外側をイメージし、「赤色」と答えた人はスイカの内側（切った断面）をイメージしたのだろう。最近は品種が増えてきているので、そのことを知っていてそれが印象強く頭に残っている人は、内側でも「黄色」や「白色」と答えるかもしれない。

　では、「傘は、柄と先端、どっちが上か」という質問に対してはどうであろうか。これももちろん、「柄」と「先端」、どちらも正解である。だが、これは視点というよりも、状況とイメージが連動することによって答えが限定されるかもしれない。つまり、「雨が降っていて傘をさしているとき」は「先端が上」、「雨が降っておらず傘をたたんでいるとき」は「柄が上」となる。

　最後に、「十字架にかけられたキリストの絵を描いてください」という課題について考えてみよう。「十字架を大きく、キリストを小さく描く人」「十字架を小さく、キリストを大きく描く人」「キリストの血管の隅々まで細かいタッチで描く人」…、枚挙に遑がない。それぞれがそれぞれの視点から描くであろう。しかし、そのほとんどが「正面から」描くということについては共通するのではないか。だが、よく考えてみれば、「横から」描いても「上から」描いても、「裏側から」描いてもよい。

　実際、スペインの画家、サルバドール・ダリはそれを「神の視点から」描いた。それが『十字架の聖ヨハネのキリスト』（グラスゴー美術館所蔵）である。ダリは構図にこだわり、キリスト自身を「逆三角形」の中に収めようとした。そのため、正面（地上の人の視点）からの構図ではなく、頭（神の視点）からの構図を選んだ。その構図からは、頭をうなだれたキリストの姿がより鮮明に写し出されており、これでキリストの落胆を表現しているのかもしれない。もちろん、芸術作品や文学作品は、100人いれば100の批評があるだろうから、これも一つの見方に過ぎない。

　「十字架にかけられたキリストの絵を描いてください」というごくありふれた課題に対しても、視点を変えれば、非常に面白い「答え」が出てくる。頭の中にある情報を総動員して相互連関させれば、非常に差別化された、Creative な新しい情報を発信することが可能となるのである。

(2) 2つのものが隠されている絵の話

　次の絵を見ていただきたい。この絵のなかには、2種類の動物が隠されている。

　多くの人は、まず「鳥」が見えるかもしれない。胸を張った鳥は左側を向いている。しかし、よく見てみると、「ウサギ」も見えてくる。背中を丸めたウサギは右斜め上を見ている。

　この絵から学べることは、「この絵の中には2種類の動物が隠されており、見方によってどちらを答えても正しい」ということはもちろんであるが、鳥

にしか見えなかった人にウサギが見えた瞬間、逆にウサギにしか見えなかった人に鳥が見えた瞬間に、自らの新たな「モノの見方」が加わったという事実である。

新たな「モノの見方」が加わったということは、それだけ「モノの見方」が柔軟になったということであり、これは study において「相互連関させるライン」が一つ増えたということを意味する。「三つ子の魂を百まで」持ち続けることに安住するのは愚かである。もちろん、親から与えられた環境で形成されたものには大切な側面もあるが、「自らの手で、自らの作用で形成していく魂」も、成長の重要な要素である。

（3）缶飲料の中身は何か

インドの寓話である。

「昔、インドのある村の僧侶が、生まれながらに目の不自由な３人に、それぞれゾウを触ってもらって、その印象を尋ねた（要するにその３人はゾウを一度も見たことがない）。そのうちの一人はたまたまゾウの脇腹に触って『ゾウとは壁のようなものだ』と言い、別の一人はたまたま足に触って『ゾウとは木の幹のようなものだ』と言い、残りの一人はたまたましっぽに触って『ゾウとは縄みたいなものだ』と言った」。

ここにひとつの缶飲料がある。少し離れたところから「この缶飲料の中身は何か」と問われたとき、たいていの人は、離れたままその外観を見て答える。遠目からなので、外観は正面しか見えない。当然、人間の視野は限られているので、丸い缶も正面から見れば平面にしか見えない。正面から見ると、明らかにこの缶はコーラである。その人は自信を持って答える。「コーラだ」と。

彼（彼女）がこの答えを出す決め手となった情報は何か。実は、「正面から見た（180度の）外観」ただそれだけである。彼（彼女）は、正面からの外観のみで、見えない部分（缶の裏側の180度の部分）も正面からの外観と同一の模様が描かれていると想像したのである。

だが、その答えを聞いて、質問者は缶を180度まわした。そうすると、先ほどの正面と真反対の「新しい正面」に描かれている外観が「お茶」に変わっ

た。どういうことか。実は、質問者が缶に細工をしていた（もともと「お茶」の缶に、「コーラ」の缶の断面をカラーコピーしたものを貼り付けていた）のである。それを見て、解答者は困惑した（遠目からはカラーコピーとは分からない）。今まで、100％確信していた情報が、実はただの「思い込み」で、その信憑性が50％までに落ち込んだからである。

　では、実際、この缶の中身は何なのだろう。「コーラ」なのか、それとも「お茶」なのか。遠くからただ眺めていても答えは出ない。そこで彼（彼女）は近くに寄ってみた。すると、「お茶」の缶に、「コーラ」の缶の断面をカラーコピーしたものが貼り付けられている事実を発見した。それで彼（彼女）は自信を持って答えた。「お茶だ」と。

　その答えを聞いた質問者は、「では」と言って、今度は缶の底を見せた。すると、底にはガムテープが貼ってあった。解答者は困った。「細い錐か何かで缶の底に穴が開けられ、もともと中に入っていた『お茶』がその穴から出され、スポイトか何かで別の飲料が入れられている」という可能性が出てきたからだ。では、どうすれば「この缶飲料の中身は何か」という質問に答えられるのか。

　方法はただひとつである。それは「飲んでみる」ことである。食品の真価はただ眺めている（視覚）だけではわからない。味覚が重要である。誰でも知っていることだ。しかし、彼（彼女）は簡単に視覚で済まそうとした。それが「常識」だからだ。確かに、「外見と中身が連動している」ものは多い。だが、いつもそうだとは限らない、ということを我々は知るべきである。

　つまり、「真実を知る」ということは、実は非常にやっかいな道のりだということである。遠目から見ただけではわからないから、近くに寄って見る。それでも、一方向から見ただけではわからない。そこで、いろいろな方向から見てみる。いろいろな方向から見ることにより、真実に近づく。だが時に、いろいろな方向から見ることによって困惑することもある。そのときはまた別の方法を考える。この場合は「飲んでみる」ことが真実を知るうえで重要なカギになった。

　だが、実際に飲んでみても、「お茶」とは違う飲料が入れ替えられていて、知らない味だったら…。さらに「その味」にめぐり合うまで、いろいろな飲料を飲んでみなければ、この質問の答えは出てこない。

　繰り返し言うが、「真実を知る」ということは本当にやっかいで、複雑な

プロセスを経る必要がある。にもかかわらず、我々は「簡単に」済ませよう
とするのである。

　あるニュースに関して、1つの新聞社の論説委員の考え、1つのテレビ局
のキャスターの考え、一人の著名な研究者の考えなどを聴いたり読んだりす
ることは重要である。しかし、ある一人の考えだけを自分の意見として支持
し、受け売りしてそれを他の人に発信すること（learn）は簡単ではあるが
危険である。いろいろな考えを聴き、それを他の多くの自らの中にある情報
（知識）と連動させて、自らの考えを形成し、発信すること（study）に意味
がある。

　例えば、多くの人が「戦争は間違っている」と考えるだろう。それは「常
識」といっても過言ではない。だが、「間違っている」ことが「常識」であ
るならば、なぜ戦争はなくならないのか。戦争を本当になくしたいと考える
のであれば、自らの視点で「間違っている」と主張するだけでなく、戦争を
支持する人たちの視点に立ち、彼ら彼女らの考えを知る努力をすべきであ
る。そうすると、戦争が単なる軍事行為ではなく、政治や経済との関わり、
資源との関わり、宗教との関わりなど、いろいろな関わりのもとでおこなわ
れているということを知ることになる。そこにはある一つの視点からの「常
識」などは存在しない。「常識」を「常識」として簡単に片づけようとしな
いで、いろいろな角度から考え、それらを相互連関させて、他人からの受け
売りではなく、自らが「答え」として出した解決案を発信していかなければ
ならない。

　ほとんどの人が「常識的に缶の模様が表と裏の180度ずつで異なることな
どない」と主張するかもしれない。しかし、その「常識」が曲者である。「常
識」というのは、「経験的」に体得された意識の中から出てくるものである
が、それは時に偏見を生み、一律的な「モノの見方」を我々に強要する。だ
が、「常識」に縛られていては、真実が見えてこないだけではなく、想像あ
るいは創造する力が養われず、世界が開けていかない。固定観念の世界で同
じところをグルグルと廻っているだけである。

　我々は、常に「可能性を探る」という意識を捨ててはならない。何事に対
しても、「常識」という感覚を捨て、外部反応的になるのではなく、自らの
中にある情報（知識）を連動させるのである。その活動の繰り返しが我々の
発信するCreativityの幅を広げていくのである。

(4) 「極楽と地獄」の話

　極楽と地獄には、大量の料理が身体の何倍もある大きな皿にたっぷりと積まれているという。ただし、それを食べるためには、必ず 1.5 メートルほどの長い箸を使わなければならない（皿の周りに座っている者たちは我々と同じ体格という前提である）。極楽の者たちはいつも満腹状態にあるが、地獄の者たちはいつも空腹状態にある。何故だろうか。

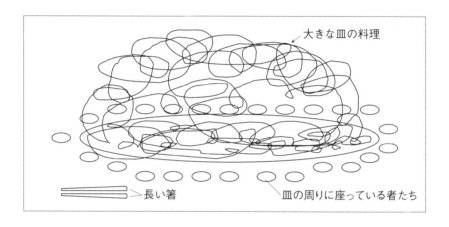

　地獄の者たちはいつも自分のことしか考えていない。箸の用途についても同様である。「自分の口に運ぶ」以外の用途を考えられない。しかし、箸の長さが邪魔をして、物理的に 1.5 メートルの長さの箸で料理を自分の口に運ぶことは不可能である。地獄の者たちは、ひとつの見方しかできないために、料理に手を出してはみるものの、失敗をただ繰り返すだけである。

　一方、極楽の者たちは「自分の口に運ぶ」こととは異なる「モノの見方」ができる。「他の人と食べさせ合う」という見方である。例えばペアを組んで、どちらかが食べたいと言えば、もう一人が食べさせる、というやり方で、いつも食べたいときに食べることができる。

　この話の教訓は、「分かち合う大切さ」ということももちろんあるが、もっと大切なポイントは、「極楽にも地獄にも同じ料理がある」ということである。地獄には食べ物がなく、極楽のみに食べ物が溢れている、というわけではなく、どちらにも同じものが用意されているのに、「モノの見方」で、一

方は満たされ、一方は飢えているということである。つまり、極楽や地獄という状況は、初めからそこにあるのではなく、我々の「モノの見方」がその状況をつくり出すのである。

このように考えると、「充実感」とは他人や環境によって与えられるものではなく、自分自身で獲得していくものということがわかる。逆もしかりで、「喪失感」も他人や環境の問題ではなく、自分自身がそのような状況を招いているということである。

我々の周りには「幸せになるためのヒント」がたくさん散らばっている。だが、それがヒントとなるかどうかは、個々人の「モノの見方」による。とても大きなヒントがすぐ傍にあるのに見過ごしている人が何と多いことか。

例えば、「…でいい」と「…がいい」という言葉の背景について考えてみよう。

我々は、日常、無意識に「…でいい」という言葉をよく使う。だが、「…でいい」で表現された言葉は主体性に欠ける。プロポーズをされるとき、「あなたでいい」と言う人と「あなたがいい」と言う人とでは、あなたはどちらを選ぶだろうか。

元来、「…でいい」という言い方は、日本人特有の「謙譲」的で慎ましやかな表現である。「本当に私でよろしいのでしょうか」という言い方に嫌みはない。遜るべき場面では、むしろ使った方がよいであろう。しかし、自分をアピールする場面で、これを使ってしまうと、何とも消極的な人間に映ってしまう。

自分にとって重要な意思決定をする際、我々は「…がいい」という言葉を使った方がいい。例えば、就職活動をおこなっている人が「この会社でいい」、「この職種でいい」、「普通のOLでいい」、「お茶くみでいい」と考えていては、自分にも他人に対しても、満足な成果は期待できない。

「お茶くみ」を例にとってみよう。「お茶くみ」も立派な仕事である。それを「…でいい」と考えていては、おいしいお茶を入れて、来客者を満足させることなどできない。仮に「お茶くみ」が希望する仕事でなくても、その環境を嘆くべきではない。「…でいい」という発想からは、プラスの成果は望めない。その発想は、「私はどうせお茶くみだから…」という卑屈な考え方を心の中に植えつけてしまい、自分自身でモラール（morale：やる気）を低下させてしまうことになる。その人は、自分のモラールの低下を環境のせ

いにするかもしれないが、それでは先には進めない。その人のモラールを低下させているのは、その人自身の「…でいい」という「モノの見方」にほかならないのである。

　同様の状況の際、「…がいい」と考える人は、その本意ではない「お茶くみ」の仕事に対して、「私はお茶くみがいい」とまでは考えないにしても、「私はお茶くみの達人になる」などということは考えることができる。その与えられた環境を嘆くのではなく、ポジティブな発想で自分の行動に意味を持たせるのである。

　「プラス思考」という言葉がある。「私はプラス思考だ」と言うのは簡単だが、実を伴っていない人が多い。その「実」というのが、この場合「『…がいい』という発想ができる」ということである。Ａという選択肢の獲得に失敗して、Ｂという選択肢に甘んじなければならなくなったとき、「やはりＡは難しかった。でもＢでもいいや」と考えるのは、プラス思考でも何でもない。ただの妥協である。プラス思考は、Ｂに「新たな意味づけをする」という点で妥協とは異なる。

　「で」と「が」の使い方（というよりも考え方）の違いだけで、人生は十分に変わり得る。自分の置かれている環境を極楽にするか地獄にするかは、実は自分の「モノの見方」次第なのである。

(5)　知的な遊び

　「モノの見方」を「learn型」でとどまることなく、「study型」へと進化させていくといろいろな知識を連動させて、いろいろなアイデアが浮かんでくる。以下に、少しではあるが、「知的な遊び」を紹介しよう。

①明治時代に入る前まで、日本人は手足を交互ではなく、揃えて歩いていたかもしれない

　日本史の史料集をながめていると面白いことに気がついた。その史料集には、合戦や大名行列、庶民の日常生活などの絵がたくさん描かれていたが、明治時代に入る前までの絵の中の人物を見てみると、その多くは、手足が交互にではなく、揃えて歩いているように描かれているのである。

　そのように描かれているからといって、実際に、その時代の人々が手足を

揃えて歩いていたかどうかはわからない。そうではないかもしれないし、も
しかしたら「そんなの当然だよ」と歴史的知識の豊富な歴史学者は言うかも
しれない。しかし、そうした豊富な歴史的知識が少ない人でも、また実際に
文献上の記述がなくても、その人が保有している知識を総動員して連関させ
ることにより、何らかの答えが出せるかもしれない。

　例えば「明治時代に至るまで、江戸時代以前、日本人は手足を交互ではな
く、揃えて歩いていた」という仮説を立てて、以下のように検証してみるの
も面白い。

　武士の場合、刀を使っていたが、その基本である剣道を見てみると、利き
手と利き足を揃えて前に出す。薪を割る際に斧を振り下ろすときも、利き手
と利き足は揃えて出す。

　農民の場合はどうであろうか。当時、人力で田を耕すとき、「田下駄」が
よく使われていたが、これで田んぼを歩くには相当な力が必要である。足が
のめり込んでしまうので、歩くためには、のめり込んだ足を思いっきり上に
引きあげなければならない。その際に、思わず手も揃えて動かしてしまう。
足を引きあげるためのエネルギーを確保するために、その手の動きも必要な
のである。

　では、なぜ現代人は手と足を交互に動かして歩いているのか。それは、恐
らく明治時代の文明開化などで、その生活様式がガラっと変わってしまった
からであろう。

　つまり、我々の歩き方というのは「手足を交互にして歩く」という形で「先
天的」に決められているのではなく、「生活習慣によって」変えられてきた
のではないか、という見方が成り立つのである。

② 「ら」抜き言葉が、一般化したのは何故か

　ここ数年、子どもから大人まで、動詞の「ら」を抜いて話す人が多い。例
えば、「その映画は、まだ終わってないから観れるよ」「この服はまだ着れる
でしょ」などはよく耳にするが、文法的には間違いであるとされている。正
しくは「観られる」「着られる」というように「ら」が必要である。

　にもかかわらず、我々は、「ら」を抜いて話したがる。内輪同士で話すの
ならまだしも、以前、テレビのCMで「喋れる、食べれる○○○○」とい
うキャッチコピーを流していた企業もあった。語呂合わせがいいからでき上

がったコピーであろうが、「正しくない日本語」をリピートして視聴者の耳に残すのは、社会に影響力のある企業の行動としては問題かもしれない。ちなみに、この場合、「喋れる」は正しいが、「食べれる」が誤っている。この例を参考にしながら、何故、このような間違いが発生しやすいのかを考えてみた。

　ここで登場してくるのは、次の２つである。
　1)「喋れる」という動詞
　2)「食べれる」という動詞

どちらも同じ種類の動詞に見える。しかし、本当にそうか。まだ「分解」が足りないかもしれない。1)は置いておいて、2)はどうか。確か、「れる」という助動詞があったような記憶がある。そうだ、2)は「食べる」という動詞に「れる」という可能の意味を表す助動詞がくっついている、と言いたいところだが、この説明も何かしっくりこない。

　記憶が曖昧なので、文法書を開いてみた。すると、「『れる』という可能の助動詞は、『五段活用の未然形』『サ変の動詞の未然形（さ）』に接続する」と書かれてある。そうそう、助動詞っていうのはやっかいで、動詞の活用の種類との間に「接続」の決まりごとがあった。これをもとにもう一度検証し直してみた。

　もし、「食べれる」が、「食べる」と「れる」から構成されているとするなら、上記の文法書の説明に基づけば、「食べる」は「五段活用」の動詞でなければならない。だが、実際には、「食べる」は「五段活用」ではなく、「下一段活用」である。やっぱりおかしい。

　再度、文法書を読み直した。そこには「『られる』という可能の助動詞は、『上一段・下一段・カ変の動詞の未然形』『サ変の動詞の未然形（せ）』に接続する」と書かれてあった。ということは、「食べる」は「下一段活用」だから、「れる」ではなく、「られる」が接続することになる。

　つまり、整理すると、「動詞」に可能の意味を持たせたい場合、まず、その動詞が「五段活用」なのか、それ以外かどうかを考える必要がある（サ変は特例）。そして、「五段活用」ならば「れる」が接続し、それ以外であれば「られる」が接続すると考えればよい。

　「食べる」という動詞の場合、「下一段活用（すなわち、「五段活用」以外）」であるから、「られる」が接続し、「食べられる」が正しい表現となるのであ

る。

　では、1）の「喋れる」はどうなるか。2）と同様に考えれば、「喋る」という動詞に「れる」という助動詞が接続していることになるが、例のごとく「接続」の面から吟味してみよう。

　「喋る」の活用の種類は、「喋らナイ（未然形）」「喋りマス（連用形）」「喋る（終止形）」「喋るトキ（連体形）」…となるので、明らかに「喋る」は、「五段活用」であり、「れる」が接続することになる。つまり、「喋る」の未然形「喋ら」に「れる」が接続して、「喋られる」となる…あれ、「喋れる」ではない。どうなっているのか。

　そこで、もう一度、文法書にあたってみた。すると、そこで「可能動詞」というものを見つけた。そこには『可能動詞』は、『五段活用』から転じたもので、その活用はすべて『下一段活用』となる。『五段活用』以外の動詞に対する『可能動詞』はない」と書かれてあった。つまり、「五段活用」の動詞に「可能の意味を持たせたい」場合、「れる」という可能の意味の助動詞を接続させる方法と、それ自体を「可能動詞」化する方法があるということである。

　これをもとに「喋れる」を吟味し直すと、これは、「喋る」に「れる」という可能の意味の助動詞が接続したのではなく、これ自体が「喋れる」という「可能動詞」になっているということがわかる。つまり、「喋る」という「五段活用」の動詞に「可能の意味を持たせる」ためには、「喋ら（未然形）」に「れる」を接続する方法と、「喋れる」という可能動詞を作る方法があるのである。

　他に例を考えてみよう。「飛ぶ」は、「五段活用」である。これに可能の意味を持たせたい場合、「飛ばれる」とするか「飛べる」とするかである。「渡る」「読む」も「五段活用」である。「渡られる」「読まれる」とするか「渡れる」「読める」とするかであるが、これらの例を見ていると、どうも「五段活用」の場合、「喋る」にしてもそうであるが、「『れる』という可能の意味の助動詞を接続させる」よりも「可能動詞を作る」方法の方が自然な形とされているようである。そして、実は、ここに「『ら』抜き言葉」の真相が隠されているのではないか。

　「『ら』抜き言葉」は、「見（観）る」「着る」「食べる」を使うときに典型的に見られる。「見る」「着る」は「上一段活用」、「食べる」は「下一段活用」

なので、正式には「られる」が接続することになるが、先にみたように「ら」が欠落しやすい。これは、「見る」の「る」、「食べる」の「る」、「着る」の「る」というように、語尾に「る」がついているということと無縁ではないように思える。

　「喋る」「渡る」「登る」などに可能の意味を持たせたい場合、我々は、その響きから「助動詞を伴う」よりも「可能動詞化する」方法を選択し、「喋れる」「渡れる」「登れる」というように表現するが、それと同様の感覚で（つられて）、「五段活用」以外の動詞の場合でも、「見れる」「食べれる」「着れる」というように言ってしまうのではないだろうか、という見方が成り立つのである。

③「全然面白い」は、誤った表現か

　最近、「全然いいよ」とか「全然面白いよ」などという「おかしな」日本語を耳にすることが多いが、特に、お年を召した方などはこれに憤慨しているようである。

　通常、「全然」という副詞は「打ち消し語」を伴うとされている。したがって、「全然」という言葉は、「全然よくない」とか「全然面白くない」などと言うときに用いるのであって、「肯定」の強調の場合は、「とても」や「すごく」などを用いるのが正しいということになろう。

　しかし、「全然」をよく調べてみると、「俗語」ではあるものの、「非常に」「まったく」という意味で「肯定」を強調する場合もあるとされている。「全然」と似た言葉として「てんで」や「からきし」などの言葉があるが、いずれも「全然」と同様、「打ち消し語」を伴う場合もあるし、伴わない場合もある。つまり、「全然」は、「口語」としてならば、どのように使っても「全然OK」という見方が成り立つのである（文章表現等では避けた方がいいだろう）。

　言葉は時代と共に、その使い方も変わってくるものであり、一概に「正しい」とか「誤っている」とは言えないところがある（「ら」抜き言葉もやがてそうなっていくのかもしれない）。

　さて、以上３つの「知的な遊び」を紹介したが、どれも「正解」はない。だが、このように頭を巡らせていると、既存の知識の連動では足りなくなり、

自分に欠けている情報を補おうとする。そして、その補った情報、あるいはその情報を補おうとするプロセスにおいて、また新たな「モノの見方」や知識（知恵）が加わっていくのである。

(6)「理解する」のにも「モノの見方」が関わっている

ここまで、「モノの見方」の重要性について述べてきたが、他者とのコミュニケーション形成にとって最も重要な要素の一つである「理解する」という行為についても、「モノの見方」が大きく関わっている。

「一方向だけからしか見ないということ」すなわち「偏見」をなくすためには、社会や他人を「理解する」必要があるが、そもそも「理解する」とはどのようなことなのだろうか。

「理解する」という言葉の意味は、その英語の語源を探ってみるとわかりやすいかもしれない。すなわち、「understand」とは、「under（下に）」と「stand（立つ）」から構成されており、「下に立つ」というのが「理解する」の原義である。複数の英英辞典で書かれていることを総合すると、「understand」とは「to maintain a position lower than others（相手の下の立場に立つ）」ということになり、これに従えば、真の「理解」とは、非常に深いレベルでなされないと不可能ではないか、という見方が成り立つ。

しかし、日常生活のなかで我々は、物事あるいは他者のことを「理解する」と言いながら、実際には「to maintain a position upper than others」になっていることがよくある。

国際間で文化を理解しようとするとき、上司が部下のことを理解しようとするとき、親が子を理解しようとするときなど、いずれの場合も「to maintain a position lower than others」の姿勢が必要であると思われる。

福島県郡山市に児童詩誌『青い窓』を発行している「青い窓の会」という団体がある。主宰者であった故佐藤浩氏は全国から集まる子どもたちの詩を『青い窓』に編んだ。1995年に佐藤氏が出した『いっぱい　だいすき　おかあさん』に次のような小学5年生の詩があった[14]。

　　あたたかいこたつ
　　家のかぞくは　五人

　　「五角形のこたつならいいなあ」
　　と　おねえさん
　　一番あとからはいる
　　かあちゃんは
　　私と同じ所
　　私は　やっぱり
　　四角でもいい

　「五角と四角、合理性と非合理性、そして便利と幸福、この二者択一のなかで姉の選択は今世紀の特徴をあらわし、妹の選択は今世紀軽んじられてきたものを象徴しているように思われます」と佐藤氏は言う。

　姉の理解は合理的で正しい。しかし、それは絶対的な「正しさ」ではない。妹のような理解の仕方もあるということを我々は「理解する」必要がある。

　　お母さんが車にはねられた
　　お母さんが病院のれいあんしつにねかされていた
　　お母さんをかそうばへつれていった
　　お母さんがほねになってしまった
　　お母さんを小さなはこにいれた
　　お母さんをほとけさまにおいた
　　お母さんをまいにちおがんでいる（小学4年）

　担任の教師はこの詩を読んで、「『お母さん』という言葉は一回でいい。二回目からはいらない」と当時の学習指導要領に基づいて指導したが、児童は分かってくれない。そこで佐藤氏に相談したところ、「気が済むまで、何回でも百万遍でも、書かせてあげてください。詩の形を整える前に、その子の悲しみを分かちもってみてください」と答えたという。

　もし、ある児童が図工の時間に「太陽を青、海を黄色」の絵を描いたら、多くの担任の教師は学生時代に学んだ心理学の知識から、その児童を「問題あり」と判断するかもしれない。だが、もしかしたら、その児童に病弱の母親がいて、元気になってもらいたいとの想いから、「太陽」や「海」という自然の源の象徴を表現するのに、母親が元気なときによく着ていた洋服の色

や母親の大好きな色を児童は使ったかもしれない。

　ヒトの心は非常に複雑であり、簡単に「答え」を出してはいけない。それを真に「理解する」には非常に深く潜入する必要がある。手間もかかるだろう。「だから入り込まないに越したことはない」と考えるのは簡単である。しかし、ヒトは手間をかけなければ、またコミュニケーションを良好に維持しなければ、真の理解はできない。そして、手間をかけるからこそ、ヒトはそれに一生懸命に応えようとし、「繋がりたい」と思うようになるのである。

　カネに関しても同様である。例えば、もらった1万円と苦労して稼いだ1万円とでは、その価値は大きく異なるのではないだろうか。価値が異なるために、使い道も大きく異なるであろう。簡単に手に入れたものに有難みも愛着もないが、手間をかけて苦労して手に入れたものには有難みも愛着もある。だから、無駄な使い方はしない。企業の利益にしろ、国や自治体の税金にしろ、そのカネをどのように「理解する」かによって、その使い道も効果も大きく変わってくる。

　佐藤氏は青年時代に鉄棒の事故が原因で視力を失った、盲目の詩人である。だが、彼の「心の目」には、子どもたちの心が確かに見えていたに違いない。

（7）目標達成の仕組み─ Skill 重視からより Will 重視へ─

①目標達成の仕組みと Skill・Will の関連性

　何かを確実に成し遂げようとするならば、我々は目標を設定する必要がある。目標なしに行動することもあるが、それでは「行き当たりばったり」の結果となる。運がよければたまたま上手くいくということもあるが、その確実性は低い。

　目標設定（夢やビジョンも同様）には、それ自体で Will（意志、やる気）を引き出すという大きな効果がある。

　例えば、あなたが太平洋のど真ん中に、360度見渡しても島影ひとつ見えない状況で、手漕ぎボートとともに放り出されたとする。あなたは、どの方向に進むのも自由である。とにかくあなたはしばらくがむしゃらに漕いでみる。だが、何も見えてこない。そこで方向を変えて漕いでみた。やはり何も見えない。あなたにはまだ漕ぐ力（Skill：技能）は残っている。しかし、漕

ぐ意欲（Will：意志）が沸いてこなくなった。

　そのとき、遠くにポツンと小さく島影が見えたとする。あなたは間違いなく、その島を目指して漕いでいくのではないだろうか。そして、あと少しのところで漕ぐ力が尽きそうになっても、その島の存在があなたの限界を超えさせて、あなたは島に到着するかもしれない。

　島という目標があるかないかで、人の意欲（Will）は変わってくる。そして、その意欲が高まれば、その能力（Skill）も高まっていく。もちろん、SkillがWillを高めるということもあるだろう。しかし、Will先行型とSkill先行型の大きな違いは、後者よりも前者のほうが、より自らを成長させる可能性を秘めているということである。

　例えば、ホンダとソニーは、後発ながら創業期から大きな夢やビジョンを設定し、先発大手企業が考えつかないようなニッチ製品を次々と世に送り出していった。ホンダの創業者である本田宗一郎と親交の深かったソニーの創業者、井深大の言葉を借りてみたい。

　「技術者というのは、一般的に言えば、ある専門の技術を持っていて、その技術を生かして仕事をする人だが、私も本田氏も違っていた。最初にあるのは、こういうものをつくりたい、という具体的な目的・目標なのだ。しかも、2人とも人真似が嫌いだから今までにないものをつくろうと、いきなり大きな目標を立てる。目標が初めにありきで、次に実現のためにどうしようかということになる。この技術はどうか、あの技術はどうか、使えるものがなければ自分で工夫する、というように、すでにある技術や手法にはこだわらず、とにかく目標に合ったものを探していく―そんなやり方を、本田氏も私も貫いていた」[15]

　Skill先行型企業の特徴は、「今、自らの技能でできることを探す」というスタンスであるが、この「モノの見方」では、「自らの殻」を打ち破ることは難しいかもしれない。自らの技能が優れていると思っていればいるほど慢心し、それ以上の努力の必要性を感じないからである。もし今後、ホンダやソニーがSkill先行型企業を目指すならば、逆に技術に溺れ、競争力を失っていくことになるであろう。

　一方、Will先行型企業の特徴は、「先に大きな目標を設定し、足りない技能があればそれを獲得していく」というスタンスで、常に挑戦的である。目標設定がメンバーのやる気を引き起こし、そしてそのやる気がメンバーの技

能を高めていく。その繰り返しにより、企業がどんどん成長していくのである。

「オール１の落ちこぼれ」を経験した高校教師

高校教師のＡ氏は「掛け算九九」を言えないまま中学を卒業した。では、なぜＡ氏は高校の教師になれたのか。

彼は23歳のとき、衝撃的な「目標」と出会った。それから一念発起して定時制の高校に通い、小学３年生の算数ドリルからやり直し、猛勉強して大学へ進み、ついに高校の教師となった。

23歳で小3の算数ドリルなど、普通は恥ずかしくて出来ないかもしれない。では、なぜ彼はそれが出来たのか。それは、他人からの強要ではなく、自分自身で明確な「目標」を設定したからである。

15歳の彼は、なぜ九九が言えなかったか。恐らく勉強に興味を感じなかったからか、九九の必要性を感じなかったからであろう。

しかし、彼は23歳で変わる。23歳の彼と将来の「目標」とが、明確なラインで繋がったのである。彼の「モノの見方」は180度変わり、その「目標」は物凄いパワーを彼に与えた。その設定された「目標」によって、彼は自分に欠けているものが何であるかの発見に没頭した。そして「何が問題か」が分かった彼は、それを一つひとつ解決していった。小３の算数ドリルも彼にとって必要なものだった。必要なことだから恥ずかしくはなかった。「問題を解決する意志」が「恥ずかしい気持ち」を上回ったのである。

23歳で出来るのであれば、実はそれ以前の彼にも、本来、能力（Skill）は備わっていたはずである。だが、やる気（Will）がなかった。やる気がなかったために、能力も埋もれたままであった。その能力が、「目標」が設定されることによって喚起されることになった。つまり、「目標」はヒトのやる気を生み出し、潜在能力を呼び起こす強力なパワーを持っているのである。

②目標を達成させるための工夫── GROW モデルの活用

目標の設定は人のやる気（Will）を向上させ、やる気の向上はポジティブ感情を向上させる。そして、第１章第３項で示したように、ポジティブ感情は個人の生産性を高め、引いては組織の生産性を高めていく。だからこそ多くの組織では目標が設定されている。しかし、目標を設定しさえすれば、自

動的に組織の生産性が上がるというわけではない。

　有益な目標設定と確実な目標達成を可能にするような有効なモデルがある。それは"GROW モデル"として知られるコーチング手法[16]の一つであり、Goal（目標の明確化）、Reality/Resource（現状の把握／資源の把握）、Options（選択肢の検討—行動計画の見直し）、Will/Wayforward（意志の確認／前進する方法の確認）の手順を踏むことからそう呼ばれるが、上司の「質問」を通じてこれらが実践されると、部下は自分自身で答えを導き出し、主体性と当事者意識を持って有益な目標を設定するため、それを確実に達成できる可能性が高まる。

1）Goal（目標の明確化）

　GROW モデルは、部下が目標を明確に設定できるように支援するところから始まる。

　目標の明確化には"SMART の法則"が有効的である。SMART の法則を最初に提唱したのは経営コンサルタントのジョージ・T・ドランであり、彼は目標を達成するために「Specific（具体性）」、「Measurable（計量性）」、「Assignable（割当設定）」、「Realistic（実現可能性）」、「Time-related（期限設定）」という5つの成功因子を示した。その5つの頭文字をとって"SMART の法則"と呼ばれている。

　その後、数々の学者や経営コンサルタントによって改良が加えられたが、ここでは5つの成功因子を「Specific：目標が明確かつ具体的であるかどうか」「Measurable：目標が測定可能であるかどうか」「Achievable：目標が達成可能であるかどうか」「Realistic：目標が現実的であるかどうか」「Time-bound：目標が達成されるまでに要する時間が明確であるかどうか」とする。この5つの成功因子に留意して目標を設定すると、「行動レベルに落とし込んだ具体的な目標」を立てることができる。

　【S】specific：具体的（やりたいこと、できること、やるべきことが明確）
　【M】measurable：測定可能（数値で示すことができる）
　【A】achievable：達成可能（達成の見込みがある）
　【R】realistic：現実的（根拠がある）
　【T】time-bound：要する時間が明確（期限が明確）
　例えば、「前期よりも売上をアップさせる」という目標を、部下が掲げた

とする。残念ながら、この目標は、SMART の法則に基づいた、有益な目標とはなってはいない。

　では、部下の目標を有益にするためには、どんな質問を投げかけるべきか。

　　a：前期より売上をアップさせるとは、具体的に何割くらいを考えているか？

　　b：売上をアップさせるために、何が必要だと思うか？

　この場合、a、bともに、正解である。上司が質問を投げかけることによって、部下は「実行可能な具体的な目標」を設定できるようになる。

　例えば、上述の例であれば、上司が質問を投げかけることによって、「前期よりも売上を 20％アップさせるために、毎日 20 件のテレアポと 2 件の飛び込み営業をおこなう」など具体的な目標に変えていくことができる。この目標は、SMART の法則に基づいた、有益な目標となっていると言えよう。

　ここでの質問をする際のポイントは、上司が「批判ではなく、部下の可能性を探る」というスタンスに立つことであり、上司の経験に基づいた目標を、一方的に押しつけてはならない。部下自身で決めた目標であるからこそ、部下は主体的に取り組むのであり、上司は、部下が「実行可能な具体的な目標」を設定できるようにサポートするという意識をもって質問を投げかける姿勢が必要である。

2）−1　Reality（現状の把握）

　2 段階目は、現状の把握である。「設定した目標に対して、現在どれくらいの位置にいるのか」を、質問を通じて部下に考えさせる。目指す目標に対しての現状を整理し、ギャップを確認する。質問をする際には、理想と現状とのギャップを比較する「As is ／ To be」という手法も参考になるだろう。

　例えば、次のような質問が有効かもしれない。

　　＊現状でうまくいっていること（いないこと）は何か？

　　＊うまくいっている（いっていない）要因は何か？

　　＊何か障害があるとすれば何か？

　　＊その障害はどうすれば取り除けると思うか？

　ここで質問をする際、上司は「部下に、うまくいっている部分とうまくいっていない部分を客観的に把握させる」というスタンスに立つことが重要である。うまくいっていない部分に関しては、部下は自信を失いがちであるので、

何が障害かを明確に把握させるような質問をおこない、それを取り除くことで自信を持たせる姿勢が必要である。

2)－2　Resource（資源の把握）

現状の把握が終わったら、3段階目として、「資源の把握」をおこなう。ここでは、「目標の達成に向けたプロセスの中で活用できる、自らが保有している資源」について、質問を通じて部下に考えさせる。なお、資源とは、いわゆる、ヒト（労働力、能力、知識など）やモノ（設備、機材など）、カネ（資金など）といった目に見えるもののみならず、情報、時間、経験、ネットワークなど目に見えない資源をも意味し、まずはそうした資源を一度書き出させてみて、その後、優先順位をつけてみるのも効果的だろう。

例えば、次のような質問が有効かもしれない。

＊ヒトに関して

「一番得意なことは何か？」「どんなときに力を発揮できるか？」

＊モノに関して

「モチベーションを上げるツールを持っているか？」「システムの変更は可能か？」

＊カネに関して

「予算は十分か？」「コスト計算を正確にできるか？」

＊情報に関して

「情報ソースは確かなものか？」「顧客のデータベースは活用可能か？」

＊時間に関して

「作業に集中できる時間はどれくらいか？」「どんな時に一番集中できるか？」

＊経験に関して

「何をしているときにモチベーションが高まるか？」「過去の成功体験はどのようなものか？」

＊ネットワークに関して

「信頼できる協力者はいるか？」「情報ネットワークを活用しているか？」

ここで質問をする際、上司は「部下に、目標達成のために活用できる、自らの強みと組織の強みを認識させる」というスタンスに立ち、そして、部下

が一つでも多くの資源を活かせるようにサポートする姿勢が必要である。部下が「どのような資源をどう活かすか」という視点を持つと、目標に対して効率的にスピード感を持って取り組めるようになる。

3）Options（選択肢の検討―行動計画の見直し）

　4段階目として、設定した目標に対して「他の方法」はないかを考える。目標を達成するためには、これまでの方法では上手くいかない場合がある。「プラスαの取組」や「新しい有効な方法」がないかを、質問を通じて、思いつくだけ部下自身に考えさせる。選択肢を考える段階では、実現可能性や費用対効果などは気にせずに制限なく書き出したほうがよい。質問をする際には、「スキャンパー法」[17]という手法も参考になるだろう。

　例えば、次のような質問が有効かもしれない。

　　＊置換「一部あるいは全部を入れ替えることは可能か？」
　　＊結合「用途やサービスを組み合わせたらどうだろう？」
　　＊応用「他業種のアイデアを当てはめるとどうなるか？」
　　＊修正「新たな機能を加えてみるとどうなるか？」
　　＊転用「女性ではなく、男性が使うとどうなるか？」
　　＊削減「不要なものはないか？」
　　＊縮小「分割してみるのはどうだろう？」
　　＊調整「並べ替えるとどうなるか？」
　　＊逆転「逆の視点で考えたらどうなるか？」

　ここで質問をする際、上司は「部下の自由な発想を尊重して、部下が考えたアイデアや取組に対して、批判や否定をしない」というスタンスに立ち、部下からより多くの選択肢を引き出す姿勢が必要である。

4）Will/Way forward（意思の確認／前進する方法の確認）

　GROW モデルの最終段階は、「意思の確認」である。ここでは、「考えた選択肢の一つひとつについて実行するか否か、やる気が持てるかどうか」などについて、質問を通じて確認しながら、具体的な行動計画をスケジュールに落とし込んでいき、実行する順番や期日を設定させる。最終目標に至るまでの中間目標の設定や、失敗した時の代替案の候補も考えさせておくのがよいだろう。

　部下が目標に対して、具体的な行動計画を立てているかどうかは、下記の質問を投げかけることで把握することができるかもしれない。

　　＊目標に向けて計画通りにできているかどうかをチェックする方法を設けているか？

　　＊飛び込みの仕事が入った場合でも、計画を修正せずに進められそうか？

　　＊私（上司）に手伝えることはあるか？

　ここで質問をする際、上司は「部下を追い立てるのはなく、やる気を失いそうになっても、手伝う準備ができている」というスタンスに立ち、部下が安心して目標を達成できるようサポートする姿勢が必要である。

3.　「逆転の発想」の実例

　「逆転の発想」とは、「マイナス因子をプラス因子に転換させる発想」や「常識とは異なる発想」のことである。

　カネがあるに越したことはない。だが、カネはなくても、ヒトには知恵がある。しかし、知恵は先天的なものではない。経験と努力から身についてくるものである。知恵が出ないのは周りのせいではない。自分自身の努力の問題である。自分で、知恵の出る環境を作っていかなければ、知恵は願うだけでは身につかない。

　また、ヒトを引きつけるのにも知恵が必要である。誰もが考えるような考え方から脱却するには、現在おこなっている常識的な見方を変え、まったく異なる角度から物事を捉える必要がある。

　ここでは、その「逆転の発想」をするだけでなく、そうした発想で見事に収益を上げている企業の事例を示そう。

(1)　ヴィレッジヴァンガードコーポレーション

　ヴィレッジヴァンガードは、1986年に菊池敬一が愛知県名古屋市で創業した（設立は1998年）、「遊べる本屋」をキーワードに、書籍、SPICE（雑貨類）、ニューメディア（CD・DVD類）を融合的に陳列して販売する、社

員数448名（連結）[18] の会社である（2021年8月現在）。

同社のPOP広告[19] には定評があり、面白いものが多い。コアターゲット層は大学生を中心とした若者であるが、近年は中高年向け新業態店なども登場している。

① 「ハタキは本屋の基本です」[20]

開店間もないころのキャッチコピーの一つである。よく売れる本には「よくやった。お前のおかげだ」とハタき、売れない本には「この野郎、テメエのせいだ」とハタく。ハタき方も自由自在で店のBGMに合わせる。優しい曲の時は優しく撫でるように、激しい曲のときは激しく、リズミカルな曲の時にはテンポよく、というふうに。また、「ハタキの標準音」というものがあるらしく、大き過ぎても小さ過ぎてもいけない。ちなみに、社員には、菊池がハタキをかけていて「『標準音』よりも大きいときは機嫌が悪いときだから気をつけろ、小さいときは売上の悪いときだからもっと気をつけろ」と言っていたそうである。

同社の自由かつ「面白いことを大切にする」という社風を表現しているキャッチコピーの一つである。

② 本屋がグッズを売る

同社は「本屋がグッズを売る」という戦略を創業以来維持しているが、本やグッズの種類にも、また、本・雑誌とグッズの構成比にもこだわっている。

まず、本は「定番」を大切にしている。「定番」は「ロングセラー」とは異なる。同社にとっての「定番」は「ヴィレッジヴァンガードの顔であり、いつでも平積みしておく本」を意味する。特に、他の店ではなかなか積まない本にこだわっている[21]。

グッズは「面白ければそれでいい」というコンセプトで品揃えをしている。同社のコアユーザーが若者であるというのは上述した通りであるが、「若者の間では、大して役に立つものではないが面白いものが流行する文化がある」という読みに基づいての品揃えであろう。しかし、面白ければ何でもいいというわけではない。店の雰囲気を大切にしているので、コンセプトに合わないものは置かない。

また、本・雑誌とグッズの売上比は「6対4」であり、この構成比にもこ

だわっている。グッズが売れるからとグッズの割合を増やしていったら、「グッズ屋が本を売る」となり、ただのグッズ屋になる。グッズ屋がグッズを売るのでは面白味がなくなり、それは同社の戦略を逸脱することになる。「本屋がグッズを売る」から面白いのである。その原点を忘れないということも同社の強みであると言えよう。

　同社ではグッズは安価な「面白品」も高価な名品も置いてある。なるべく大きな百貨店や一般的な雑貨屋が置かないような、同社のコンセプトにあったものを置く。過去にはサメの浮袋や巨大な顎なども販売したそうであるが、なるほどとうなづける。

　本との関連で置くグッズも多い。例えば、作家や主人公がオイルライターを好むのであれば、オイルライターを置く。旅物の本であれば、アウトドア品を並べる。もちろん、相乗効果が期待できる。ただ、同社はマーケティングの教科書に書いてあることに倣って、相乗効果を狙ってそれをやるのではない。面白いから、それが店のコンセプトに合っているからやるのであり、結果として売れていくのである。

　どんなグッズを置くかということだけでなく、ディスプレーの仕方（見せ方）にもこだわりが強い。独特の店づくりを目指しているからだ。階段に本を並べたり、ビリヤード台や卓球台を平台にしたり、本棚に双眼鏡をぶら下げたり、はしごを置いたり、ピンボールマシンまで置いて、究極的には本の表紙の色合いまでも考えて配置している[22]。

　アパレル店には、洋服とチョコレートが一緒には置かれていないだろう。ここではそれらが一緒にディスプレーされているから面白い。想像を裏切られる。だが、嫌な裏切られ方ではない。むしろ、そこには希少価値が創造され、購入したくなる。

　アウトドア用のキーホルダーにしても、同社はアウトドア専門ショップの数倍も売る。アウトドアショップはそれをアウトドアグッズとして売ろうとするが、同社では日用品として売る。アウトドアグッズには、品質が良く、山登りやキャンプでなくても日常的に使用できるものも多数あるが、専門ショップは「通」しか入れないような雰囲気があり、若者には敷居が高い。そうした若者がふらっと入ってきて、日用雑貨としてディスプレーされているアウトドアグッズに目が留まる店、そんな店づくりをヴィレッジヴァンガードは目指している[23]。

また、菊池は営業（勧める販売）が嫌いである。彼自身、サラリーマン時代にチラシやティッシュを持って、「定期購読してくれませんか」と家庭を回った経験があるそうであるが、苦痛以外の何物でもなかったと言う。こちらから出向くことに注力するのではなく、仕入れる本やグッズ、そしてそのディスプレーに徹底的にこだわることに注力することで売っていく。これがヴィレッジヴァンガード流の「売り方」である。

③グッズの売れ行きにはPOPが決め手になる

　同社では、グッズを仕入れる際、STP[24]などは用いない。年齢や職業や性別で仕入れても売れないという。「○○さんなら喜ぶだろうな」とかなり具体的に考えて決める[25]。

　そのような個性の強いグッズが多いため、それを解説するPOPが有効になってくる。同社では、グッズの売れ行きにはPOPが決め手になると考えられている。もちろん、このPOPも上述したディスプレーの一環である。

　例えば、バナナチップを最初に売りに出したとき、多くの人はどんな味かわからなかったはずである。そこで「あなたが想像しているよりもきっと美味しい」とPOPに書いた。実際に食べてみて、とてつもなく美味しいわけではないだろうが、想像よりは美味しい。だから、売れた。また、フランスやイギリスのキャンディは箱に入っているものが多く、「食べ終わったら、入れ物をピルケースに使ってみたら」と書いた。これも随分売れた[26]。

　さて、このように同社の戦略的ツールとでも言うべきPOPであるが、同社のPOPにはヴィレッジヴァンガード流の原則がある。次の6項目は1992年当時のものであるである[27]。

- ・チラシ、ポスターの裏に書くな
- ・黄色い用紙に水性の黒文字で書け
- ・キレイに書くな
- ・思いついた文句を一気に書け
- ・一店舗に50枚のPOPが常にあるように
- ・笑えるPOPがより望ましい

　これがその後「POP三原則」として以下のようになっている[28]。

- ・ひねりを入れる。

・明るく朗らかに。

・的をつく。

同社の面白いPOP事例として以下のようなものである[29]。

・(コミック一覧表の隣に)「当店は商品管理に十分注意していますが万一、落丁乱丁のものがありましたら、『当たった！』と思いになり貴重品ですから大事に保管し、もう1冊お求めください」

・(間違って入荷してしまった男性アイドル写真集の隣に)「女はメールヌードに2400円も払わんよ。失敗したね、篠山君」(「メールヌード」は男性ヌード、「篠山君」は写真家)

・(泉晴紀『便所はどこだッ!!──一秒を争う書』の本に矢印をつけて)「あそこだ！」

・(本ではなく、グッズ販売品のサンドバッグに)「朝の100発」

他にも具体的な書名のPOPを挙げると以下のようなものがある[30]。

・『立体で見る〈星の本〉』：「プレゼント向き。相手が所有している可能性？ゼロに近い」

・『ネコの偏差値』：「IQ130以上──テレビ出演へ。IQ90以下──三味線屋へ」

・『ポケットジョーク　全巻』：「トイレで一話、赤信号で一話、イヤな奴との電話中に一話」

・『恨（うら）ミシュラン』：「ナマイキな寿司屋、氷まじりのチーズケーキをくわせるファミレス、不愛想なウェイトレスのいるイタメシ屋に頭にきてませんか」

・『いつまでも友だちでいたい』：「プロポーズの断りに！あなたは優しい」

・『結べば喜び30通り！ドット遊び』：「この本によって生じるトラブル・ケガについては当店は一切の責任を持ちません」

さて、いろいろと同社のPOPについて紹介したが、同社のPOPの中でとりわけ話題になったのが「チョコソーダ」のPOPである。カナダから輸入された商品のようで、問屋から「安いからちょっと置いてみないか」と持ちかけられたが、実際には、売れ残っていたものを押しつけられた形である。飲んでみると非常に不味かった。「こんなもの誰も飲まない」というのが菊

地の正直な気持ちで、これを美味しいとPOPに書けばいくら1個80円でも詐欺になると思ったそうである。

　しかし、菊池はここで閃いた。「これは逆に行けるかもしれない」。さて、このグッズのPOPにはどんなことが書かれたのか。「めちゃくちゃまずくて罰ゲーム用」。「罰ゲーム用」が強烈なスパイスになっている。イベント好きな若者たちやものめずらしがり屋の人たちを中心に買われ、口コミなどで噂が広がり、すぐに完売した[31]。まさに「逆転の発想」である。

　もう少し、この話題について掘り下げてみよう。

　一般的に、食べ物が売れる基準は「美味しさ」である。不味ければ市場から姿を消す。だが、同社は、「美味しさ」という基準で勝負しなかった。不味いものはどんなに値段を下げても売れ残ってしまう。そこで同社は、「不味さ」というネガティブ特性をポジティブに解釈し、逆にその特性を活かせないかと考え、「不味さの用途」を開拓したのである。同じ商品を扱っても、それをどのように捉える（解釈する）かによって、利益を得る人と利益を得られない人が出てくる。まさに「極楽と地獄の話」と同様である。

　競合会社の商品（あるいはサービス）を羨ましがり、「あんな商品だったら営業でトップセールスを獲れる自信がある」という人がいる。しかし、そういう発想の人は、どんな商品であったとしてもたくさん売ることは難しいかもしれない。売れない原因は商品にあるのではない。この人の、その商品の解釈の仕方にある。この人は売れないことを商品のせいにしている。そこに問題の本質があるということに気づいていないのである。

　確かに、売りにくい商品というのはあるかもしれない。しかし、それを嘆いていても先へは進めない。自分の取り扱う商品に「運がない」と解釈するのは、アウトサイド・インの発想である。しかし、商品には、チョコソーダのPOPの文言にあるように、いろいろな解釈の仕方があるのである。

　実は、恵まれた環境に置かれる人というのはわずかしかおらず、多くは希望する環境にはないと思う。しかし、どんな環境に置かれても、ポジティブな解釈ができれば、インサイド・アウト思考に基づいた行動が取れる。そして、ヴィレッジヴァンガードの場合、そうしたポジティブな解釈ができることと「面白いことを大切にする」という習慣とは無縁ではない。常日頃、菊地を始め、社員一人ひとりが「どんな仕掛けをすれば面白いか」「どんなPOPを書けば来店客が喜ぶだろうか」というワクワク感を抱くことによっ

て幸福感が高まり、いろいろなアイデアが次々と生み出されてくるのであろう。だから、日頃から楽しいことを考えたり、人を喜ばせたりしたいと考えることは、ポジティブ解釈ができるようになる、非常に良い習慣であると言えよう。

　ところで、もし、チョコソーダのキャッチコピーが「めちゃくちゃ不味い」だけであったら、このグッズは売れたであろうか。想像の域を超えないが、恐らく売れなかったのではないだろうか。

　確かに「面白さ」は重要であり、販売商品のPOPに「めちゃくちゃ不味い」と書くのは面白い。しかし、その後ろの「罰ゲーム用」という一言により、それを見た人は何を考えるだろう。ゲームをして負けた人がこのチョコソーダを飲んで、顔をしかめて「何これ⁉」と叫ぶ姿、それを見てみんなが爆笑する光景をイメージする人も多いのではないか。実際、まとめ買いをしていく人も多かったようである。もし「めちゃくちゃ不味い」という言葉だけでは、このようなイメージには繋がらないだろう。

　近年、UX（User experience：ユーザー体験）[32]が重要視されているが、ヴィレッジヴァンガードは、その基盤となるようなもの（「具体的なユーザーの設定」と「ユーザー目線での物事の解釈」）を構築したと言っても過言ではない[33]。

　「人は商品そのものを購入するというより、その『ベネフィット（商品利用から得られる、自分にとってのメリット）』を想起して形成される価値を購入する」という考えがベースにある。例えば、人はゴルフクラブを購入する際、金属の棒が欲しいとは考えず、そのクラブでカッコよくスイングして飛距離を伸ばしたいと考え、缶コーヒーを購入する際には、黒い液体が欲しいとは考えず、それを飲んで眠気を覚まして気分良く仕事を進めたいと考えるかもしれない。「ナイスショット！」という称賛の声を浴びる自分、仕事がどんどん捗る自分がイメージ出来たら、きっと購入するだろう。

　「罰ゲーム用」という言葉に代表されるように、ヴィレッジヴァンガードのPOPは、来店者にそうしたイメージを喚起させるという重要な役割を果たしており、結果としてそれが売上に繋がっているのである。

(2) 未来工業 [34]

　未来工業は、1965 年に山田昭男が岐阜県安八郡輪之内町で創業した、電気設備資材、給排水設備およびガス設備資材を製造・販売する、社員数 1,223 名（連結）[35] の会社である（2020 年 3 月現在）。

　従来、同社の代名詞は「ケチケチ会社」であったが、現在の代名詞は「日本一幸せな会社」となっている。無駄なカネは使わないという意味での「ケチケチ」は現在も進行中である。では、この「ケチケチ」会社が、なぜ「日本一幸せな会社」と言われるようになったのか（同社は、第 1 回「日本でいちばん大切にしたい会社」大賞 [36] で「経済産業大臣賞」を受賞している）。

① 「常に考える」ことを通じて「差別化」したアイデアを出す

　「儲からない会社と反対のことをやればいい」が創業者のモットー。まさに「逆転の発想」である。会社の型に社員をはめ込んで、その中で高い成果を出した社員に対して、個別に報酬を支払う（いわゆる、成果主義）のではなく、先に全体の満足度が高まる環境を整備し、満足した社員たちが、他社と「差別化」したアイデアを出して、業績を伸ばしている。

　創業当初、「ジョイントボックス（電気配線の保護カバー）」の製造・販売を考えるも、大手の先行企業が乱立していた。そこで、当時まだ資金力のなかった同社は、大手の競合企業に太刀打ちするためには何が必要かを考えた。

　「ジョイントボックスは、天井に近い梁の部分に取り付ける。職人の多くは手を上に伸ばして作業をしなければならず、その際、ネジが下に落ちてきそうになるので、それを抑えながら設置するのは非常に面倒である…」。そこで、同社は、ネジ穴に突起を付け、工事の際にネジが落ちない工夫をして販売した。すると職人の作業効率も上がり、その結果、同社のジョイントボックスは飛ぶように売れていった。

　問題のあるところには常にビジネスチャンスがある。創業期から現在に至るまで、同社は顧客である職人の抱える問題を常に注視し、それを見逃さない。そして、その一つひとつの問題を解決するようなアイデアを、他社とは差別化した形で提案していくことにより、同社は業績を伸ばしてきた。同社は、そうした経営スタイルを貫いている。

　では、そうしたアイデアはどうやって出てくるのであろうか。

　同社の行動指針は「常に考える」である。オフィスにも、工場内にも、食堂にも、廊下にも「常に考える」の表示がある。常に考えることによって、アイデアが出てくるのである。しかし、不満足な環境下では、なかなか良いアイデアなど出てこない。社員に「常に考える」ことを望むのであれば、会社としてはその環境を整備する必要がある。逆に言えば、経営トップがやっていることは、社員が意欲的に「常に考える」ことを継続するための環境整備だけであり、これを徹底的に整備すれば、上司はあれこれと指示をする必要はなくなり、社員は勝手に考えて、どんどんアイデアを出すようになる、と同社は考えているのである。

② 「常に考える」の事例
例1) 同社の主力商品「スライドボックス」で差別化を図る

　「ジョイントボックス」で差別化をスタートさせた同社は、それを「スライドボックス（コンセントなどを固定させるために壁の裏に設置するボックス）」で開花させる。このスライドボックスは同社の主力製品であり、職人の抱える問題の注視と解決策を盛り込んだ製品の開発を繰り返すことによりどんどんバージョンアップされていった。

　例えば、初期のスライドボックスはネジ穴が2つであったが、それを4つへと増やした。ネジ穴が2か所より4か所の方が設置されたボックスが安定するからである。小さな変化ではあるが、大きな差別化である。

　また、ネジ穴に木くずが入りやすいという職人の声を受け、ネジ穴の上にテープを貼って穴をふさぎ、木くずが穴に入らないようにした。

　さらに、この木くず防止テープをアルミテープに変えたことも大きな差別化である。当初、木くず防止テープは紙製であったが、それをアルミ製に変えた。何のためにアルミに変えたのか。スライドボックスは壁に覆われると見えなくなる。それまで、職人はその位置を手触りと勘で探り当てて壁に穴を開けなければならなかった。これは非常に面倒であり、精神的にも非常に疲れる。この問題を解決するために、同社はテープの素材を紙からアルミに変え、同社の開発した金属探知機「ボックスアッター」で、壁の表側からでも、壁裏にあるスライドボックスの場所がすぐにわかるようにした。これは、スライドボックスの切り込みゲージ付で、添付の「SB ホルソー穴あけセンター出しゲージ」を使用すれば、SB ホルソーで壁にボックス穴を簡単にあ

けることができる。この製品により、それまで手探りでやっていた作業の効率が格段に向上し、より多くの現場に足を運ぶことができ売上アップに繋がると、職人からは非常に好評とのことである。

　以上のように、社員のアイデアにより、スライドボックスは次々と改良が加え続けられていき、非常にシンプルな構造のスライドボックスに、今や100種類近くものラインアップが生まれている。

　フランスの作家、マルセル・プルーストは次のような言葉を残している。

　「真の発見の旅とは、新しい景色を探すことではなく、新しい目を持つことである」

　スライドボックスは非常にシンプルな構造であり、それだけに改良を考える幅が狭く[37]、競合他社では4〜5種類くらいしか考えつかないだろう、と山田は語っている。もちろん、他社でも深く考えれば、一つの商材についてもっと多くの種類を開発できるかもしれない。しかし、多くの会社は「常に考える」という習慣がないということに加え、すぐに新しい商材の開発に乗り換えていくことにより、4〜5種類に留められてしまうのではないか。

　一方、未来工業は、スライドボックスという一つの商材を「新しい目」で見てきた。「新しい目」で見るから、その結果として生まれる製品は差別化されている。新しい景色を探すことも時には大切であるが、通常、それには大なり小なりコストが必要になる。同社は、一つの商材をいろいろな角度から「新しい目」で見つめることによって、職人のニーズに応えるだけでなく、コスト削減もおこない、利益を出しているのである。

例2）事務職の「電話番」を30分ごとのシフト制にする

　後述するが、同社は「提案制度」が充実しており、過去に「事務職の『電話番』は30分ごとのシフト制にしてはどうか」という提案があがったことがあり、それが採用された。

　現在のように通信環境が整備されていなかった当時は、どの会社でも作業の途中で電話が入り、その応対をするという場面があっただろうが、よく考えてみると、これは作業を中断させてしまうことになり、中断の回数が増えれば増えるほど集中力が切れやすくなる。社員たちは「いつ注文が入ってくるか」「誰が電話を取るか」など、潜在的に気にすることになり、これは非常に非効率である。この提案は、こうした「問題」に着目し、その非効率を

「30分ごとの当番制」という形で改善しようとするものでる。公平になるように、順番で「電話番」を決めることにより、結果として、電話を気にせずに、みな安心して仕事に集中できるようになった。

　このように、同社は、社外に対しての製品開発のみならず、社内の職場環境などについても「問題」に注視し、その解決策を「常に考える」のである。

③アイデアが出るようにするための環境整備

　上述したように、同社は、良いアイデアが出るためには、良い環境が必要であると考えており、例えば、以下のような環境整備をおこなってきた（現在はおこなわれていないものも含む）。

- ・アイデアの根源である「提案書」を、不採用のものでもすべて1枚500円で買い取る（年間約1万5千件。2〜3行でも、何かしらのアイデアが入っていればOK）。採用のものは賞金が出て、内容により賞金は異なる。最高5万円。これにより大手メーカー並みの特許数を誇る（同社はこれを「コスト」ではなく、「投資」であると考えている）。
- ・タイムカードがない。
- ・残業禁止。16時45分退社が義務づけられている。「残業罰金制度」により徹底的に実施している。
- ・営業ノルマ禁止。
- ・上司が部下に命令すれば、その上司は降格。
- ・全員が正社員（工場勤務者も含めて）。
- ・社員の平均年収約600万円。
- ・65歳以上の平社員の平均年収700万円、しかも定年は70歳。
- ・年間休日140日。一日平均労働時間7時間15分（8時30分〜16時45分）。
- ・GWやお盆、年末年始の休暇は非常に長い。
- ・週休2日が原則だが、木曜が祝日の場合、金曜も休みにする。火曜が祝日の場合も月曜を休みにする。
- ・4人以上集まって申請すれば、サークル認定。毎月1万円の補助。
- ・5年ごとに社員全員で、全額会社負担の海外旅行。なお、社員旅行分として、会社は1億円を積み立てている。過去には、「海外ミステリーツアー」などいろいろな企画があり、「社員旅行の際に100問クイズをおこない、全問正解者は1年間有給休暇を得られる」というような常識破

りの企画などもあるが、それが話題を呼んでテレビや新聞等で報道されることにより、結果として販売促進の役割を果たすことにもなる。

　以上のような環境が整備された会社で働く社員にはどのような感情が湧くであろうか。「タイムカードがないから遅刻しよう」「ノルマがないからサボろう」「命令がないからやりたい放題やろう」などと考えるだろうか。実際はその逆で、同社の社員の多くは、会社に対して「感謝の念」を抱いているという。「これでもか」と言わんばかりの環境整備に、社員は高いモチベーションを持ちながら応えようとする。幸福感がモチベーションを向上させ、生産性を高めるのである。

　実は、同社の「提案書」は2～3行の不採用のアイデアでも500円が支払われるので、かつて「小遣い稼ぎ」で2～3行の提案書を何枚も続けて出す社員がいたそうである。しかし、同社はその社員を注意したりはしなかった。なぜなら、注意という行為は、「常に考える」という社員の意識をストップさせてしまう危険性があるからである。2～3行でも、提案を出し続けることを繰り返しているうちに、「良いアイデア」が生まれると同社は考えているのだ。

　ただし、上記のような環境は最初から「あった」わけではない。会社の環境整備と社員のアイデアによって「創っていった」ものである。当初はタイムカードもあり、残業もあった。社員たちは、その不満（＝問題）を陰で言うことはしなかった。不満があれば、それをただ嘆くのではなく、それを改善しようと考え工夫してきた。その結果、同社は「日本一幸せな会社」となったのである。

　無駄な部分は徹底的に「ケチケチ」だが、社員の満足度を高める「投資」は徹底的に惜しまない。その結果として、満足している社員は可能な限りアイデアを出そうとするであろう。アイデアにより、次々に他社とは差別化した商品や業務の変革がおこなわれる。だから、不景気でも強い。日ごろから、「考える社員」が育成されているので、リストラされる対象の社員もいない。

　同社では、不景気だからこそ、ヒト（のアイデア）が必要であるとされる。アイデアの宝庫であるヒトを粗末に扱うことは、同社においては自殺行為だと考えられている。

　創業者の山田は常に「わが社は『ワークライフバランス』ではなく『ライ

フワークバランス』を大事にしている」と言っていた。ワーク（仕事）が主でライフ（生活）が従ではなく、ライフが主でワークはそれを充実させるための手段である、という考え方である。

　日本の社会には、感謝、報恩、思いやりの気持ちを持つ人々が多い。これはどれもポジティブ感情である。未来工業はその日本人の美質を最大限に発揮させる経営によって、社員の満足を充足させ、結果として高業績を維持している。

　もし、「オレがオレが」と他を押しのけることを当然とするような個人主義の人が多い国の企業が、未来工業の経営を真似したら、目も当てられない結果となるだろう。つまり、「感謝、報恩、思いやり」という日本古来の国民性は、未来工業のような経営を生み出すことを可能とするものであり、他国には真似が困難な、我が国独自の強みなのである。このような企業がさらに増えていけば、我が国は、真の意味での経済的豊かさと幸福の両立を、国民が享受できる国になっていくだろう。

　そうした日本のあるべき「未来」を未来工業は指し示しているのである。

（3）佰食屋

　佰食屋は、2012 年に中村朱美が夫とともに京都市西院で開業した、1 日100 食限定で美味しいものを手ごろな値段で提供する、社員数 4 名の会社である（2021 年 1 月現在）。

　新型コロナウィルスの感染が拡大する以前、中村夫婦は佰食屋のほかに 3店舗を経営していたが、2020 年 4 月に 2 店舗を閉店し、現在は四条大宮の「佰食屋 1/2」（こちらは 1 日 50 食限定）と合わせて 2 店舗のみの経営となっている。なお、閉店後翌月から黒字を達成。同年 8 月には過去最高利益率にまで回復させた。

　中村夫婦は、「業績至上主義」を嫌い、ランチ営業のみ[38]、完売次第営業終了という「逆転の発想」の経営手法で、「勤務時間が長い」「土日は休めない」「ギリギリの人数でお店を回している」いわゆる「ブラック業界」とされる飲食店でのワークライフバランスとフードロスゼロを実現している。

①売上を減らそう―「限定（絞り込み）」にこだわる

　通常、飲食店は「ランチで客寄せをし、ディナーで儲ける」というビジネスモデルを確立しようとする。しかし、佰食屋と佰食屋1/2は、ランチ営業（佰食屋が11時～14時30分ラストオーダーで水曜が定休日、佰食屋1/2が11時～14時ラストオーダーで日曜が定休日）のみで、しかも提供するのは、佰食屋が100食、佰食屋1/2は50食に限定している。

　1日100食（佰食屋1/2は50食）に「限定」、ランチ営業に「限定」、メインのメニューを3つに「限定」とまさに「限定」づくしで、多くの飲食店が店舗の「拡大」、営業時間の「拡大」、扱う商品の「拡大」を目指すのとは真逆をいく。しかし、この絞り込みが佰食屋と佰食屋1/2の特徴であり、成功の秘訣である。まさに「逆転の発想」である。

1）1日100食限定のメリット[39]

　一般的には、売上を可能な限り伸ばして儲ける経営が優秀であるとされるが、中村夫婦にはそうした考えはまったくない。彼女たちは、「何かを諦めて100食限定にしているわけではない。多くのメリットがあるから100食に限定している」と言う。ここでは、佰食屋の「1日100食限定経営」のメリットについて見ていこう。

（ⅰ）フードロスがほぼゼロになる

　通常、飲食店は、季節や気候の変動、夜と昼、などによりお客の入り方が異なるので、それによって仕入れを多くしたり少なくしたりする。この読みが外れればフードロスが発生する。

　しかし、佰食屋は1日100食と決めて必要な分の材料だけ仕入れるので、閉店後は何も残らない。したがって、店には冷凍庫がない。冷蔵庫で十分であり、設備費も浮く。また、安定した仕入れをするため、地元の食材店の経営安定化にも繋がる。

（ⅱ）集客効果が上がる

　「100食しかない」しかも「ランチしかやっていない」という希少価値の組み合わせは、お客の心をかき立て、「行きたい」という心理を高めることになる。これは、中村夫婦が「平日や雨の日に、いかにお客に来てもらうか」

という視点で考え抜いた結果、たどり着いた方法である。

　しかし、希少価値は長くは続かない。最初はもの珍しくても、人はすぐに慣れてしまう。やはり重要なのは「商品力」、すなわち「品質」である。そこで同店は、お客にリピーターになってもらうために品質（味と量）にこだわった。「絞り込み」にこだわる中村夫婦であるが、品質は絞らない。むしろ、お金をかける。不要な（ムダな）部分を絞り込み、必要な部分に投資をするという発想であり、未来工業と同様である。

　その工夫として、原価率（食材費）を高めに設定し、1000〜1100円の価格帯で国産牛を約120グラム使用し、お客のお腹が満たされる量を提供することにした。すると「コスパが良い」「期待以上に安くて美味しい」という評判が立つようになった。お客の「コスパが良い」は、裏を返せば、店側の「コスパが悪い」ということを意味する。しかし、これは「損して得獲れ」の発想であり、実際、「コスパが良い」と感じたリピーターが口コミで多くのお客を呼び、また、新たなリピーターが多くの口コミで呼ぶという流れができるようになった。同店が原価率を上げても利益を残すことができているのは、この口コミを利用することにより、宣伝広告費をかけずに済んでいるからである。

図表Ⅰ-4　一般の飲食店と佰食屋の費用構成の比率

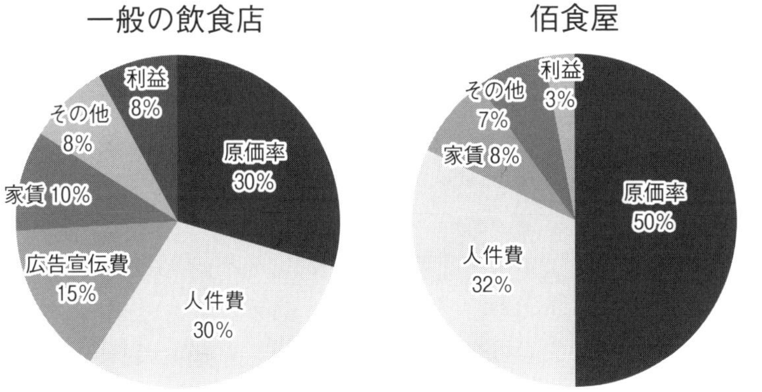

一般の飲食店

利益 8%
その他 8%
家賃 10%
広告宣伝費 15%
人件費 30%
原価率 30%

佰食屋

利益 3%
その他 7%
家賃 8%
原価率 50%
人件費 32%

出所：「日経クロストレンドFORUM 2020 レポート 100 食限定『佰食屋』はコロナにどう挑み、店を変革させたのか」https://xtrend.nikkei.com/atcl/contents/18/00388/00012/（2021/04/18）

一般的には原価率25～45％、人件費15～25％で、FLコスト[40]を60％程度に抑えるのがセオリーとされているが、佰食屋の原価率は50％、人件費が32％でFLコストが82％にもなる。ただし、この中には一般的な店舗にかかってくる宣伝広告費15％も含まれていると同店は考えている。上述したように、美味しくてコスパが良いとなれば、お客が周りの人に伝えたくなる。また、口コミによる宣伝効果は、マスメディアやチラシなどによる宣伝とは異なり、期間が限定されることなく広がっていくというメリットもある。

　また、口コミとは異なる、お金をかけない広報戦略もある。それは、商品やサービスの特長を「わかりやすいキーワード」にすることである。例えば、佰食屋と言えば、「100食限定」「コスパが良い」「ダイバーシティ」「フードロス」「女性活躍」などがイメージされるようになった。そして、こうしたキーワードの掛け算によって、ユニークさ、レアさが際立つことになり、メディアにも取り上げられやすくなり、多くの人の目に触れる機会も増えていったのである[41]。

　さらに中村自身も広告塔になっている。会社に注力するために彼女は髪型をずっとショートボブにし、公式の場では、洋服は青い洋服しか着ないそうである。選ぶ手間が省けるという効果もあるが、授賞式や講演会などスーツを着た男性たちの中で、青色の洋服はとても映えて目立つとのことで、「ショートボブで青い洋服の女性＝佰食屋の中村さん」というイメージを作り上げることに成功している[42]。

（ⅲ）最小限の人件費で最大限の利益が出せる

　佰食屋では、100人のお客をアルバイトも含め社員5人で受け入れている。つまり社員1人に対してお客が20人という比率。中村夫婦はこれがギリギリのラインであると言う。社員1人に対してお客25人を目指すと、忙しすぎて味噌汁をこぼしたり、会計を間違えたりしてクレームが発生するラインに入るというのが彼女たちの考えである。つまり、社員5人で100人のお客の受け入れを目指すということは、最小限のコストで最大限の利益を目指す構造になっているということである。

　このギリギリのラインで利益を出すには、目標が確実にクリアできるものでなければならない。日によって50食とか20食とかになると、人件費率が大きくなり赤字になってしまうからである。1日100食という目標は無理の

ない目標であるので、雨の日でも雪が降ってもクリアできる数値になっている。佰食屋にはこのような明確な目標があり、それを確実にクリアできるからこそ、利益を確保できているのである。

（ⅳ）社員が早く帰れる

　社員の出勤時間は朝9時か9時30分で、退勤時間は16時、17時、17時30分、17時45分から自分で選べる（入社後も変更可。アルバイトは1日2時間以上であれば好きな時間働ける）。また、完売すれば営業が終了するので、その分、早く帰ることができる。「早く帰れる」ということは、社員が働くうえでのインセンティブとしての役割を果たすため、社員はムダな動きはなるべく排除しようと努め、効率的に動くようになる。

　また、有給休暇はもちろんのこと、公休日の指定も自己の都合に合わせて決められる（上司の許可は不要で、申込書を記入してポストに入れるだけ。理由も書く必要はない）。このような自由度の高い就業制度の導入により、子育て中の女性、高齢者、介護中の人、妊娠中の人、外国人留学生も働けるようになり、ダイバーシティ推進にもつながっている。また、定年制度がなく、70歳代の女性も働いている。

　これを実現するために、人件費に32％もかけている（一般的な飲食店よりも7〜17％多い）わけであるが、このような余裕を持った人員配置により、社員が有給休暇を自分で管理できるようになるし、一人ひとりが毎日80％の労働量で済むようになる。見方を変えれば、ワークシェアをしているともとれる。これも原価率と同様の発想で、必要だと判断した部分にはお金をかけるというのが中村夫婦の考え方であり、「逆転の発想」である。

　多くの飲食店が、なるべく人数を抑えて一人当たりの労働量を増やしてコスト削減するのとは真逆の発想である。しかし、この余裕を持った人員配置が従業員のやる気を生み出し、新しいことに挑戦したり、新しいアイデアを創出したりすることに繋がる、と中村夫婦は考えている。あえて余裕を持たせることで社員のやる気と成長を引き出し、引いては企業の成長を促しているのである。

2）プロスペクト理論の参照価格をうまく活用している[43]

　佰食屋も佰食屋1/2も、メニューも価格も非常にシンプルで、お客にとっ

ては非常に分かりやすい。また、作業する側にとってもやりやすさを感じさせる。

両店とも国産牛を使用しており、前者のメニューは「ステーキ丼（1100円：税込）」「ステーキ定食（1210円：税込）」「ハンバーグ定食（1100円：税込）（限定20食）」のみ、ほかに飲み物がワイン1種類（385円：税込）、ビール1種類（385円：税込）、ソフトドリンク2種類（いずれも220円：税込）、後者は「とろにく重（1100円：税込）」「焼肉重（900円：税込）」「カレー（ひき肉入り）つけ麺（800円：税込）（限定5食）」のみ、ほかに飲み物がホットコーヒー1種類（110円：税込）、ビール1種類（390円：税込）、ソフトドリンク2種類（いずれも220円：税込）となっている（メニュー、価格ともに2021年3月31日現在）。

両店のビジネスモデル（1日100食限定《佰食屋1/2は1日50食限定》、ランチ営業のみ、シンプルなメニューと価格設定、メニューに限定品を置く）を行動心理学、特にプロスペクト理論の観点から考えてみたい。

まず、プロスペクト理論とは「不確実な状況下で意思決定を行う際、人は与えられた情報からではなく、状況や条件によって、その期待値（事象が発生する確率）を歪めて合理的でない判断をしてしまうという意思決定モデル」であり、人は確実に利益を得られる場面では、確率的にその利益を上回る利益を得られる機会があったとしても、リスクを犯してまで利益を得ようとはせず（リスク回避の選択）、一方、確実に損をする場面では、確率的にその損が拡大する脅威があったとしても、損失を回避しようとする（損失回避の選択）。

例えば、「A：確実に10万円もらえる」「B：コインを投げて表が出れば30万円もらえ、裏が出たらお金はもらえない」という場合、確率的にはBの方が利益を多く得られる可能性があるにもかかわらず、多くの人はリスクを犯すことなくAを選ぶ。一方、「A：確実に10万円没収される」「B：コインを投げて表が出れば30万円没収され、裏が出たら没収されない」という場合、確率的にはAの方が損失を抑えられる可能性があるにもかかわらず、多くの人は損失を確定したくないためにリスクを犯してでもBを選ぶ。

つまり、人は「得をするよりも損をしたくないという思いの方が強い」ということである。感じる得と損の比率は、「1：2〜2.5」とも言われている。プロスペクト理論は、「フレーミング効果」[44]「アンカリング効果」[45]「保有

効果」[46]「希少性（限定性）の原理」[47]などと関連性の深い理論で、マーケティングの多くの場面で活用されている。

　上述した「1日100食限定のメリット」のうち、「集客効果が上がる」というメリットには、言うまでもなく「希少性の原理」が働いている（1日50食限定も同様）。希少性（限定性）には「数量の希少性」と「時間の限定性」があるが、両店とも、100食限定（あるいは50食限定）という「数量の希少性」、ランチ営業のみという「時間の限定性」がある。「今食べなければ損をしてしまう」という心理が集客に繋がっていくのである。

　しかし、希少性は長続きしないので、上述したように、リピーター客を増やすために、原価率（特に、食材比率）を高くして、1000〜1100円の価格帯で国産牛を約120グラム使用し、お客のお腹が満たされる量を提供している。

　一般的に、飲食店の適正原価率は25%〜45%くらいであるが、原価率を高めに設定する場合、最も重要になってくるのが、メニューと価格の設定、つまりお客に「コスパが良い」と感じてもらえるかどうかである。

　両店の商品のメニューと価格の設定には、プロスペクト理論の「参照価格」がうまく利用されている。参照価格とは、「この商品は、だいたいこれくらいの価格が妥当だろう」という判断基準になる価格である。お客は一人ひとり、それぞれの経験や知識、いろいろな条件によって「自分の参照価格」を心の中に持っている。一般的によく知られている商品・サービスであれば、明確な参照価格が設定され、一方、リリースされたばかりのものや馴染みの薄いものであれば、参照価格は曖昧なものになる。そして、明確な参照価格が設定されていれば、その商品・サービスの価格が「高いか安いか」つまり「コスパが良いか悪いか」を判断しやすくなる。

　例えば、週に何度もカフェに行く人であれば、コーヒーの価格は大体の想像がつき、一杯400円くらいの参照価格が自分の中にあれば、300円のコーヒーは安く感じるし、500円のコーヒーなら高く感じるだろう。一方、最近、「買い物代行」や「家事代行」など「代行サービス」の人気が高いようであるが、一度も利用したことのない人にとって、その参照価格は設定しづらく、「高い・安い」の判断もしにくいに違いない。1時間5000円の買い物代行サービスは高いのか、安いのか。この場合、インターネット等で調べていろいろな会社のサービスを比較することによって、参照価格を設定していくことに

なるだろう。

　要は、この参照価格を基準に、損得の感覚が生まれるということである。例えば、セールなどで一時的に価格を下げた場合は、お客の心理は「『いつもより（参照価格より）』安く買えたので得した」とプラスに働く。ところが、セールが終わって価格が元に戻ると、お客の心理は「『元の値段（参照価格）』で買うのは損をする」とマイナスに働くだろう。安売りを繰り返すことで、参照価格が下がってしまうのである。

　よく知られている商品には、参照価格が設定されやすいので、限定性を設けた方が良い。佰食屋は「ハンバーグ定食」、佰食屋1/2は「つけ麺」に限定性を持たせた。こうすることにより「ハンバーグだけど、国産牛100%でこの価格。食べなければ損をする」「つけ麺だけどひき肉入りカレーにつけるなんて珍しい。食べなければ損をする」という心理を働かせるお客が増えると考えられる。

　一方、新しい商品や内容がわかりにくいような商品の価格設定の場合は、商品・サービスの品質に見合った適切な参照価格を、まずお客の頭の中につくる必要がある。両店ともに、使用している牛肉はすべて国産である。まずこれにより国産牛の「丼」や「重」ならばこれくらいの価格であろう、という参照価格をお客の中に設定させる。そして、牛肉を使用している量とご飯の量を商品ごとに記すことにより、「国産牛がこんなに使用されていてこの価格。ランチとしてはやや高めだが、これならむしろ安くてコスパが良い。食べなければ損をする」という心理を働かせるお客が増え、リピーター客となっているのである。

　ちなみに、リピーター客が口コミで広がっていく流れにはプロスペクト理論ではなく、ウィンザー効果が働いている。ウィンザー効果とは、クチコミやレビューなど、直接利害関係のない第三者から間接的に情報が伝わることで、信ぴょう性や信頼性が増す行動心理である。

　以上、佰食屋と佰食屋1/2の「1日100食限定経営（1日50食限定経営）」やその背景にある行動心理について見てきたが、「100食以上売ったらどうか」とか「夜も売った方が儲かるでしょ」などの声は絶えないそうである。しかし、中村夫婦は「確かに売上は上がるだろう。しかし、働く時間は増えるのに、給料はあまり変わらない。会社が儲かっても社員が報われないのは

おかしい」と考える。

　また、中村夫婦は「頑張れ」という言葉を嫌う。彼女たちは「社員の頑張り」ではなく、「会社の仕組み」を通じて、社員もお客も社会も幸せにしたいと考えている。

　さらに、「残業ゼロなんて、うちの会社は業種も規模も違うから無理」などの声には、そもそも就業時間内に利益を出せないような商品や企画などダメだと一蹴する。

　そして、「会社を存続させるためには、ビジネスの規模を大きくし、利益を追求することが重要だ」とか「多店舗経営をした方が、経営効率がいい」という声に対しては、「みんなが売上を追いかけてうまくいっていないのなら、もうそれを追いかける必要なんてない」と反論し、上述した「仕組み」を構築することで、社員もお客も社会も幸せにしながら利益を上げることに成功した[48]。

②新型コロナウィルス感染拡大後の経営[49]

　中村夫婦は、コロナ禍以前、「佰食屋」と「佰食屋1/2」以外に「すき焼き専科（河原町）」と「肉寿司専科（錦市場）」という店舗を構えており、社員も30名ほどいた。しかし、2020年4月、7都府県に第1回目の緊急事態宣言が出されたとき、前二者は前年比100％の来客を維持していた一方、後二者は店舗を繁華街に構えていたことがコロナ禍では裏目に出て、前年比20％の集客に落ち込んでいた。

　そこで、中村夫婦は社員からの後押しもあり、苦渋の思いで後二者を同年6月いっぱいで閉店するという決断を下し、このとき多くの社員を解雇した。「解雇」という形を取ったのはより長く失業保険を受け取るようにするための中村夫婦なりの配慮であり、解雇予告手当も支払った。

　2店舗を閉鎖してもまだ開業融資の返済が残っており、店がないのに借金が残る、仲間を失うという開業以来最悪の状況に陥ったが、その状況をただ嘆いていても前へは進めない。中村夫婦は、具体的に2つの策を講じた。

1）計画的な集客作戦

　佰食屋は、2020年4月の緊急事態宣言前から、メニューをステーキ丼1つに絞ったテイクアウト営業の準備を進め、宣言が解除されるまで続けた。

テイクアウトのため洗い物もないということで、厨房は5人から3人態勢に切り替え、電話予約のみであったが、連日、午前中の予約だけで完売した。つまり緊急事態宣言の間、人件費はより下がり、生産性はより向上したということである。

　また、テイクアウトは好調であったが、その後のお客の減少を懸念し、ハンバーグ単品の販売と、休業していた「佰食屋1/2」の営業を再開した。こちらの再開も、SNSを利用して早めに準備を進めており、これらの策を講じることによって、数字を落ち込ませることなく、緊急事態宣言を切り抜けることができた。

2) 構造改革

　佰食屋は、以前から日曜日の人員不足（特に、学生アルバイト）がボトルネックとなっていた。自己選択に委ねるゆえの状況かもしれないが、同店の就業方針から日曜出勤を無理強いするわけにもいかないので、中村夫婦は仕組みを変えることでこの状況を乗り切ることにした。

　彼女たちは佰食屋1/2に目を付けた。この店舗はスケールが佰食屋の半分で、1日50食限定。こちらの定休日を日曜日にして、平日と土曜の勤務時間を朝9時から15時までの6時間と短くした。立地も佰食屋から程近く、自転車で8分、歩いても20分程度の距離であるので、この仕組みだと2人で営業が可能となる。社員が5人必要な佰食屋と2人必要な佰食屋1/2の2店舗を、正社員として残った4人がどちらも兼務できるように育成した。

　平日と土曜日のアルバイトのシフトには問題はない。ネックとなっていた日曜日は「佰食屋1/2」が定休日なので社員4人すべてを「佰食屋」に集め、いつでも入ってくれる高齢者のアルバイトが1名いればカバーできる。こうして2店舗で1つの組織とすることで、彼女たちは人員不足を解消することができた。

　その結果、緊急事態宣言の前と後で原価率は変わらず、人件費は2店舗で1つの組織としたことにより減った。この人件費の削減は、人を減らして1人当たりの労働時間を増やすことが目的ではなく、一人ひとりの働きやすさをキープしながら人手不足を解消することを目的としたものであり、それをCreativity豊かな構造改革によって実現させたということを強調しておきたい。また、テナント代が高い繁華街の2店舗がなくなったことで家賃も減り、

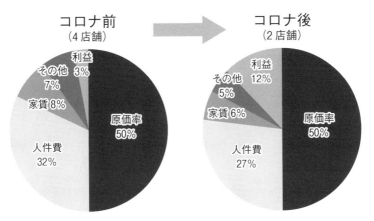

図表Ⅰ−5　佰食屋のコロナ前とコロナ後の費用構成の比率

出所：「日経クロストレンド FORUM　2020 レポート 100 食限定『佰食屋』はコロナにどう挑み、店を変革させたのか」https://xtrend.nikkei.com/atcl/contents/18/00388/00012/（2021/04/21）

売上高利益率は 12％となった。5〜11 月の 7 カ月間、ずっとこの調子で、8 月に至っては過去最高となる利益率 14％を記録している。

　もはや佰食屋は、アフターコロナ、ウィズコロナでも生き残ることができる飲食店に生まれ変わったと言ってよかろう。

　今でこそ、メディアが頻繁に取り上げる佰食屋であるが、中村夫婦は、開店 2 か月前に出場したビジネスプランコンテストで、中小企業支援や中小企業研究をする専門家審査員たちから「そんなのうまくいくわけがない」「アホらしい」と辛らつなコメントを言われた経験がある[50]。それで逆に奮起したそうであるが、「（過去の経験や知見に基づく）セオリー」を成功の基準とするような専門家の「悪評」は、新しいビジネスを始めようとする人たちにとってはむしろ「誉め言葉」であり、成功の兆しと捉えてもいいかもしれない。

　物流サービスを提供する世界最大手のフェデックス・コーポレーション（旧フェデラルエクスプレス・コーポレーション）の創業者フレデリック・スミスも、イエール大学時代に考案した「ハブ・アンド・スポークシステム[51]」をレポート「国内のあらゆる場所に荷物を一晩で届けるビジネスを可

能にする方法」として提出した際、教授からC（「秀」「優」「良」「可」「不可」のうち、下から2番目の「可」）と評価されている。

未来工業創業者の山田昭男も「儲からない会社と反対のことをやればいい」という言葉を残しており、ヴィレッジヴァンガード創業者の菊池敬一も「本屋がグッズを売る」という発想で、グッズ販売専門店よりも多くのグッズを売ることに成功しており、その社員たちは、中村夫婦と同様、自社のみならず社会を幸せにするアイデアを創出している。

もちろん、セオリーに基づいた経営で業績を伸ばしている企業も多数ある。しかし、こうした経営をおこなう企業には似たような経営をおこなう多くのライバル企業が存在し、いわゆるレッドオーシャン市場で競合することになる。

一方、「逆転の発想」ができる企業は、セオリーにとらわれない経営をおこなうので、Creativity豊かな社員が育ちやすく、彼（彼女）らが他社とは差別化したアイデアを次々に生み出し、いわゆるブルーオーシャン市場で悠々自適にビジネスを展開できる可能性が広がる。また、そうした企業は、レッドオーシャン市場で戦うとしても、その中でキラリと輝くビジネスを展開し、他社を圧倒することが可能となるのである。

〔注〕
1　第1次産業革命とは19世紀のイギリスで起こり、蒸気機関・石炭によって、作業が「人手」から「機械」でできるようになったこと（「（軽）工業化」）、第2次は20世紀の米国で起こり、電力・石油によって、大量生産が可能になったこと（「重工業化」）、第3次は20世紀半ばから後半にかけて起こり、コンピュータによって、指示通りに機械が自動的に動くようになったこと（「電子化・自動化」）、そして第4次は21世紀、AIやビッグデータを駆使しながら、インターネットによってすべての機器が繋がり、機械同士が連携して動くことはもとより、機械と人とが連携して動くことによって、製造現場が最適化されるようになったこと（「自律・連携化」）を指す。
2　経済産業省経済産業政策局「第4次産業革命への対応の方向性─領域横断型の検討課題：人材・教育」平成28年1月、p.2.
　https://www.meti.go.jp/shingikai/sankoshin/shinsangyo_kozo/pdf/005_04_02.pdf（2021/04/28）
3　経済産業省経済産業政策局、前掲資料、p.13.
4　内閣府HP　https://www8.cao.go.jp/cstp/society5_0/index.html（2021/04/28）
5　Internet of Things：コンピュータなどの情報・通信機器だけでなく、世の中に存在する様々なモノに通信機能を持たせ、インターネットに接続したり、相互に通信し

たりすることにより、自動認識や自動制御、遠隔計測などをおこなうこと。

6　ポジティブ心理学とは「何が人を幸せにし、そして、幸せな人はどのような状態にあり、どのような効果を発揮するのか、についての実証研究」である。

7　タル・ベン・シャハーはハーバード大学で教鞭をとっていたとき、学生の６人に１人が彼の講義を受け、ニューヨーク・タイムズ紙やボストン・グローブ紙など大手の新聞でその講義が大きく取り上げられるほど、非常に人気のあったポジティブ心理学の第一人者である。

8　タル・ベン・シャハー／成瀬まゆみ訳（2013）『Q・次の２つから生きたい人生を選びなさい：ハーバードの人生を変える授業Ⅱ』大和書房、pp.33-34.

9　ショーン・エイカー／高橋由紀子訳（2011）『幸福優位７つの法則：仕事も人生も充実させるハーバード式最新成功理論』徳間書店、pp.92-93.

10　経営コンサルタントであるスティーブン・コヴィーは、その著作『７つの習慣：会社、家庭、個人、人生のすべて、成功には原則があった』（1996年、キングベアー出版）のなかで、「アウトサイド・イン」と「インサイド・アウト」という考え方を示した。前者は、何か問題が生じたとき、「自分のうまくいかない状況の責任を周りの人や環境のせいにして、周りが変われば問題が解決する」という見方であり、後者は「まず自分の根本的なパラダイム、人格、動機など内面を変化させ、それから自分の外側に影響を与える」という見方である。

11　バーバラ・フレドリクソン／植木理恵監修・高橋由紀子訳（2010）『ポジティブな人だけがうまくいく３：１の法則』日本実業出版社、pp.45-50、pp.98-109、pp.139-140.

12　バーバラ・フレドリクソン／植木理恵監修・高橋由紀子訳（2010）、pp.54-55.

13　樺旦純（1995）『心理おもしろ事典』三笠書房、p.160.

14　天声人語「朝日新聞」1995年５月５日付朝刊を参照

15　井深大（1994）「天晴れ、本田宗一郎、好奇心に限度なし」『プレジデント』1994.1、p.61.

16　（ビジネス）コーチングとは、クライアントとの対話を通じて、クライアントの意識に変化が生じるよう支援し、クライアントが本当にやりたいことを見出したり、強み〈能力〉を発見したりすることを促すものである。一般的には、「（コーチが）聴く→（コーチが）承認する→（コーチが）質問する→（クライアントが）気づく→（クライアントが）主体的に行動するようになる」という流れになる。馬車（coach）のように人を「行きたい場所」に連れていく手法（人を支援する手法）として、1990年代頃から米国を中心に世界に広がっている。

　　ちなみに、コーチングに対して、ティーチングとは、「知識や技能、経験を意味づけして教える」という意味である。

17　元来、スキャンパー（SCAMPER）法は、アイデア発想法のツールの一つである。「Substitute（置換）」「Combine（結合）」「Adapt（応用）」「Modify（修正）」「Put to other Uses（転用）」「Eliminate（削減）or Minify（縮小）」「Rearrange（調整）or Reverse（逆転）」の７つの頭文字をとってこう呼ばれている。

18　単独では110名。

19 Point of Purchase の頭文字を取った略称であり、商品の購入を促すような、店頭での販売促進ツール。購買時点広告と訳される。特に、手製のポスターなどは画用紙とマジックインキだけで安価に作れるので、うまくいけば非常に費用対効果が高くなる。

20 永江朗（1994）『菊池君の本屋：ヴィレッジヴァンガード物語』アルメディア、p.30.

21 永江朗（1994）、pp.41-44.

22 永江朗（1994）、p.97.

23 永江朗（1994）、pp.127-128.

24 自社にとっての顧客を識別するマーケティング手法の一つ。Segmentation（ユーザーの細分化）、Targeting（ターゲットの明確化）、Positioning（自社が狙うべき市場の選定）の頭文字を取っている。

25 同社では、「抽象性」を徹底的に嫌ってそれを排除し、「具体性（固有名詞）」を好んでそれを品揃えだけでなく、ディスプレーや POP など随所に取り入れている。例えば、「地域に愛される店になりたい」ではなく「リブロの小型版の店にしたい」とか、「赤いクルマで○○」ではなく「赤いアウトビアンキで○○」のように表現することを好む。

26 永江朗（1994）、p.60.

27 永江朗（1994）、p.60.

28 菊地敬一（1997）『ヴィレッジ・ヴァンガードで休日を』リプリオ出版、p.179.

29 永江朗（1994）、p.55.

30 菊地敬一（1997）、pp.18-20.

31 永江朗（1994）、pp.59-60.、p.102.

32 ある製品やサービスとの関わりを通じてユーザーが得る体験やその印象のこと。

33 UX の萌芽は、POP のみならず、CM のキャッチコピーにも見られた。クリエイティブディレクターの佐藤可士和は、1996 年発売の HONDA 新型ミニバン『ステップワゴン』のキャッチコピーとして「こどもといっしょにどこいこう。」を発表した。佐藤自身が描いたイラストとともに TV で流れたこのコピーは、機能を前面に打ち出す、それまでの自動車広告とは一線を画し、「このクルマに乗れば家族と一緒にいろんなことができそう」というワクワク感（ベネフィット）を消費者に喚起させた。ちなみに、ステップワゴンはミニバン市場で売上 1 位を獲得している。

34 本節の構成は、『カンブリア宮殿』（テレビ東京、2011 年 1 月 20 日放送分）を参考にしている。

35 単独では 831 名。

36 この賞は、人（社員とその家族、外注先・仕入先、顧客、地域社会、株主）を大切にしている会社を表彰するものであり、過去 5 年以上にわたって、以下の 6 つの条件を全て該当している会社でないと応募すらできない（毎年、6 つの応募資格条件の大枠は変わらないが、環境の変化に応じて部分的に見直される場合もある）。
①希望退職者の募集や人員整理（リストラ）をしていない、②重大（死亡や重傷）な労働災害を発生させていない、③一方的なコストダウン等理不尽な取引きを強要して

いない、④障がい者の雇用率は法定雇用率以上である（常勤雇用 45.5 人以下の企業で障がい者を雇用していない場合は、障がい者就労施設等からの物品やサービス購入等、雇用に準ずる取組があること、なお、本人の希望等で、障がい者手帳の発行を受けていない場合は実質で判断する）、⑤営業黒字で納税責任を果たしている（除く新型コロナウイルスの感染拡大の影響等による激変は除く）、⑥下請代金支払遅延等防止法などの法令違反がない

（https://blog-htk-gakkai.matrix.jp/ 2020/07/15/ 第 11 回「日本でいちばん大切にしたい会社大賞」/《2021/03/07》）

37　そもそも電気設備資材自体が、寸法や材料まで規格が法律で細かく定められているものが多く、技術的にも成熟した分野なので、革新的な商品の出る余地は少ない。それに加えて、「スライドボックス」は構造がシンプルであることを考えると、この商材一つで 100 種類近くあるというのは驚異的なアイデア力である（規格がない部分を探し出して工夫するケースが多い。例えば、穴を 2 か所から 4 か所に増やした事例では、「規格で縦横寸法は決まっていても、穴の場所や数については規格がない」ことに着目した）。

38　創業時はランチ営業のみではなく、17 時 30 分からの夜営業もやっていたが、創業 3 年目に 2 人目の子どもを授かったのを機にランチ営業のみへと移行した。同店の現在のシステムは初めから考えられていたものではなく、こうした試行錯誤の繰り返しにより、徐々に出来上がっていったものである。

39　「日経クロストレンド FORUM　2020 レポート 100 食限定『佰食屋』はコロナにどう挑み、店を変革させたのか」https://xtrend.nikkei.com/atcl/contents/18/00388/00012/（2021/04/18）

40　F = food（原価、材料費）と L = Labor（人件費）を合わせたコストのこと。FL 比率は「FL コスト／売上高」で求めることができ、60%（F コストは 25% ～ 45%、L コストは 15% ～ 25%）が一般的な目安である（60% 以上になると利益率が低いと言われている）。ちなみに、FL コストに R = Rent（家賃）も加えて（FLR コスト）、FLR 比率を算出すると、いくらまでの物件を借りることができるのかという目安を知ることができる（一般的には FLR 比率が 70% 以上になると、経営状態はかなり厳しいと判断される）。

　　佰食屋は 10 坪 15 席（コロナ禍ではソーシャルディスタンスを確保するため 12 席に制限）で、家賃は 20 万円を超えないことを絶対条件としている。

41　中村朱美（2019）『売上を、減らそう―たどりついたのは業績至上主義からの解放』ライツ社、pp.162-163.

42　中村朱美（2019）、pp.161-162.

43　「ビジネスのための Web 活用術。」https://swingroot.com/prospect-theory/（2021/04/20）

44　表現方法を変えることで、物事の印象が変わる行動心理。この効果を証明した実験としては「アジアの疾病問題」が有名。

45　最初に提示された特徴や数値が基準（アンカー）となって、その後の判断に影響を

与える行動心理。無関係なはずの要素に影響を受けて物事を評価してしまう「認知バイアス」のひとつであり、直前に何を触れたのかによって、実際の差よりも大きく印象が変わるコントラスト効果との関係性も強い。

46　自分があるモノを手にすることにより、そのモノの価値が上がって、手放したくないと感じる行動心理。同じモノに何度も接することで好感を持つようになるザイオンス効果との関係性も強い。

47　人が欲する量（需要）よりも、獲得できる量（供給）が少ないとき、そのモノの価値が高く思える行動心理。

48　中村朱美（2019）、pp.6-9.

49　「日経クロストレンドFORUM　2020 レポート 100 食限定『佰食屋』はコロナにどう挑み、店を変革させたのか」https://xtrend.nikkei.com/atcl/contents/18/00388/00012/（2021/04/21）

50　中村朱美（2019）、p.34.

51　ハブ（核となる拠点）に貨物を集約させ、そこで仕分けをして、スポーク（車輪）のように分散している各拠点に運搬する輸送方式。これにより、広大なアメリカのほぼ全域でオーバーナイトデリバリー（翌朝配送）を可能にした。輸送には長時間かかるという常識を打ち破る「逆転の発想」である。

【参考文献】

1．Achor, Shawn [2011], *The happiness advantage : the seven principles of positive psychology that fuel success and performance at work*, Virgin Books.（ショーン・エイカー／高橋由紀子訳《2011》『幸福優位 7 つの法則：仕事も人生も充実させるハーバード式最新成功理論』徳間書店）

2．Ben-Shahar, Tal [2012], *Choose the Life You Want: 101 Ways to Create Your Own Road to Happiness*. Experiment Llc.（タル・ベン・シャハー／成瀬まゆみ訳《2013》『Q・次の 2 つから生きたい人生を選びなさい：ハーバードの人生を変える授業Ⅱ』大和書房）

3．Covey, Stephen R. [1989], *The seven habits of highly effective people*, Covey.（スティーブン・R. コヴィー／ジェームス・スキナー＆川西茂訳《1996》『7 つの習慣：会社、家庭、個人、人生のすべて、成功には原則があった』キングベアー出版）

4．Fredrickson, Barbara [2009], *Positivity: Top-Notch Research Reveals the 3-to-1 Ratio That Will Change Your Life*, Harmony.（バーバラ・フレドリクソン／植木理恵監修・高橋由紀子訳《2010》『ポジティブな人だけがうまくいく 3：1 の法則』日本実業出版社）

5．井深大（1994）「天晴れ、本田宗一郎、好奇心に限度なし」『プレジデント』1994.1

6．樺旦純（1995）『心理おもしろ事典』三笠書房

7．菊地敬一（1997）『ヴィレッジ・ヴァンガードで休日を』リブリオ出版

8．経済産業省経済産業政策局「第 4 次産業革命への対応の方向性―領域横断型の検討課題：人材・教育」平成 28 年 1 月

9．天声人語「朝日新聞」1995 年 5 月 5 日付朝刊

10．永江朗（1994）『菊池君の本屋：ヴィレッジヴァンガード物語』アルメディア

11．中村朱美（2019）『売上を、減らそう―たどりついたのは業績至上主義からの解放』ライツ社

第 **II** 部

経営戦略の基礎理論

経営戦略の策定には「モノの見方」が非常に重要である。そこでまず第Ⅰ部では、「モノの見方」をCreativityと関連させる形で説明し、「モノの見方」を転換させるうえでのポイント、および、柔軟な「モノの見方」をベースとした「逆転の発想」で成功している企業の事例などについて考察した。第Ⅱ部では、その「モノの見方」を活かす経営戦略の基礎理論について見ていこう。

1.　経営戦略の役割と策定プロセスおよび組織の3要素

(1) 経営戦略とは何か

　元来、戦略とは軍事用語であるが、この考え方を経営に導入し、「経営戦略」という概念を確立させたのは、A. D. チャンドラーであるとされている。彼は、その著作『経営戦略と組織』のなかで、「組織は戦略に従う」（"Organization follows strategy"）と述べ、経営戦略を「企業体の基本的な長期目的を決定し、これらの諸目的を遂行するために必要な行動方式を採択し、諸資源を割り当てること」と定義した[1]。

　チャンドラーは、19世紀末から20世紀にかけて、デュポン、GM（ゼネラル・モーターズ）、スタンダードオイル（ジャージー・スタンダード）、シアーズ・ローバックなどが、環境の変化に適応する形で、従来の集権的な職能別組織から、分権的な事業部制組織へ移行した経緯を研究し、「組織は戦略に従う」という結論を見出した。

　しかし、それに対し、H. I. アンゾフは「戦略は組織に従う」（"Strategy follows organization"）」という全く逆の見解を示した。アンゾフは、経営戦略を「部分的無知の状態のもとでの意思決定のためのルール」と定義し[2]、トップにより戦略計画が策定されても、組織全体にそれを受け入れる組織風土が確立されていなければ、それは拒否されてしまうと指摘し、戦略が効果的に機能するためには、戦略的リーダーシップ（環境への適応と組織の存続に貢献するリーダーシップ）と意思決定のルールによる組織づくりが必要であると説いた。

　さらに、C. W. ホファー＝D. シェンデルは経営戦略を「組織がその目的

を達成する方法を示すような、現在ならびに予定した資源展開と環境との相互作用の基本的パターン」と定義し、いかなる組織の戦略にも、「ドメイン（事業領域）」「資源展開」「競争優位性」「シナジー（相乗効果）」という4つの構成要素が存在すると規定している[3]。

　また、経営戦略の定義として日本の研究者に目を転じてみると、伊丹敬之は「組織活動の基本的方向を環境とのかかわりにおいて示すもので、組織の諸活動の基本的状況の選択と諸活動の組みあわせの基本方針の決定をおこなうもの」[4]、加護野忠男らは「環境適応のパターン（企業と環境とのかかわり方）を将来志向的に示すものであり、企業内の人々の意思決定の指針となるもの」[5]、金井一頼らは「将来の構想と、それに基づく企業と環境の相互作用の基本的なパターンであり、企業内の人々の意思決定の指針となるもの」[6]、そして河野豊弘は「経営理念や目標を設定し、製品構成や市場領域を決定、すなわち企業として環境のどこに住むかを決定し、その製品市場戦略を実行するための中核的能力（core competence）をつくり、そこに資源配分をすること」[7]と定義している。

　さて、これらの定義に上述した海外の研究者の考察を併せて整理してみると、経営戦略のエッセンスとして以下のようなものが挙げられる。すなわち、

　　「企業と環境とのかかわり方（適合）に関するもの」
　　「長期的目標の達成を実現するもの」
　　「企業内の諸資源の配分・組み合わせを決定するもの」
　　「企業内の人々の意思決定の指針となるもの」
　　「競争優位性を確保するもの」
である。

　そこで、本書では、経営戦略を「企業を取り巻く環境とのかかわりにおいて、企業が長期的目標の達成および競争優位性の確保のために、諸資源の配分・組み合わせを決定するものであり、企業内の人々の意思決定の指針となるもの」と定義する。

(2) ミッション・ビジョン・バリューと経営戦略との関係性

　企業がビジネスを始めるとき、自社は何のために存在するのか（存在意義）、自社はどういう企業を目指しているか（理想的な未来像）、そしてそう

いう企業になるためにどのような価値を有して行動したいか（行動指針）、ということを明確にする必要がある。通常、これらは、ミッション、ビジョン、バリューと呼ばれている。

　ミッションとは「組織が果たすべき使命や存在意義」のことであり、ビジョンとは「組織が目指す将来像、ありたい姿」、バリューとは「組織が行動するうえで共有する価値観および指針となるもの」を意味する。

　そして、経営戦略は、組織に根を張るミッションを見据えながら（軸として）、ビジョンの実現に向けて、バリューを中長期的に動かすエンジンの役割を果たすことになる。

図表Ⅱ－1　ミッション・ビジョン・バリューと経営戦略の関連性

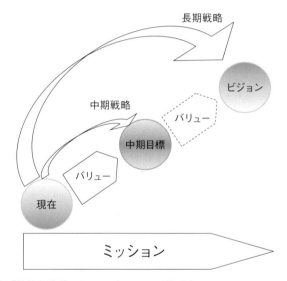

出所：「継続的改善 B2B マーケティング戦略」https://up-marketing.
info/strategy-mission/ (2021/7/20) を参考に著者作成。

（3）経営戦略の策定プロセス

　経営戦略の策定には、4 つのステップがある。それは、①自社を取り巻く内外の環境分析（過去と現状の事実の分析）、②課題の発見、③ドメインの設定、④個々の課題に対する経営戦略の策定（過去・現状の事実分析を踏ま

えての未来の予測）、である[8]。

①自社を取り巻く内外の環境分析（過去と現状の事実の分析）

　まず初めに、自社を取り巻く環境（内部環境、外部環境）を分析し、自社の強みと弱み、および自社にとっての機会と脅威を把握する。過去と現在における内部環境と外部環境を最初に把握することで、その後に策定する経営戦略が効果的なものになりやすくなる。

　経営戦略が効果的なものになるためには、この環境分析がより正確になされること、すなわち思い込みや偏見による一律的なものではなく、可能な限り柔軟な「モノの見方」をして、多面的な角度からなされることが重要になる。逆にここでの環境分析が一律的なものであると、経営戦略の効果は薄いものとなるであろう。

　経営環境の分析に際しては、SWOT分析が効果的である。SはStrength（強み）、WはWeakness（弱み）、OはOpportunity（機会）、TはThreat（脅威）を表す。SWOT分析の詳細については後述する。

②課題の発見

　自社を取り巻く内外の環境分析、すなわち、外部環境に関しては、例えば「消費者ニーズやトレンドの推移はどうなっているか」「技術革新はどのように変化してきているか」「技術革新の変化とともに競合企業の顔ぶれが変わってきていないか（競合企業を正確に把握できているかどうか）」「法制度の改正によって自社はどのような影響を受けているか」など、また内部環境に関しては、例えば「自社の強みを活かしきれているか（活かしきれていないとすれば、その原因は何か）」「競合企業につけ込まれそうな自社の弱みはないか」「自社にはどのような資源が豊富でどのような資源が不足しているか」などの分析をすることにより、自社の課題が浮き出てくるはずである。

　その際に重要であるのが、第Ⅰ部第1章第3節のヘレンケラーの話のところでも指摘したように、「人は見ようとするものしか見えない」ということを意識することである。例えば、数字は多くのことを教えてくれる。しかし、数字の背景にあるものを読み取ろうとする姿勢も忘れてはならない。「Why?」を何度も繰り返し、柔軟な視点で見ようとすることにより、見えないものも見えてくるはずである。

課題が見つかれば、すべてその裏返しは「ビジネスチャンス」となる。課題が多いということは、それをクリアすれば以前よりも成長できるということを意味する。逆に、課題を見過ごせば、それは命取りになる。優先順位をつけて、一つひとつ丁寧にクリアしていくことが肝要である。

③ドメインの設定

　自社を取り巻く内外の環境分析により、自社が取り組むべき課題を把握できたら、その結果に基づいてドメイン（事業領域）を設定する。ドメインの設定とは、端的に言えば、自社がビジネスを展開する範囲を決める、ということである。ドメインは、企業が経営資源を投入する領域であり、経営戦略を立案するうえで軸となるものである。

　一般的には、機会を活かして自社の強みを余すことなく発揮するようなドメインの設定をすることが重要であるとされているが、「逆転の発想」をする企業では、敢えて脅威の分野に自社の強みを試すような、チャレンジングなドメインの設定をすることも多い。

　ドメインには大きく「企業ドメイン」と「事業ドメイン」の2つがある。「企業ドメイン」とは、「企業全体としての事業領域」であり、「事業ドメイン」とは、「個々の事業単位での事業領域」である。例えば、ソニーの「企業ドメイン」は「クリエイティビティとテクノロジーの力で、世界を感動で満たす、総合エンタテイメント事業」であり、同社はエレクトロニクス、半導体、PC、ゲーム、音楽、映画、金融、不動産などの多岐にわたる事業を展開しているため、「事業ドメイン」はその事業の分だけあるということになる。ちなみに、単一の事業のみを展開している企業の場合、「企業ドメイン」と「事業ドメイン」はイコールということになる。

1）企業ドメイン

　「企業ドメイン」を設定する目的は、「自社が展開しているビジネスの範囲の明確化」である。単一事業だけではリスクが大きいということで、リスク分散のために多角化経営をおこなう企業も少なくないが、むやみやたらに多角化を拡大してしまうと、結局どの事業も中途半端に終わってしまう、ということにもなりかねない。そこで重要な意味を持ってくるのが「企業ドメイン」である。例えば、ソニーの複数の事業は一見バラバラに見えても、「ク

リエイティビティとテクノロジーの力で、世界を感動で満たす、総合エンタテイメント事業」という「企業ドメイン」を軸として展開されているものであり、この軸が、自社を取り巻く環境と自社の保有する強みを基準に設定されているため、意味のない多角化を防げているのである。

逆に、「企業ドメイン」が設定されていなければもちろんのこと、設定されているとしても、それが自社を取り巻く環境と自社の保有する強みを基準に設定されたものでないならば、その多角化はシナジー（相乗効果）を発揮しにくいため、リスクの分散ではなく、ただ自社の強みや経営資源を分散させてしまうだけで終わる可能性が高い。

また、「企業ドメイン」は「事業ドメイン」とは異なり全社的な活動領域なので、なかなか変わりにくいという印象があるかもしれないが、実際には、自社を取り巻く環境も保有する強みも変化するのだから、当然、「企業ドメイン」もそれに伴い変化する。

例えば、大日本印刷の企業ドメインは「印刷業」から「情報コミュニケーション産業」、そして「P&I（印刷と情報）ソリューション事業」へと変化しているし、NECの企業ドメインも「C&C（コンピューター＆コミュニケーション）事業」から「インターネット・ソリューション・プロバイダ事業」へと変化している。

2）事業ドメイン

「事業ドメイン」は、全社的な活動領域を表す「企業ドメイン」とは異なり、事業分野ごとにどのような領域で活動するかを表す。「事業ドメイン」を設定するには、「誰に、何を、どのように提供するか」を明確にする必要がある。

（ⅰ）誰に（市場軸）：ターゲットとする市場（顧客）の明確化

「事業ドメイン」の設定の際、まずやるべきことは「自社がターゲットとする市場はどこか（顧客は誰か）」を明確にすることである。すなわち、自社の製品・サービスをどの市場の、どの顧客に提供するかを選定するのである。ターゲットの選定は、STP分析[9]の一環としておこなうのが一般的である。STP分析は業種や商材などを問わずおこなうことが可能である。

セグメント化（細分化）をする際には、性別、年齢、地域などによっておこなわれることが多いが、その他にも、所得、趣味、単身であるかどうかな

ど様々な細分化が可能である。細分化の仕方は、視点によってかなり変わってくる。

　例えば、性別で細分化する場合、単に男女だけでなく、LGB（Lesbian、Gay、Bisexual）によっても細分化は可能であり、欧米ではT（Transgender）も含めてLGBT[10]マーケティングも活発におこなわれている。また、年齢で細分化する場合、今後ますます高齢者が注目されていくであろうが、高齢者にも「体力や健康度合いの差異」があり、これらによっても細分化が可能である。

　一律的な視点ではなく、多面的な視点で分解していくことにより、ターゲットとする「市場（顧客）」がより明確になる。

（ⅱ）何を（機能軸）：自社が提供できる価値（ベネフィット）の範囲の明確化

　次に、「自社が提供する製品やサービス」を把握する必要があるが、単にそれらを把握するだけでなく、「自社が提供する製品やサービスを通じて、顧客にどのような価値を感じてもらいたいか」を明確にする必要がある。顧客が製品・サービスを購入するのは、製品やサービスそれ自体ではなく、それらが顧客にもたらす「何か良いこと（ベネフィット）」、それを買っているのである。

　例えば、コーヒーを購入するのは、「黒くて苦い液体」が欲しいからではなく、「リラックスや眠気覚まし」が欲しいからである。また、ゲームソフトを購入するのは、「3センチ四方のチップ」が欲しいからではなく、「ゲームを通じて得る快感」が欲しいからである。さらに、ゴルフクラブを購入するのは、「金属の棒」が欲しいからではなく、「飛距離や良いスコア」が欲しいからである。顧客は、「企業の製品やサービス」が欲しいわけではなく、それらから得られる「自分にとって良いこと」が欲しいのである。

　もちろん、これらのベネフィットは一例であって、顧客により得られる価値は異なるし、同じ顧客でも状況によって価値は異なる。例えば、通常150円のミネラルウォーターにあまり価値を感じない人でも、砂漠で水のない状態であれば、100万円出してでも買いたいと思うかもしれない。

　したがって、本来、自社の製品・サービスがどのような価値を持つかは、企業が決めるのではなく、顧客が決めるということになるが、それは市場・顧客のターゲティングによって、ある程度絞り込むことが可能となる。だか

らこそ、まず市場・顧客のターゲティングをすることが重要なのである。

例えば、靴事業を展開している企業あるいは事業部は、オリンピックイヤーの皇居周辺の30歳代から60歳代の男女に対しては「ランニングやウォーキングを通じて健康増進を図ること」に価値を絞り込み、ランニング（ウォーキング）シューズを提案することができ、またK-POPアイドル好きの10歳代から20歳代の女性に対しては「おしゃれなアイドルとシンクロすること」に価値を絞り込み、スニーカーを提案することが可能である。

（iii）どのように（技術軸）：自社が保有する技術・ノウハウの明確化

自社の製品・サービスを提供するターゲット市場（顧客）を明確にし、その製品・サービスを通じて自社が提供できる価値を明確にしたら、次は「自社の製品・サービスの価値をどのようにして提供するか」を考えていく。すなわち、自社の保有するどの技術によって顧客に訴えていくかを明確にするのである。

この場合、自社の保有する強みのうち、展開する事業領域において、いかに「他社に真似できない差別化されたもの」あるいは「他社に競争優位性を図れるもの」を発揮できるかどうかがネックとなる。

競合との差別化を図るには、製品・サービスの品質やブランド力のみならず、業務プロセスの競合優位性という視点、例えば、マニュアル（整備された仕組みや手順）、販売チャネル、（資金・資材などの）調達力、技術開発力などがどうなっているかなどの視点で自社の強みを見直してみることも重要であろう。他にも、（特許等の）知的所有権や顧客との関係性なども差別化ポイントとなる。

④個々の課題に対する経営戦略の策定（過去・現状の分析と未来の予測）

事業ドメインを決定したら、次はその事業での具体的な経営戦略（＝事業戦略）、すなわち「Xの市場に対して、Yという製品・サービスの価値をZという強みを活かして展開する」というような経営戦略を策定するということになるが、XYZは、上述した①〜③が正確にできていれば、比較的容易に埋めることができる。

経営戦略の策定に際しては、クロスSWOT分析、PEST分析、3C分析、VRIO分析などを組み合わせておこなうと効果的である。これらの詳細につ

いては後述する。

　①でおこなう SWOT 分析や②でおこなう課題の発見、また③でおこなうドメインの設定と同様、クロス SWOT 分析や PEST 分析、3C 分析、VRIO 分析の組み合わせ方にも、多面的な角度からの柔軟な「モノの見方」が求められる。

　以上、経営戦略の策定プロセスについて見てきたが、経営戦略の策定において最も重視すべきは「競争優位性」であり、そのためには「差別化」をいかに図っていけるかがネックとなる。

　しかし、実は、①〜④のステップのすべてで差別化は可能であり、それぞれのステップでの差別化が軽微なものであっても、それらが組み合わされることにより、大きな差別化へと繋がっていく可能性もある。それを実現するのは、何度も言うように、柔軟な「モノの見方」であり、Creativity なのである。

(4) 組織の 3 要素

　我々が行動を起こそうとするとき、意識しているか否かは別にして、そこには必ず目的がある。そして、その目的が明確になれば、それが目標化され、その目標の達成に向けて我々の行動も明確になる。

　我々はよく「問題に直面する」というが、その場合の「問題」の内容が個人的（主観的）なものでなく、一般的（客観的）なものであればあるほど、その「解決策」は社会的な意味を持ってくる。例えば、森林伐採や廃プラ投棄などの環境破壊、少子・高齢化、性・人種差別、労働搾取などの問題は、世界的に取り組まれている問題であり、それだけにその「解決策」への関心も大きい。

　我々が複数で何か行動を起こそうとするとき、その目的は個人的なものではなく、それら複数のメンバーで共有される組織的な「共通目的」となる。組織行動はすべてこの共通目的の設定から始まるので、組織がどのような目的を掲げるかということは、組織の持続性に大きな影響を及ぼすといえる。

　そして、組織の共通目的が設定されると、その達成に向けての個人の行動は、個人的なものから組織的な「協働」へと変わる。つまり、共通目的の設

定と協働とは表裏一体の関係にあるのである。そして、両者を結びつけるものが「コミュニケーション」であり、「共通目的」「協働への貢献意欲」と併せて、これらをC. I. バーナードは「組織（成立）の3要素」[11] としている。

　上述したように、「共通目的」の達成と「協働への貢献意欲」をもつ個人とを動態的に結びつけるのが、「コミュニケーション」の機能である。組織内（引いては組織外でも）のコミュニケーションをどのように維持・進化させるかということは、いかなる組織にとっても重要な問題である。なぜなら、コミュニケーションは組織内のメンバー、引いては組織外のステイクホルダー（組織の利害関係者）の「貢献」を獲得するような「誘因（組織の提供する魅力）」と非常に深い関係があるからである。

　先のバーナードによれば、どんな組織にも、組織と個人との間には「誘因と貢献の交換」の関係がある。その関係は、図表Ⅱ−2のように説明できる。

図表Ⅱ−2　誘因（Inducement）と貢献（Contribution）の交換

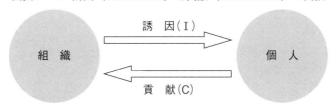

I　＞　C　の場合　個人は組織に対し、積極的に努力を提供する
I　＝　C　の場合　個人は組織に対し、消極的ではあるが、努力を提供し続ける
I　＜　C　の場合　個人は組織に対し、努力の提供を停止する

出所：合力知工（2004）『現代経営戦略の論理と展開：持続的成長のための経営戦略』同友館、p.46.

　企業は個人の貢献を獲得するために、常に魅力的な誘因を提供し続けなければならない。社員だけでなく、顧客、株主、一般社会などすべてのステイクホルダーに魅力的な誘因を提供し、その貢献を獲得していかなければ企業は持続的に成長していくことはできない（図表Ⅱ−3）。そして、その魅力的な誘因の提供に、コミュニケーションが大きく関わっているのである。

　ところで、企業に関係するステイクホルダーのなかでも最も重要なカギを握っているのは誰か。それは社員にほかならない。

図表Ⅱ－3　企業とステイクホルダーの「誘因と貢献の関係」

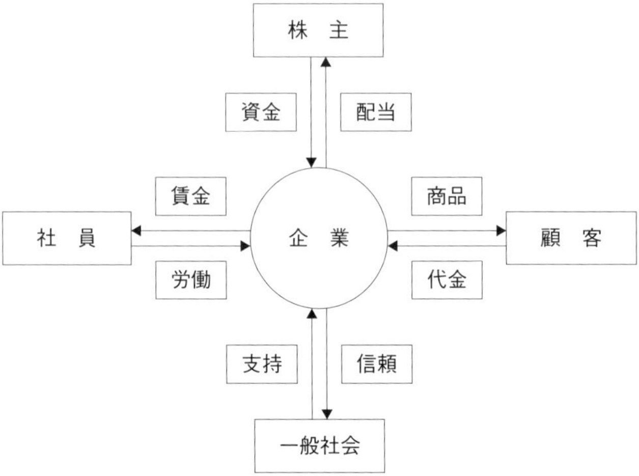

出所：合力知工（2004）、p.42.

　多くの企業が顧客満足や株主満足をまず最優先として考えるが、それには問題がある。何が問題か。「ある前提」が問題である。それはどのような前提か。それは、「従業員は機械の歯車のように企業の方針に従う存在である」という前提である。多くの企業がこのように思い込んでいる。

　もし、本当に社員が機械のように感情がなく、ただ企業の言うがままに動く存在で、それがいつでも最大限に能力を発揮する活動体であるならば、顧客満足を重視しても株主満足を重視しても問題はないかもしれない。

　しかし、実際には、ヒトは組織の歯車にはなれない。感情をもつ生き物なのだ。自分で考え、自分で行動する。「強制的」と「主体的」とではどちらがよりその能力を発揮し、周囲に影響を与えることができるか。顧客や株主を満足させるために、ただの「駒」のように扱われて、社員がその本来の能力を発揮できるとは到底考えられない。会社や上司に不満のある社員に、最高の商品の提供、最高のサービスの提供ができるか。できるはずがない。

　したがって、企業はまず社員の満足度の充足を第一に考える必要がある。社員が満足すれば、社員は創意工夫をし、熱意と誠意をもって顧客に接しようとする。そうすると、顧客がその商品やサービスに満足し、顧客が顧客を呼び、そこに市場が形成され、企業に利益がもたらされることにより株主も

喜ぶというサイクルが出来上がっていく。つまり、「市場創造」の出発点は「企業が社員を大切にする」というところにあるのである（第Ⅲ部第1章第4節を参照されたい）。

　では、「社員を大切にする」とはどういうことか。それは、まさに第Ⅰ部第3章で見てきた「逆転の発想」の実例で示したような企業が実践していることであり、ヴィレッジ・ヴァンガードのように、社員の自由で面白いアイデアを尊重したり、未来工業のように、社員に「常に考える」機会を与えたり、佰食屋のように、社員のワークライフバランスを実現したりすることである。

　上述したように、ヒトは生身の人間であり、機械ではない。だから、現実的にヒトは企業の計画通りに動けるわけではない。社員一人ひとりには、得手不得手がある。また、個々人の欲求や感情が作業能率に大きく影響を及ぼす。全員に同じ行動を期待すること自体に無理がある。

　では、何を優先すべきか。実は、社員の「業績面についての知識」以上に、社員がどのような人物なのかという「ヒトとしての側面の知識」が必要である。

　「この人の場合、どうやれば、アイデアや計画を実行に移せるのか」「この人が自発的に情熱を持って仕事に熱中するようになるにはどうすればよいか」などについて、一般的な「コミュニケーション論」ではなく、眼前の自分の「一人ひとりの部下についての知識とそれを活用する知恵」が必要である。

　では、その知恵とはいかなるものか。いろいろと考えられるであろうが、「一人ひとりの部下についてのデータベースを作る」というのも有効な方法である。「愛の対義語は憎しみではなく、無関心」であると言われる。逆に、ヒトは「関心を持たれている」ということに非常に敏感に反応する。例えば、ある一人の部下に関して、

　　1）どんな能力を持っているか。
　　2）今、必要としているスキルは何か。
　　3）強み（得意）と弱み（苦手）は何か。
　　4）過去の成功体験は何か。
　　5）今、どういう健康状態にあるか。
　　6）家族がどういう状態にあるか。
　　7）将来の夢は何か。

8) どんなときに一番力を発揮するか。

などについてのデータベースを作るのである。もちろん、これらのデータベースを作るには、本人とのコミュニケーションが不可欠である。だが、一人ひとりにまとまった時間を割くことはお互いに困難である。年に1回きりの1時間よりも、年に1日3分ほどの会話を20回行ったほうが効果的である。そして、このデータベースから個々人の状態を正確に知ることにより、本当の意味での「適材適所」が可能となる[12]。

2. PPM

PPM（Product Portfolio Management）は、戦略コンサルティングファームのボストン・コンサルティング・グループ（BCG）が1970年代に、戦略展開を策定する手法として提唱した戦略フレームワークである。

PPMとは「多くの製品系列や事業を持っている企業で、各製品・事業について、『市場成長率』と『マーケットシェア（市場占有率）』の両面から評価し、全社的な見地から、製品・事業の戦略方向を決め、限られた経営資源の最適な配分を検討する手法」である（したがって、単一の製品や事業しか手掛けていないという企業は、通常、採用しない）。

① PPMの内容

第1段階：企業を構成する主要事業（あるいは製品）を識別し、それをSBU（Strategic Business Unit：戦略事業単位）という戦略的な事業単位に再編成する。すなわち、SBUはPPMの分析単位ということになる。戦略的見地から、同じ事業部に属していても、別のまとまり（ユニット：単位）とした方がよい場合、あるいは異なる事業部に属していても1つのまとまりにすべき場合などがある（図表Ⅱ－4）。

第2段階：SBUを「成長性」と「収益性」の点から、一つひとつ評価し、各SBUにどれだけの経営資源（主として資金）を配分すべきかを決定する。その際、SBUは、「市場成長率」と「マーケットシェア」の2次元で構成されたマトリックス上に位置づけられる（図

表Ⅱ-5)。

図表Ⅱ-4　組織単位と SBU

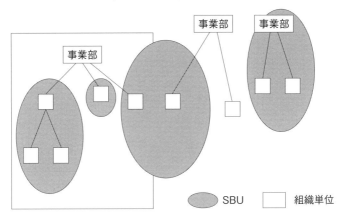

※1つの SBU は、一事業部内の一部署や一生産ライン、単一製品であったり、複数の事業部にまたがったり、ひとつの事業部そのものであったり、いろいろな場合がある。

出所：合力知工（2004）、p.18.

②各セルの内容

1）高成長で低シェア：問題児（WILD CAT）→出費が多い。
2）高成長で高シェア：花形（STAR）→よく稼ぐが出費も多い。
3）低成長で高シェア：金のなる木（CASH COW）
　　　　　　　　　　→よく稼いで出費も少ない
4）低成長で低シェア：負け犬（DOG）
　　　　　　　　　　→一般的にはここには資金は投入しない。

　以上のような4つのセルの中に、例えば、図表Ⅱ-5のA～Gのような形で、SBU は位置づけられる。

　SBU は、ライフサイクル（導入→成長→成熟→衰退）を持ち、マトリックス上を移動していく。SBU の多くは、「問題児」で出発し、成功すれば「花形」となり、成長の鈍化につれて「金のなる木」となり、そこで何も手を講じなければ、最後は「負け犬」となる。

図表Ⅱ－5　PPMのイメージ図

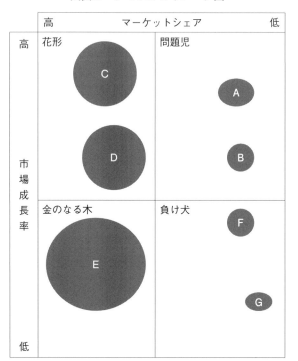

※●の大きさは、収益性の大きさ（競争力）を表す。

A,B：成長性は大きいが、競争力は小さい。利益も少なく、資金もまだまだ必要。
↓戦略方向
投資効率を向上させ、選別して、有望なものは育成させ、資金を投入。

C,D：成長性が大きく、競争力も大きい。収益性は増大化傾向。
↓戦略方向
積極的に資金を投入。

E：成長性が小さく、競争力は大きい。安定した収益を確保。
↓戦略方向
効率化を図り、「花形」や有望な「問題児」への合理的な資金配分を考える。

F,G：成長性も競争力もともに小さい。
↓戦略方向
資金回収。縮小・撤退の検討。

　したがって、PPM の要は、「金のなる木」から有望な「問題児」に十分な資金を投入し、「花形」に育てることである。もし、十分な資金が得られなければ、「問題児」も「花形」もいずれは「負け犬」になるだろうし、さらに、「金のなる木」の十分な資金を投入すべく「問題児」や「花形」を持たない企業も、その「金のなる木」を「負け犬」化させてしまうことになるだろう[13]。

　ボストン・コンサルティング・グループは、「金のなる木」を資金源とし、「花形」あるいは有望な「問題児」に資金を集中する一方で、「負け犬」や望みの薄くなった「問題児」を淘汰していく選択を「成功の循環」と呼んだ。

3. SWOT 分析

　上述したように、ドメインの設定や経営戦略の策定にあたっては、企業を取り巻く内外の経営環境の分析が必要となるが、そこで有効な分析ツールが SWOT 分析である。この分析は経営環境を「強み（S：strength）」「弱み（W：weakness）」「機会（O：opportunity）」「脅威（T：threat）」の４つの切り口からとらえる。S（強み）と W（弱み）が内部環境分析、O（機会）と T（脅威）が外部環境分析の要素となる。

　外部環境と内部環境を並行して分析し、それを掛け合わせること（クロス SWOT 分析）により、より広い視野から戦略方向を決めることが可能となる。

（1）機会と脅威（外部環境）分析

①機会・脅威分析の内容と対象とする外部環境

　ドメインの設定や戦略の策定には、まず、外部環境である、顧客（市場）、競合企業、一般社会、法律など、自社に影響を及ぼすと考えられる環境に関しての機会と脅威を把握する必要がある。

　当然のことであるが、機会と脅威は初めから分けられているわけではない。A 社が機会ととらえたことでも、B 社では脅威という場合もあり、また同じ企業でも、ある時点では機会であったものが、別の時点では脅威に変わるということもあり得る。ある外部環境が企業にとって機会となるか脅威と

なるかは、企業の捉え方次第である。ここでも「モノの見方」が大きく影響することになる。

　戦略方向としては、外部環境の変化のなかで、自社にとってチャンスであると思われるものをいち早く発見し、そこに積極的に経営資源を投入してシェアを拡大するか、ニッチを探して差別化を図るかなどを決定する必要があろう。

　なお、外部環境のなかで、自社にとって脅威であると思われるものは注意が必要である。機会に対しての取組は、万一逃したとしても、痛手はさほど大きくない（別の機会を模索する可能性が残っている）が、脅威に対しての取組は、失敗すると命取りである。企業が脅威分析をおこなう場合、主とし

図表Ⅱ－6　機会・脅威分析の対象とする外部環境の例

分析内容 分析の種類		内　　　容
外部環境	社会・文化環境	人口（少子・高齢化の動向）、環境問題、社会の風潮や価値観（世論、流行）等
	経済環境	国内経済の景気動向、GDP 成長率、所得水準の動向（現在だけでなく将来の予測も必要）等
	法・制度環境	独禁法・商法あるいは税制等の改正、政府の政策やそこでの優先順位、主要諸外国への政府の対外政策や経済政策動向等
	立地環境	中心市街地の空洞化、自治体の集客政策、リアル店舗からオンラインモールへの移行の把握等
	調達環境	クラウドファンディングなど金融市場での新たな動向や制度、クラウドソーシングなど労働市場の変化、原材料や部品の市場動向等
	競争環境	業界でのシェア構造、主要競争者の動向、新規参入者の可能性等
	技術環境	AI、ロボット、IoT などの技術の革新、代替技術の出現可能性等
	市場環境	顧客や消費者の選好動向、消費者のライフスタイルの変化等
	国際環境	為替レートや主要諸外国の政治・経済動向、主要諸外国の対日政策等

出所：森田道也（1991）『企業戦略論』新世社、p.44. を参考に著者作成。

て「市場の動向」「競合他社の動向」に目を向けがちであるが、それと同等に「法律の改正」や「環境問題」「社会問題」の変化、また「異業種の参入（小売業者の金融業参入、建設業者の食品業参入、家電量販店の住宅関連業参入、通信業者の自動車業参入等）」や近年急速に進んでいる「技術革新」などには特に注意する必要がある。

　機会・脅威分析の対象となる外部環境としては、「社会・文化環境」「経済環境」「法・制度環境」「立地環境」「調達環境」「競争環境」「技術環境」「市場環境」「国際環境」などが挙げられる。

②技術環境の変化

　企業が注視すべき外部環境の変化のなかでも、近年、特に注意を要するのは、AI（人工知能）や5G、ロボットなどに代表されるデジタル技術の進展であろう。第Ⅰ部第1章第1節でも述べたように、近年のデジタル技術は、これまでのように一年一年を積み重ねて発展していく直線的進化（linear evolution）ではなく、指数関数的進化（exponential evolution）を重ねている。このデジタル技術の進化は、産業構造にも影響を及ぼし始めており、この技術環境の変化を機会と捉える企業もあれば、脅威と感じる企業もあるだろう。

　デジタル化が浸透しつつある現代では、米国のGAFA（Google、Amazon、Facebook、Apple）や中国のBATH（Baidu：百度《バイドゥ》、Alibaba：阿里巴巴集団《アリババ》、Tencent（騰訊《テンセント》、Huawei（華為技術《ファーウェイ》）など、巨大IT企業の台頭により、従来の産業の境界線が無くなり始めている。

　例えば、5G（第5世代移動通信システム）[14]による通信の容量と速度の向上と低遅延の促進は自動運転を可能とし、従来の自動車産業の地図を書き換えており、早い時期から自動運転技術の開発に積極的であったGoogleや百度など自動車メーカー以外のIT企業が名乗りを上げ始めてきている。

　デジタル技術の進展は自動車産業のみならず、交通業界全体に大きな変化を起こしつつある。その典型例がMaaS（Mobility as a Service：移動のサービス化）である。

　MaaSとは、「クルマを『所有』から『共有（シェア）』に転換し、電車やバス、タクシーといった公共交通機関、それに自転車や電動スクーターといった、個人で利用する乗り物とも組み合わせて、サービスとして統合し、

シームレスかつ最適な移動を実現して、それをエンドユーザーに提供すること」である[15]。

　図表Ⅱ-7は、MaaSのイメージ図である。すでにヨーロッパでは本格的な取組がスタートし、フィンランドでは、MaaSアプリ「Whim（ウィム）[16]」が実用化されている。では、MaaSが普及すると、我々の暮らしはいったいどのように変わるのだろうか。

　例えば、福岡から東京ディズニーランドに遊びに行くとき、これまでもアプリを使って自宅から現地までの最適経路と利用可能な交通機関、所要時間や料金などを簡単に知ることができたが、MaaSアプリではこの検索機能にプラスして予約や支払いも、スマホなどの端末を使い、まとめてできるようになるということである。しかも、MaaSの場合、図表Ⅱ-7で示されているように鉄道やバスだけでなく、シェアサイクルやカーシェア、新型の超小型モビリティなど、多くの交通手段が対象となる。Whimのように、月額定額制であれば、料金のことを気にすることなく、様々な交通手段を自由に利

図表Ⅱ-7　Maasのイメージ図

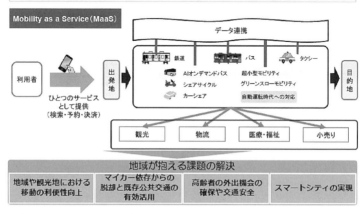

出所：「国土交通省のMaaS推進に関する取組について」国土交通省総合政策局モビリティサービス推進課、令和元年12月6日、p.2.

用できることにもなる[17]。

　現在、国内でも MaaS アプリを利用した、複数の交通事業者同士の連携（東日本旅客鉄道と東京急行電鉄の連携や西日本鉄道とトヨタ自動車の連携など）と交通事業者と観光など他分野のサービスとの連携（JR 北海道と旅行代理店の WILLER の連携など）が実験的に進められている。

　今後、MaaS は商業や医療など、多種多様な分野のサービスとも連携していくような動きがますます加速していくと予想されるが、そうなると、これまでの競合関係や業界を超えた「仲間づくり」が進むことになり、何が機会で、何が脅威になるかの見極めも重要になってくるだろう。

③外部環境分析に有効なビジネスツール

　図表Ⅱ-6で、機会・脅威分析の対象とする外部環境の例を紹介したが、ここでは、外部環境分析に有効なビジネスツールとして、「PEST 分析」「3C 分析」「5F 分析」の３つを紹介したい。

1）PEST 分析

　外部環境にはマクロ環境とミクロ環境がある。PEST 分析とは、ビジョンや戦略を考える上で事業を取り巻くマクロの外部環境（自社でコントロールできない世の中の流れや業界動向）を、政治的環境（Politics）、経済的環境（Economics）、社会的環境（Society）、技術的環境（Technology）の４つの視点から分析する方法である（各々の頭文字をとって PEST 分析と呼ぶ）。なお、テーマによっては自然やエネルギーなどの環境面（Ecology）を含めて、PESTE になることもある。これらの外部環境が自社の現在および将来においてどのような影響を及ぼすか（何が機会になり、何が脅威になるか）を分析する。

　特に定型のやり方があるわけではないが、ここでは、「コンテクストマップ」と「リスク評価マップ」を使用した分析法を説明しよう。

　企業は、まず、各々の外部環境についての情報を収集し、「コンテクストマップ」を作成して全体像を把握すると同時に、相互の関連性やトレンドの重要性を議論していく（図表Ⅱ-8）。

　次に、「リスク評価マップ」を作成し、コンテクストマップに配置した項目をポジショニングする。リスク評価マップの評価軸は、企業が何に注目す

図表Ⅱ-8　コンテクストマップの一例

P：政治的環境	E：経済的環境
○税制の改正 ○障害者雇用促進法の改正 ○サイバーセキュリティ基本法の施行 ○衆議院議員の定数削減 ○デジタル庁の創設 ○県知事の辞任 ○中小企業憲章の閣議決定 ○雇用調整助成金の特例措置の拡大	○GDPが前年比5％減 ○動画配信市場が前年比25％増 ○貯蓄率の低下 ○ネット口座の急増 ○キャッシュレス利用者の増加 ○ESG投資の市場規模の拡大 ○巣ごもり消費の増加 ○タクシーの飲食配送の解禁
S：社会的環境	T：技術的環境
○高齢者の対面消費の減少 ○子どもの貧困が新型コロナウィルスの感 　染拡大で深刻化 ○ギグワーカーの増加 ○地域別最低賃金額の改定 ○電子機器の廃棄物が前年比30％増 ○女性の取締役の割合が日本は5％以下 ○非正規社員の失業率の増加	○産業用ロボットの年間設置台数がこの 　10年で3倍 ○電気自動車のコストダウン ○ARとVRの普及 ○MaaSアプリの開発 ○各種アプリの普及 ○ローカル5Gの普及 ○オンラインハンコの登場

図表Ⅱ-9　リスク評価マップの一例

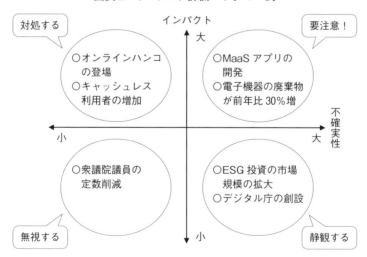

るかによって決まってくるが、図表Ⅱ−9では「不確実性」と「インパクト」の2つの軸によって各項目をポジショニングした場合、各々のポジションにおいてどのように対応すべきかについて示している。

　PEST分析はトレンドを読み解くためにおこなう分析である。マクロの外部環境は、自社の意向だけでどうにかできるものではない。だからこそ時代の流行をつかみ、タイミングを図りながら、将来を予測して時代のニーズに合った戦略を打ち出すために必要となる。

2）3C分析

　3C分析とは、外部環境や競合の状況から事業のKSF（Key Success Factors：重要成功要因）を抽出し、事業を成功に導くための手法である。「Customer：市場・顧客」「Competitor：競合（他社）」「Company：自社」の3つの視点で分析をおこなうため、頭文字をとって「3C分析」と呼ばれる。

（ⅰ）3C分析の必要性

　3C分析をおこなうと、事業の進行方向が見えてくる。経営戦略の本質は、いくつも存在する施策の中から最も効率的なやり方に経営資源を集中投下し、顧客に選ばれ続け、売上や目的を達成できる仕組みを作り上げることである。そのため、「Customer」と「Competitor」と「Company」の3者の関係性を明示化する必要がある。

　外部要因である市場と競合、そして内部要因である自社を照らし合わせると、何が自社の強みと弱みなのかが分かるようになる。

　3C分析の過程として、それぞれのCで以下のことを明確にする必要がある。

Customer：市場や顧客のニーズの現状と推移を把握・予測する

Competitor：競合が「Customer」の変化にどのように対応しているのかを把握する

Company：「Customer」「Competitor」を踏まえて、自社が成功できる要因（KSF）を見つけ出す

（ⅱ）3C分析のやり方
ⅰ）Customer：市場・顧客の分析方法

　まず初めに、市場・顧客の分析からおこなう。市場を知らないままだと、

自社の強み・弱みを評価することができないからである。

- ・購買人口…潜在顧客がどの程度かも含めて把握する。
- ・市場の成長性…今後伸びるか、それとも横這いか、あるいは衰退するか。
- ・業界構造…業界の構造的特徴はどうなっているか（後述する「5F分析」などを利用する）。
- ・購買決定までのプロセス…顧客はどの程度競合と比べるか。どのくらい他の商品と迷うか。どのくらい時間をかけて購買に至るか（AIやビッグデータなどを活用する）。
- ・購買決定者…購買の意思決定者は誰か。
- ・購買行動に影響を及ぼす要因（KBF：Key Buying Factor 重要購買決定要因）…価格、ブランド、品質、デザインなど何が主たる購買要因となるか。

上記を明らかにするために、「a.マクロ分析」「b.ミクロ分析」「c.顧客分析」の手法を用いることで、効果的に分析を進めることができる。

a. マクロ分析

マクロ分析は、景気の変動や法律の改正、人口や流行の流動など社会的な変化を見つけ出すためにおこなう。マクロ分析では、上述した「PEST分析」が有効である。

b. ミクロ分析

ミクロ分析では、業界の構造変化から自社ビジネスへの影響を検討する。業界の競争環境の厳しさをしっかりと見つめ、利益を確保できる可能性を把握しておく必要がある。

ミクロ分析では、「5F（ファイブフォース）分析」が有効である。

ファイブフォース（5つの要因）とは、自社が属する、あるいは、自社が新規に参入しようとする業界（市場）内の競争に影響を与える「新規参入の脅威」「代替品の脅威」「売り手（供給企業）の交渉力」「買い手の交渉力」「競合他社との関係」である。これらを分析することにより、自社を取り巻く業界の構造や市場の魅力度が明確になるため、自社に収益をもたらすための課題を発見し、今後の戦略を立てることができる。

図表Ⅱ−10　5F（ファイブフォース）分析

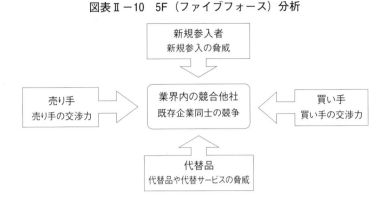

○新規参入者の脅威（Entry）

　自社が属する業界や市場に新規企業が参入してきた場合、自社のシェアが奪われる可能性がどれくらいあるかを分析する。一般的に、参入障壁の低い業界は、新規参入企業の脅威が大きくなる。そのため、常に新規参入企業に目を光らせて調査・分析する必要がある。

○代替品の脅威（Substitutes）

　自社が属する業界や市場に代替品はどの程度あり、それらにどのような価値があるのかを分析する。一般的に、自社製品と同じ、もしくは低価格かつ高品質の優れた代替品が現れた場合、脅威が大きくなる。

○売り手の交渉力（Suppliers）

　売り手とは、製品を作る際に必要な原材料などの供給業者（サプライヤー）のこと。一般的に、供給業者の交渉力が強い場合、高い仕入価格の設定などによって自社の収益力が低くなり、不利な取引条件になるという脅威がある。

○買い手の交渉力（Buyers）

　買い手とは自社の顧客のこと。一般的に、顧客の交渉力が強い場合、希望価格より安く売ることになり、利益が目減りするという脅威がある。

○競合他社との関係（Rivalry）

　自社が属する業界や市場にはどれくらいの競合他社がいるのか、また業界の特徴などについて分析する。一般的に、同業者が多く存在している業界、成長スピードが遅い業界、コストが高い業界、差別化しにくい業界、生産能力の拡大が容易な業界は、敵対関係が厳しく、脅威になると言われている。

自社が属する、あるいは、自社が新規に参入しようとする業界（市場）内の5Fについて分析して、それをひとまとまりにした表を作成すると戦略方向が見えやすくなる。例えば、図表Ⅱ-11にあるA市場とB市場を比較してみると、圧力の少ないA市場の方が参入するには好ましいということがわかる。

図表Ⅱ-11　5F分析による業界（市場）の分析

5つの圧力	A業界（市場）	B業界（市場）
新規参入者の脅威	弱（参入するには大規模な設備投資と専門ノウハウが必要）	強（参入するのに設備投資も専門ノウハウも不要）
代替品の脅威	中（まだ代替品はないが、複数の大手企業が興味を持っている）	中（代替品はあるが高額なので、なかなか手が出ない）
売り手の交渉力	中（商品ごとに仕入先が異なるので、相手も強く出ない）	強（取扱業者が限定されているので、強く出られる可能性がある）
買い手の交渉力	弱（ブランド力があるので高額でも売れる）	中（高価格帯の商品と低価格帯の商品が混在している）
競合他社との関係	弱（まだ国内では珍しいので競合はほとんどいない）	強（誰でも始められるビジネスで投資もあまり必要ではない）

c. 顧客分析

　顧客分析とは、顧客の属性（これまで自社の商品やサービスを購入あるいは利用した顧客がどのような属性なのか）や購買行動（商品やサービスの購入や利用がどのような行動によりもたらされたものであるのか）を明らかにするプロセスである。

　顧客分析をおこなうことにより、その結果を、提供する商品やサービスの見直し、商品企画や営業活動、広報活動などの改善に反映させることができる。

　顧客分析の手法としては、「RFM分析」「デシル分析」[18]「CTB分析」[19]「行動トレンド分析」[20]「セグメンテーション分析」[21] など多数あるが、ここでは「RFM分析」について見ていきたい。

　RFM分析とは、Recency（最新購買日）、Frequency（購買頻度）、Monetary（累積購買額）の3つの視点から顧客の購買行動を分析する手法である。これら3つを指標化して、その指標に基づいて点数化し、ランクを

つける。ランクづけにより、顧客をグループ化して自社の優良顧客を識別できることで、優良顧客に特化したマーケティングの施策が可能となる。

　まず、3つの視点で顧客の購買行動を分析することから始まる。

○ Recency（最新購買日）：「最近買ったのはいつか？」

　　　　　　　　　　　　　何年も前に購入した顧客よりも、最近購入した顧客を重視する。

○ Frequency（購買頻度）：「どれくらいの頻度で買ってくれているか？」

　　　　　　　　　　　　　頻度が高いほど良い顧客と言える。

○ Monetary（累積購買額）：「今までにいくら使ってくれているか？」

　次に、3つの視点で指標化し、点数化してランクをつける。なお、各項目の点数化の際に比重をかけるなどして、自社が重視する部分を浮き立たせた点数配分にすることも可能である。

図表Ⅱ－12　某フレンチレストランのRFMによる顧客のランキング表

顧客 No.	R（最新購買日）		F（購買頻度）		M（累積購買額）		総点	ランク
	月日	点	回数	点	金額（円）	点		
215	2020/05/02	1	5	2	335,550	3	5.6	C
216	2021/02/15	5	6	2	720,170	5	10	A
217	2020/12/20	4	12	4	125,570	2	8.4	B
218	2020/07/14	2	3	1	50,900	1	3.2	D
219	2021/03/25	5	20	5	983,690	5	13	S
220	2020/04/15	1	14	4	555,120	4	8.6	B

※ 2021年3月31日に過去1年分を分析。各分析項目の満点は5。ただし、Rには比重をかけて×0.6として満点を3とする。

　RFM分析は、総点に基づくランキングにより優良顧客を識別するが、それにとどまらず、潜在的な優良顧客を真の優良顧客にするために、どの部分をどのように強化すればよいかということまで教えてくれる。

　例えば、RやMが高くてもFが低い顧客は、高品質のものを好む傾向が強い可能性があるので、高額の商品のラインアップを定期的に提案すると、

足を運んでくれる回数が増えるかもしれない（図表Ⅱ－12の216）。

　また、RやFが高くてもMが低い顧客に対しては、あまり高額商品は購入しない傾向にあるので、手ごろな価格の商品のラインアップを提案すると、購入の機会が増えるかもしれない（同217）。

　さらに、MやFが高くてもRが低い顧客は、店の商品ラインアップに飽きた可能性があるので、新商品の案内をすると購買意欲が高まるかもしれない（同220）。

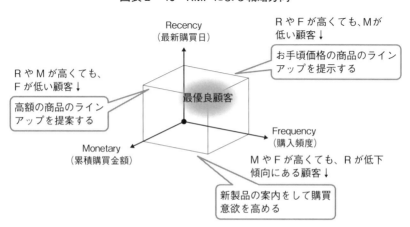

図表Ⅱ－13　RMFによる戦略方向

ⅱ）Competitor：競合の分析方法

　競合分析は、競合企業が誰で、その競合企業同士がどのような経営資源を保有して、どういう競争構造になっているか、そして、各競合企業が保有する経営資源をどのように活用しているのか、ということを知ることが大きな目的である。

　競合分析の手順として、最初にやるべきことは、「誰が競合なのか」を見極める「競合の特定」である。競合を特定する際、まずは、自社と同じカテゴリーの商品やサービスを提供している、いわゆる同業他社と言われる企業を探す。こうした企業は直接競合と呼ばれており、非常にわかりやすい。

　しかし、競合は同業他社ばかりではない。提供する商品やサービスのカテゴリーは自社と違っていても、提供する価値が同じ、あるいは似ているとい

う企業もある。こうした企業は間接競合と呼ばれており、実はこの間接競合を可能な限り柔軟な「モノの見方」で見極められるかどうかが重要である。

　例えば、カフェの「コーヒー」にとってコンビニの「淹れたてコーヒー」は間接競合であるし、コンビニの「おにぎり」にとってファストフード店の「ハンバーガー」も間接競合である。

　面白いところでは、家具の IKEA は間接競合として「ディズニーランド」を挙げている。IKEA のビジョンは、「より快適な毎日を、より多くの方々に」であり、同社は自社のことを単なる安売り家具店とは考えてはいない。「家族が一日満足して楽しく過ごせる『場』を提供する企業」という考え方をしており、それを提供することが同社の最大の価値であり、そこがディズニーランドと競合すると考えているのである。

　さて、競合企業を特定してリストアップできたら、次は「競合企業の類型化」のステップに入る。この分析にはフィリップ・コトラーの競争地位戦略が有効であろう。これは、1980 年にコトラーが提案した競争戦略の理論で、マーケットシェアの大小の観点から企業を「リーダー企業」「チャレンジャー企業」「ニッチャー企業」「フォロワー企業」の 4 つに類型化し、競争地位に応じた戦略目標を提示している。

　「競合企業の類型化」を行うには、競合他社の経営資源について把握する必要がある。まず人的資源については社員数や企業理念（および、その理念

図表Ⅱ－14　コトラーの競争地位戦略による類型化

		量 的 経 営 資 源	
		大	小
質的経営資源	高	リーダー （全方位）	ニッチャー （集中）
	低	チャレンジャー （差別化）	フォロワー （模倣）

※質的経営資源：技術力、マーケティング力、ブランド力、トップのリーダーシップ力等
　量的経営資源：社員数、資金、生産規模等

出所：「Foresight：中小企業診断士通信講座」https://www.foresight.jp/chusho/column/
　　competitive-position/ (2021/07/26) を参考に作成。

に基づいて提供される価値)、企画・営業・管理に関する人材の能力など、物的資源については基礎技術、応用技術、生産設備、販売拠点など、財務的資源については売上や利益率、広告費などの販売管理費の他に、研究開発費、設備投資額など、その他、競合企業が保有するブランド力や販売チャネル、マニュアル、知的所有権など「見えない資源」の情報収集も大切である。

○リーダー企業

リーダー企業は、質・量ともに最大の経営資源を持ち、価格決定や販売促進などで市場をリードしている企業である。

マーケットシェアでは、市場シェアの50%前後を占めることもあり、細分化された市場でも20%前後を占めていると言われる。

リーダー企業が取るべき戦略は「守りの戦略」であり、「市場の拡大を目指す（市場そのものを大きくすることで、最大の市場シェアを持つリーダー企業は最も大きな恩恵を受けることになる）」「同質化を図る（下位の競合企業の差別化戦略に対し、豊富な経営資源で模倣することにより、差別化の効果を薄くする）」「品質を高めて価格の高水準維持を心がける（価格競争になると規模の大きいリーダー企業の損失が大きくなるので、競合他社の低価格戦略は静観する）」「最適シェアの維持を狙う（一定以上のシェアの獲得は独占禁止法に抵触したり、コストがかかり過ぎたりと問題も多くなるので、敢えて「最高」は狙わずに、「最適」を維持する）」などがある[22]。

○チャレンジャー企業

チャレンジャー企業は、経営資源の量に関してはリーダー企業並みに大きいが、質に関しては相対的に低い企業である。市場シェアは一般的にリーダー企業に次ぐ規模で、リーダー企業に挑戦し、市場シェアの拡大を狙っている。

マーケットシェアでは、市場シェアの20%前後、細分化された市場では10%前後を占めていると言われる。

チャレンジャー企業が取るべき戦略は「攻めの戦略」であり、リーダー企業ができないことをやる「差別化戦略」を取ることによって、長期的成長を図ろうとする。

○ニッチャー企業

ニッチャー企業は、質的な経営資源には優れているが、量的には劣る企業である。リーダー企業が狙わない隙間市場（ニッチ・マーケット）など特定市場において主導できる企業である。

マーケットシェアでは、市場シェアの10％以下、細分化された市場では5％以下を占めていると言われる。

ニッチャー企業は、リーダー企業が関心を示さない特定の分野を狙い、高い質の経営資源をその狭い領域に投入する「集中戦略」を取る。

○フォロワー企業

フォロワー企業は、経営資源の質・量ともに相対的に劣る企業であり、市場シェアを狙えるような特質もなく、資源の量にも限界がある。

マーケットシェアでは、市場シェアの10％前後、細分化された市場では5％前後を占めていると言われる。

フォロワー企業は、リーダー企業やチャレンジャー企業の模倣をすることで市場に食い込む「模倣戦略」や「低価格戦略」を取ることによって、研究開発費や失敗のコストを抑え、いわゆる「後発効果」をうまく利用する。また、他企業と連携関係を結ぶことも多い。

「競合企業の類型化」ができたら、次は「競合他社の持つ経営資源の有効性についての把握」のステップに入る。この分析は、まず競合企業のビジネス成果の情報を収集し、次にその成果はどのような経営資源を用いてどのような戦略で達成されたかを把握する、という形で進められる。

まず、ビジネス成果については、類型化の「カネ」のところで示したように、競合企業の売上や利益率、広告費などの販売管理費用、研究開発費、設備投資額などを調査する。公表されていない情報が多いため情報収集が難しい場合もあるが、分かる範囲で少しでも多く情報を得るようにする。

次に、「人的資源」「物的資源」「見えない資源」という経営資源に関して、「財務的資源」がどれくらい効率よく使用されているかを検討する。社員1人（1店舗）当たりの売上や、顧客1人当たりの売上などを調査することで、経営資源の利用の効率性などを把握できる。

そして、最後に、競合企業がどのようにしてその成果を出しているのかに

ついて検討する。例えば、売上や経営資源の効率をどのようにして高めているのか、を製品開発、販売ルート、営業方法など、あらゆる側面から検討すると、自社で取り入れるべき仕組みや差別化を図るポイントなどが見つけやすくなる。

iii) Company：自社の分析方法

最後に、ここまでおこなってきた市場分析や競合分析を踏まえて、自社がどのような手を打つことができるのかを検討する。

自社分析のやり方は、基本的には「競合分析」のやり方と同様である。

まずは、コトラーの「競合企業の類型化」において「自社」がどこに位置するかを考える。次に、自社の業績、経営資源（人的資源、物的資源、財務的資源、見えない資源）、経営資源の効率性、業績をどのようなプロセスで獲得したか（あるいは逃したか）などの把握をする。これらを詳細に分析するツールとしては、後述する「強み・弱み分析」で示す「VRIO分析」が有効である。

（iii）3C分析のまとめ

3C分析は、「市場・顧客」と「競合」の分析から導かれる、その業界でのKSF（成功要因）に対し、「自社」の経営戦略がそのKSFとどれくらいギャップがあるかを把握し、業界で成功するために、どのような経営資源を用いてどのような戦略を再構築すべきか、を考えるヒントとなる（図表Ⅱ-15）。

（2）強みと弱み（内部環境：自社能力）分析

①強み・弱み分析の内容と対象とする内部環境

ドメイン設定と戦略策定にとって、機会・脅威分析と同等に重要であるのが、自社の強み・弱み分析である。強みは、自社のコア・コンピタンス（中核的資源）となる経営資源で、競争優位性を持ち、他社と差別化を図れるようなものであり、自社の目標達成に貢献するような要素である。弱みとは、他社に比べて優位性のない経営資源で、自社の目標達成を阻害する危険性を含んだ要素である。

ただし、強みと弱みについても機会と脅威同様、何が強みとなり、何が弱

図表Ⅱ−15　3C分析における市場・競合・自社の関係図

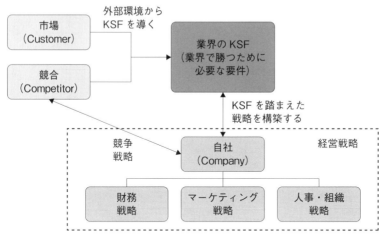

出所：「N's spirit 投資学＆経営学研究室」http://www.nsspirit-cashf.com/logical/3c_
　　　bunseki.html（2021/08/02）

みとなるかは、「モノの見方」次第であり、Aという市場や組織で強みであっ
たものがBという市場や組織では弱みになることもあり、その逆もあり得
る。内外環境の変化によって、強みも弱みも相対的に変化していくのである。
一例を示そう。

　大手のビールメーカーや家電メーカーはかつて「特約店制度」[23]により販
路を確保し、成長を続けていた。メーカーが特約店契約を結ぶ店の多くは、
個人営業をしている酒販店や電器店であり、当時「特約店」を全国に持って
いるということは、メーカーにとっては圧倒的な「強み」であった。しかし、
量販店が登場してくると、消費者の購買行動は急激に変化し、町の酒販店や
電器店ではなく、量販店でビールや家電を購入する傾向が強くなっていった
（特に、ビールの方は、瓶から缶への移行の影響が大きく、「ケース買い」を
する人が増えた）。メーカーはその外部環境の変化にすぐに対応する必要が
あったが、量販店に商品を大量に置けば、特約店の経営を苦しくさせるとい
うことにもなりかねない。立地にもよるが、多くの場合、特約店と量販店と
は競合関係にあるからである。つまり、消費者が量販店で購入するように
なったからといって、個人商店と特約店契約をしているメーカーが量販店に

大量に商品を置くというのは、特約店への「背信行為」となる。

当時、大手メーカーの多くは特約店網を全国に広げていたが、その特約店網が強ければ強いメーカーほど、外部環境の変化への対応に苦慮し、逆にそれが「弱み」となっていったのである。実際、強みであったはずの特約店制度が弱みになってしまい、シェアが逆転してしまったという事例もある。

戦略方向としては、事業成長の阻害要因たる弱み（競合相手につけ込まれそうな分野）を補強しながら、成長を牽引する強み（競争優位性の高い分野）を強化していくというものが望ましい。その際、上述したように、何が強みで何が弱みかという判断、また強みや弱みをどのように強化し補強するかは、機会と脅威との関連で決定すべきであろう。

強み・弱み分析の対象となる自社能力としては、「物的資源」「人的資源」「財務的資源」のほかに「見えざる資源」も重要な能力として考えられる。

図表Ⅱ－16　強み・弱み分析の対象とする内部環境（自社能力）

分析の種類＼分析内容		内　　容
自社能力	人的資源	技術者、営業パーソン、パートタイマーなどの利用可能性等
	物的資源	工場、機械設備、オフィス器具、倉庫・物流施設等
	財務的資源	企業の利用可能な資産の大きさ、財務的信頼性、資金調達ルートの確保等
	見えざる資源	ノウハウ、ブランド力、対外的な信用力、企業風土、マニュアル（整備されたしくみや手順）、顧客層、販売チャネル、資材・原料などの調達力、技術開発力、（特許等の）知的所有権等

出所：森田道也（1991）、p.44. を参考に著者作成。

②内部環境分析に有効なビジネスツール― VRIO 分析―

図表Ⅱ－16で、強み・弱み分析の対象とする内部環境の例を紹介したが、ここでは、内部環境分析に有効なビジネスツールとして、1991 年にジェイ・B・バーニーが提唱した「VRIO 分析」を紹介したい。

VRIO 分析とは、企業が保有する経営資源とその活用能力を、経済価値（Value）、希少性（Rarity）、模倣困難性（Inimitability）、組織（Organization）

の切り口から分析するものであり、この分析により、企業内部に存在する強みの質と、市場における現在の競争優位性を見極め、競争優位性の維持や更なる向上に向けた効果的な施策を講じることが可能となる（各々の頭文字をとって VRIO と呼ばれる）。

VRIO 分析の目的は、「企業内部に存在する競争優位性の維持と強化」であり、VRIO 分析の実施により、競争優位性が高まることで企業のブランド力も高まるため、市場シェアの拡大や顧客満足度の上昇が期待できる。

1）4つの評価項目

VRIO 分析は、自社の経営資源を上記4つの切り口を評価項目として、「問い」の形で一つひとつ評価していく。それぞれの内容は以下の通りである。

（ⅰ）経済価値（Value）

「この経営資源で機会を活用することは可能か？」「この経営資源で脅威を緩和することは可能か？」

自社の保有する経営資源に「経済的な価値があるかどうか」を分析する項目である。ただし、ここでの「経済価値」とは単純に金銭的な資源だけではなく、人的資源、物的資源も含めて考える。これらが、市場の機会を活かせる可能性があるのか、逆に脅威にどれだけ耐えうるのか、という観点で考える。

この時点で NG であった場合は「競争劣位の状態」となり、他社に比べて競争力に欠けるということを把握できることになる。

（ⅱ）希少性（Rarity）

「この経営資源を保有したり活用したりしている企業は少ないか？」「この経営資源を市場でコントロールできる企業は少ないか？」

他社が保有していない自社の経営資源を分析する項目である。競合企業も同様のものを持っていないかどうかという観点で考えることが重要である。希少性が強ければ、競合企業の市場参入を防ぐことができるし、仮に参入してきても希少性のある資源であれば負けることはない。ただし、希少性はあくまで顧客目線で考える必要がある。いくら他社が持っていない資源でも、その希少性が顧客にとって価値のないもの、すなわち顧客から選ばれない価

値であるのなら、それは意味がない。

この時点で NG であった場合は「競争均衡の状態」となり、他社との競争力が拮抗しているということを把握できることになる。

（iii） 模倣困難性（Inimitability）

「この経営資源を獲得するには多大なコストが必要か？」「この経営資源を保有することによりコスト面で不利な立場になるか？」

他社が模倣できない自社の経営資源を分析する項目である。これは、自社が保有する希少性のある経営資源を他社が獲得しようとしたときにどれくらいのコストを要するものなのかを分析し、獲得するためのコスト[24]がかかるものであればあるほど、競争優位性を長期間維持することが可能となる。

この時点で NG であった場合は「一時的な競争優位の状態」となり、希少性の高い市場にいるものの模倣されやすいので、とりあえず現状は競争優位を保てているが、いつ競争均衡に戻ってしまうか分からない状況であるということを把握することができる。

この時点で OK であった場合は「持続的な競争優位の状態」となり、希少性が高く模倣可能性が低いので長きにわたって競争優位を確保できる可能性が高くなる。ただし、この状態が成果に繋がるかどうかは、次のステップである「組織」の評価に依存することになる。

（iv） 組織（Organization）

「この経営資源を効果的に活用できる組織体制は整備されているか？」「この経営資源を効率的に活用できるシステムは整備されているか？」

自社の保有する経営資源を有効に活用できる組織であるかどうかを分析する項目である。これまでの評価で「経済価値」「希少性」「模倣困難性」が高いことが分析できたとしても、それを十分に活用できる組織体制が整備されていなければ、競争優位を維持することはできない。具体的には、組織の風通しの良さや経営理念の浸透度、意思決定の速さや柔軟性などが分析対象となる。

この時点で NG であった場合はせっかくの持続的な競争優位も成果へとは繋がらない。この時点で OK となって初めて、「持続的な競争優位となり、かつ、経営資源を最大に活かせ、成果へと繋げる」ことが可能となる。

2）VRIO の分析実施法

VRIO の分析実施法には、「一覧表」を利用したものと「フローチャート」を利用したものとがある。「一覧表」形式の場合、VRIO 分析をおこなう際の順番は決まっていないが、「フローチャート」形式の場合は分析する順番が決まっており、まず分析対象となる経営資源を特定したら、その資源を、「経済価値→希少性→模倣困難性→組織」の順で分析していく。

（ⅰ）一覧表による VRIO 分析

対象とする経営資源について、4つの要素すべての評価項目に対して分析を実施する。フローチャート形式よりも、分析に手間と時間がかかる。一覧表形式は、分析する経営資源の数が多く、経営資源の優位性を全体的に確認・評価したい場合に向いている。

図表Ⅱ－17　一覧表による VRIO 分析

評　価　項　目				競争の状態
経済価値 （Value）	希少性 （Rarity）	模倣困難性 （Inimitability）	組織 （Organization）	
NO				競争劣位
YES	NO			競争均衡
YES	YES	NO		一時的な競争優位
YES	YES	YES	NO	持続的な競争優位
YES	YES	YES	YES	持続的な競争優位かつ 資源活用の最大化

（ⅱ）フローチャートによる VRIO 分析

フローチャート形式は、必ずしも4要素すべてについて分析するわけではない。「NO」が出た時点でそれ以降の項目に対する評価をおこなう必要がなくなる。そのため、一覧表形式よりも、手間が少なく、早く分析を完了させることができる。分析する経営資源の種類が少なく、経営資源の優位性を単に評価したい場合に向いている。

図表Ⅱ－18　フローチャートによる VRIO 分析

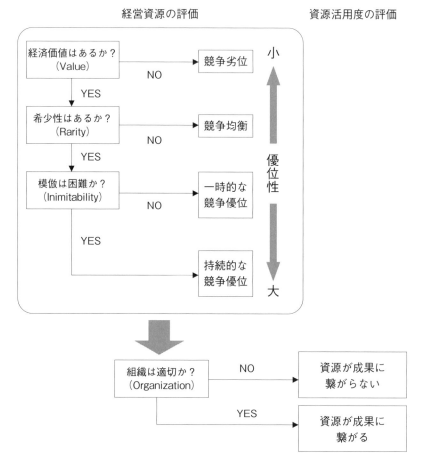

出所：日本総合研究所　経営戦略研究会（2008）『経営戦略の基本』日本実業出版社、p.49.
　　　を参考に著者作成。

(3)　クロス SWOT 分析

　クロス SWOT 分析とは、SWOT 分析によって現状把握した結果を踏まえ、把握した機会（Opportunity）と脅威（Threat）に対し、自社の強み（Strength）と弱み（Weakness）を掛け合わせることによって経営戦略の方向性と有益な事業戦略を見出すフレームワークである。

① 4つの組み合わせと戦略方向

1)　強み×機会：強みを最大限にビジネスチャンスの領域に活用する（リーダー型競争戦略）

　自社の強みを、ビジネスチャンスの領域に積極的に投入するパターンである。市場において競争優位性が非常に高くなり、積極的な戦略を仕掛けることで、収益が出やすい。

2)　強み×脅威：強みを活用することによって、脅威の影響を緩和する（チャレンジャー型差別化戦略）

　自社の強みを、競合が多数存在したり、自社にとっては好ましくない環境に挑戦的に投入するパターンである。ここでポイントとなるのが「差別化」である。強みを脅威のなかでも活かせるような差別化ポイントを探ることができれば、収益を出せる。

3)　弱み×機会：弱みを克服することによって、チャンスをつかむ（ニッチャー型集中戦略）

　ビジネスチャンスはあるものの、自社の弱みが事業展開において負の状況となっているパターンである。ここでポイントとなるのが「弱みをいかに克服できるか」である。また、「逆転の発想」により、弱みを強みに転換させることも効果的である。市場自体にはチャンスがあるので、他社がやっていないニッチ（隙間）な領域を探し、そこに資源を集中すれば、収益を出せる。

4)　弱み×脅威：弱みと脅威によるマイナスの影響を最小限に抑える、または撤退する（フォロワー型協調戦略）

　自社の強みを活かせず、好ましい環境にもないパターンである。ここで収益を出すことは非常に困難であるため、いかにダメージを少なく抑えるかを考える。また他社と連携したり、アウトソーシングしたり、最悪の場合、撤退することも検討すべきである。

②あるビール会社のクロス SWOT 分析

　図表Ⅱ－19 は、あるビール会社のクロス SWOT 分析である。

図表Ⅱ-19　あるビール会社のクロス SWOT 分析

外部環境（機会と脅威）／自社能力（強みと弱み）		外部環境分析	
		機会	脅威
		・若手層のビール愛好家の増加 ・消費者（特に、女性）の健康食品志向 ・量販店での消費者の大量購入化 ・コンビニ購入者の増加 ・アルミ缶の一般化（コンパクト化）	・ビール風味の発泡アルコール飲料「新ジャンル」[25] の税率アップ ・酒気帯び運転罰則の強化 ・海外産ビールの輸入拡大 ・量販店からの値引き要請 ・処理に関する、社会の関心の高まり（アルミ缶の回収問題）
自社能力分析	強み	リーダー型競争戦略	チャレンジャー型差別化戦略
	・商品開発力（マルチブランドの保有） ・中高年の顧客層が厚い ・全国の特約店の強力な販売網 ・大規模な製造ラインの保有	・商品開発力を活かして若年女性や中高年をターゲットとした健康志向の新商品の投入 ・量販店、特約店、コンビニのすみ分けを可能にするような販売ルートの確立・明確化	・発泡酒の特異性を活かした商品開発 ・ノンアルコールビールの開発 ・アルミ缶製造ラインだけでなく、ビン製造ラインの増加
	弱み	ニッチャー型集中戦略	フォロワー型協調戦略
	・マルチブランドであるがゆえに、カニバリゼーションの危険性が大きい ・若年顧客層が薄い ・全国の特約店の強力な販売網 ・量販店・コンビニのルートが弱い	・コンビニ専門に取り扱う商品を開発し、販売ルートの強化を図る ・環境に配慮したビン製商品の市場投入	・アウトソーシング ・戦略的提携 ・SCM ・OEM

出所：合力知工（2004）、p.36. に加筆修正したものである。

(4) SWOT 分析とクロス SWOT 分析のメリット

　以上、SWOT 分析およびクロス SWOT 分析の内容と方法について見てきたが、最後にこれらの分析のメリットについて触れておこう。

　まず、SWOT 分析（およびクロス SOWT 分析）の最大のメリットは、企業が設定した目標達成に向けて、「SWOT 分析により、自社が保有する強みと弱みの把握と、自社が直面しているチャンスや課題を明確にできること」と「クロス SWOT 分析により、合理的で説得力のある経営戦略を策定でき

ること」である。

　また、その他、例えば「経営者や部門管理者にとって『何に特化すべきか』『どこから差別化するか』が明確になる」「各項目について議論を進めることで、分析対象となった事業などへの理解が深まり、参加者の意思の統一やすり合わせができる」「自社の戦略を深く議論することで、後継者教育、幹部教育になる」「企業の新しい将来像、ビジョンが生まれ、将来へ向けてのモチベーションが高まる」「どの戦略項目に重点的に投資すべきか、あるいは、抑えるべき投資や費用が分かる」「『経営計画書』の具体的な根拠となり、金融機関から融資を受けやすくなる」などいろいろとメリットが考えられる。

　また、SWOT 分析（およびクロス SOWT 分析）は、全社単位でも、支社単位でも、店舗単位でも、部署単位でも、商材ごとでも、顧客ごとでも可能であるということも大きなメリットであるし、是非そうした単位ごとに実施すべきものであろう。

　例えば、事業が単体の小規模事業者や同一商材で複数の店舗を持った企業の場合は「経営全般の SWOT 分析」、異なる商材で複数の店舗を持った企業の場合は「店舗毎の SWOT 分析」、また、企業内に複数の事業がある場合は「事業単位毎の SWOT 分析」、主要顧客戦略を見直したい企業の場合は「顧客毎の SWOT 分析」をすることにより、より精度の高い経営戦略を策定することが可能となる。

4. 競争戦略と協調戦略

（1）競争戦略

　マイケル・E.ポーター（1980）は、競争戦略の重要性を説き、あらゆる企業において必要とされる競争の基本的なパターンを、①コスト・リーダーシップ戦略（業界全体をターゲットとし、競合企業よりも低いコストを実現し、低価格の製品・サービスで競争優位を図る戦略）、②差別化戦略（業界全体をターゲットとし、コスト競争を避けるために、他社にはない製品・サービスを創造し、差別化した製品・サービスで競争優位を図る戦略）、③集中戦略（特定のユーザー、特定の製品・サービス、特定の市場に対して、自社

の経営資源を集中する戦略。なお、集中には、コスト集中戦略《特定の狭い市場をターゲットとし、低価格で競争優位を図る戦略》と差別化集中戦略《特定の狭い市場をターゲットとし、製品やサービスの差別化で競争優位を図る戦略》との2種類がある)、という3つにまとめた。企業においては、通常、この3つの基本戦略のうちの少なくとも1つにおいて、卓越した戦略を構築することが必要であるとされる[26]。

図表Ⅱ-20　競争戦略の類型

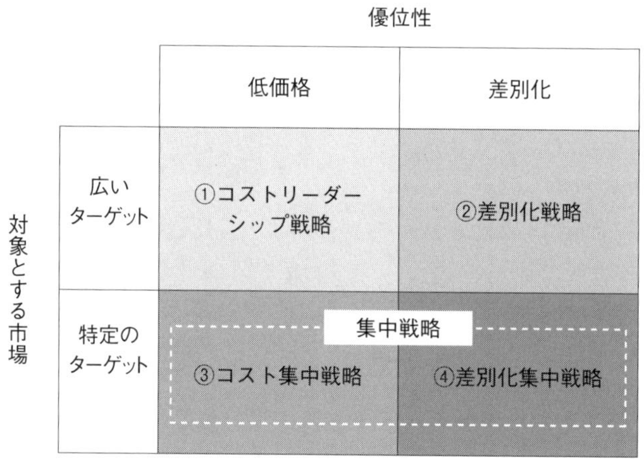

優位性

		低価格	差別化
広い ターゲット		①コストリーダー シップ戦略	②差別化戦略
特定の ターゲット		集中戦略 ③コスト集中戦略	④差別化集中戦略

対象とする市場

出所:「中小企業白書 2020 年版」第 2-1-3 図

①コスト・リーダーシップ戦略

コスト・リーダーシップ戦略とは、低コスト製品・サービスで他社を圧倒し、シェアの拡大を目指す戦略である。「ボリュームディスカウント(大量生産して価格を安くする)」、「材料原価の低減」、「直接仕入れ」、「固定費の削減」、「部品の標準化」、「生産工程の効率化」、「販売経路の最適化」など、徹底的に合理化を進め、その結果としての低価格製品を市場に投入し、安定したシェアを獲得することが狙いである。

単なる「安売り」とは異なり、誰もが気軽に買える価格設定と、高い品質・機能を両立させるビジネスモデルを確立している点が大きな特長である。

例えば、ユニクロは SPA (Specialty store retailer of Private label Apparel:製造小売り:商品企画から製造、販売まで一貫しておこなう事業

形態。人件費の安い海外などを活用し、自社製品を自社で小売りする、すなわち卸を介在せずにコスト削減を実現する手法である）を構築し、低価格と高品質を同時に実現している。

　また、ニトリはSPAをさらに進め、物流まで自社で手がける「製造物流小売り」により、コスト・リーダーシップを確立してきたが、近年さらにそれにITを加えて「製造物流IT小売り」を実現しており、低価格・高品質を通じて「住まいの豊かさ」という価値を顧客に感じてもらえるよう、工夫を重ねている。

　ここでは、ニトリのコスト・リーダーシップ戦略について見てみたい。同社は、北海道札幌市に創業し、全国にショップ展開しており、家具とインテリアの製造・販売をおこなっているが、ニトリの説明に入る前に、家具業界の動きについて少し見ておこう。

　家具業界は家庭用家具とオフィス用家具に大別でき、現在はだいたい前者が6割、後者が4割のシェア構造で、市場規模としては1兆円前後である。

　近年の国の働き方改革の促進や企業の作業効率化を背景として、オフィス用家具市場は堅調に拡大を続けてきており、今後もその伸びが期待されていたが、新型コロナウィルス感染拡大の影響で、オフィスを縮小したり、従来のように大規模なオフィス自体を持たない道を選択したりする企業が増えてきている。また、感染拡大が収束したとしても、企業は完全に対面に戻すというより、急速な技術革新で開発された新たなツールを活用し、リモートワークを併用するという動きなども活発化してきているため、オフィス用家具市場の今後の見通しは不透明である。

　一方で、家庭用家具市場はここ数年ずっと頭打ちの状態が続いていた。人口減少などを背景に、新設住宅着工数は減少し、それに伴い、同市場も縮小を続けてきたからである。しかし、新型コロナウィルスの影響で、いわゆる「巣ごもり需要」が増加し、その状況は改善されてきている。今後も、この状況は一定期間継続すると考えられる。

　家庭用家具を取り扱う企業にとって、少子高齢化社会における新型コロナウィルスの感染拡大という外部環境の変化は、脅威ではなく、機会と捉えるべきであろう。確かに、高齢化に伴い新居を構える人は減り、新居での家具購入に大きな需要は見込めないかもしれない。しかし、リモートワーク等で家庭での滞在時間が増えた人たちは、自分の家や部屋をより住みやすくした

いと願うようになり、家具を買い替えたり、新たに購入したりするような行動に出ており、企業はその動きを見逃してはならない。

　購入される家具の価格帯はますます二極化の方向に進むだろう。高齢化社会において、例えば、ベッドは介護機能などのついた高級ベッドの需要が伸びるだろうし[27]、その一方で、ソファやテーブルなどはコンパクトな比較的低価格帯の需要が続くだろう。

　購入方法についても二極化が進んでおり、対面で「見てから購入」の人たちが一定数存在する一方で、こちらも新型コロナウィルスの影響であろうが、オンライン購入をする人たちが急増している。

　では、現在、家具業界最大手のニトリの動きについて見ていこう。

　同社の 2007 年 2 月期売上高は 1891 億 2600 万円であったが、2021 年 2 月期には 7169 億円にまで増加しており、営業利益率は 2007 年 2 月期の 11.8％から、2020 年 2 月期には 19.2％にまで上昇していている。34 期連続の増収増益である。

　同社が好調さを維持している最大の理由は、上述した「製造物流 IT 小売り」というビジネススタイルを構築しているということであろう。消費者ニーズの変化や欧米・国内の競合企業の動きを見ながら、自社で企画開発した商品を海外で安く作って輸入することで低価格を実現している。

　また同社は、海外でも店舗展開をしており、現在、海外では、主に中国と台湾で店舗展開している。現在の海外の店舗数は 66 店舗（中国 34、台湾 30、米国 2）、店舗構成比率は 10.8％（2020 年 2 月期）となっている。このうち 2014 年から事業を開始した中国について、同社は当初の「100 店舗構想」を見直すと方針転換している。

　中国事業再構築に関しては、同業種では無印良品、異業種ではファーストリテイリングや資生堂など、中国に先行投資してきた企業の動きを参考に、「現地を熟知している人材の確保や現地社員の育成」「品質の訴求によるブランド価値の向上」、そして「オンライン販売の拡充」などがポイントとなってくるだろう。

　ニトリの場合、中国において、低価格であることは認知されていても、品質が良いことはあまり認知されていない。製造コストの低い中国では、多数の家具メーカーが乱立し、低価格帯家具は競争が激しいレッドオーシャン市場である。しかし、現地家具メーカーの場合、低価格帯の家具は低品質の素

材で作られているというケースが多いので、ニトリの商品はそうではない、つまり同社の低価格は低品質の素材使用で実現されているのではなく、「製造物流IT小売り」というプロセスを経て実現されているのであり、「品質が良く、機能性も高い」ということを、同社がアピールし、現地家具メーカーとの差別化を図ることができれば、巻き返しのチャンスは十分にあるように思える。また、富裕層に向けては、敢えて高価格帯の介護機能付きベッドなどを投入するという戦略も考えられる。

　さて、海外においてはまだまだ課題の残るニトリであるが、国内販売においては、向かうところ敵なしの状態である。国内販売が堅調に推移している理由は、値ごろ感（比較的品質の良いものを安く購入できるという感覚）があり、現代風のデザインの商品を消費者が評価しているからであろう。

　さらに、新型コロナウィルスの感染拡大以前から、自社オンライン販売[28]に注力し始めていたことも功を奏し、対面店舗販売とのシナジー効果が出ている。「巣ごもり需要」では「オンライン限定の商品が気に入った」などの声が多く聞かれ、また、都心部の店舗で商品を見て、オンラインで購入するという動きも増えてきた。都心部の店舗はいわばショールームの役割を果たし、自社オンラインショップで購入した商品も店舗で返品・交換できるため、アフターサービスの役割も果たしているのである。実際に商品を目で確認してもらい、オンライン購入後のフォローもおこなうというところが、オンライン購入の後押しになっていると言えるだろう。

　また、家具以外の動きとして、2019年に立ち上げたアパレルブランド「Nプラス（N＋）」にも注力し始めている。Nプラスは40代以上の中高年の女性をメインターゲットとしており、羽毛入りのパンツやストレッチ性を備えた商品などが売れ筋である。

　「年収800万円以上の方は、どうぞ高級店へ」。これが同社の考え方である。

　今では、業界トップの売上を誇る同社も、創業期は大型家具店の出店などにより経営危機に陥ったこともある。そこで、似鳥昭雄社長（現会長）は米国の視察をおこなったが、種類やデザインが豊富であることや、価格が日本の3分の1であることに驚かされた。

　「日本でも安く売りたい」―これがニトリの目標になった。家具に限らず、日本で商品の価格が高い原因は、問屋の存在である。そこで、問屋を介さず

メーカーから直接仕入れをしようとした（当時のニトリは販売のみおこなっていた）が、問屋の妨害にあう。北海道だけでなく、日本全国でニトリの考えは通用しなかった。

「日本ではどこも問屋を介さないと売ってくれない」。そこで、ニトリは人件費の安い海外での自社生産に踏み切る。現在、インドネシアとベトナムに生産拠点を設けて自社生産をおこない、その他約500か所の海外協力工場にも生産を委託する一方、タイ、マレーシア、中国には調達拠点を設置している。一般的には原材料を商社から仕入れて生産するが、その分コストがかさむ。ニトリはヨーロッパやニュージーランドなどから直接、海外工場に木材、塗料や金具なども仕入れる。これで2～3割は安く生産できる。さらに、木材の切れ端などは捨てずに、家具の目立たない所に、補強用として使用している。この実践により、ゴミも減らせるし、しっかりとした商品もできる。まさに「Win－Win」経営である。

ニトリでは、原材料が高騰して赤字になっても値上げはしない。いったん値上げをすると、顧客の信用を失うからである。一度離れた顧客を再び取り戻すコストが非常に高くつくということを同社は知っている。しかし、安かろう、悪かろう商品ではなく、安くてオシャレな製品をつくる。デザインはヨーロッパなどの売れ筋のオシャレな家具のカタログを入手し、知的所有権を意識しながら、アレンジをしてデザインを起こす。無駄な機能は排除し、材質を変え、サイズを変える。それにより、参考商品の2分の1の価格を実現できるのである。

ここからは「コスト・リーダーシップ」というよりも「差別化」の話になるが、ニトリでは複数の主婦モニターから意見を聴取する。例えば、「システムキッチンはホーロートップではなくガラストップの方が掃除・メンテナンスがしやすい」とか「換気扇はレンジフードの掃除が問題点」とか意見が出てくることにより、機能よりも掃除のしやすさを重視する主婦の存在に気づき、それを商品開発に活かしている。

ニトリは、確かにコスト・リーダーシップ戦略をとっているが、同社の場合、それは目先の利益確保を最優先に実現するための戦略ではなく、顧客のニーズを満たすことを最優先に考えた戦略であると言える。前者では、顧客満足の充足が自社の利益を圧迫する場合、利益を圧迫するようなコストは最大限かけようとはしない。だが後者では、顧客満足の充足を優先するため、

コストがかかっても必要なことはやろうとする。利益が一時的に失われて
も、顧客満足を充足させれば、将来的には回収できることを知っているので
ある。

　ニトリは、かつて売上高利益率が14％近くあった優良店を閉店したこと
がある。老舗であるため、出店当初は車での来店客のことはあまり考慮せず、
30台分程度の駐車スペースしか確保しておらず、近年、休日などに駐車待
ちが目立つようになったからである。優良店を閉店するのには決断が必要で
ある。多くの経営者が「まだまだ行ける。行ける所まで行こう」と考える。
だが、同社はその優良店を閉店し、少し離れたところに新店舗をオープンし
た。コストはかかっても、優良店であるうちに、かつ顧客満足が下がらない
うちに移動したのである。後始末ではなく、先手を打つ。商圏の環境は常に
変化する。同社は、5年先、10年先の人口動態を予測しているのである。

②差別化戦略

　差別化戦略とは、市場での優位性を確立し、コスト競争に巻き込まれない
ために、製品・サービスの差別化を図る戦略である。品質や機能の差別化は
もちろん、ネーミング、デザインなどで独自のブランドを確立するなど、製
品そのものの差別化だけでなく、他にもアフターサービス、生産設備、オフィ
ス、物流機能、技術開発力、販売チャネルなど、いろいろな分野で差別化は
可能である。同時に複数の差別化を図れる企業は、競争優位性が非常に高く
なる。

　しかし、ポーターは、「特異性がすべて価値的であるとは限らない」とも
指摘する。すなわち、市場ニーズを組み込み、マーケット・インに基づいた
差別化の場合は成長に繋がるが、いくら差別化されていても、市場ニーズを
無視したプロダクト・アウトに基づいた特異性は差別化とは呼べず、極めて
リスクを含んだものといえる。企業はその点を十分に考慮する必要がある。

　ここでは、ハニーズの差別化戦略について見てみたい。同社は、福島県い
わき市に本社を置き、全国にチェーン展開する（全県に店舗がある）、女性
向けカジュアル衣料品を扱う企業である。同社は低価格路線で知られている
が、他の多くの企業が、それをコスト・リーダーシップ戦略で実現するなか、
それを差別化戦略で実現している点が面白い。

　SWOT分析をしてみると、ハニーズにとっての機会としては「若手層の

買い換え需要の増加」、「流行の移り変わりの早期化」、「ブランドより機能を重視する顧客の増加」などが挙げられ、脅威としては「低価格競合店の並存」、「流行の移り変わりの早期化（機会であり脅威でもある）」「高級有名ブランド店の存在」などが挙げられる。

　低価格競合企業の多くはコスト・リーダーシップ戦略を採用し、高級有名ブランド企業の多くはデザインそのものなどでの差別化を図っている。ハニーズはそのどちらでもない。同社の強みであり、最大の差別化ポイントは、「流行をぎりぎりまで見極めて、デザインから商品化までを短縮できる仕組み」を確立しているということである。

　流行の移り変わりは速く、特に日本人は変わりやすいと言われる。流行に左右されるファッション商品は、しばしば生鮮品に例えられるように、時間の経過にともなって魅力を失いかねない。この変化はハニーズにとって機会でもあり、脅威でもある。この変化に対応するために、同社はこれまでの製造技術と企画ノウハウを活かし、試作から製造にいたるまでの時間ロスを最小限にする体制を構築させ、通常、アパレル業界の場合、商品企画から販売まで最短でも約半年から1年かかるところを、新製品の企画からわずか40〜45日のリードタイムで、製品をショップにならべることができる能力を獲得したのである。

　この驚異的なリードタイムの実現には、独自に開発したSPAも大きく関係している。商品開発や市場展開をすばやくおこなうため、ハニーズは業界に先駆けて、SPAシステムづくりを開始し、1985年には企画製造を担当する製造子会社を立ち上げ、技術やノウハウを蓄積し、商品の品質向上に役立ててきた。

　質とともに価格も重要なポイントである。ハニーズのコアターゲット層はあまり洋服にお金をかけられないが、流行に敏感でオシャレに関心が高い高校生や大学生である[29]。そこで、同社はコストダウンと若者ニーズへの対応の両立を図るために、大量生産＆大量販売というコストダウンの常道ではなく、敢えて多品種小ロット生産方式を選択した。これにより、若者の多様なニーズに対し、フレキシブルに対応することが可能となった。

　以上のように、ハニーズは「流行をぎりぎりまで見極めて、デザインから商品化までを短縮できる仕組み」という自社の強みを、「流行の移り変わりの速い市場」という、機会でもあり脅威でもある領域で余すことなく活用す

る戦略をとっているのである。

　では、同社の企画から販売までの一連の流れを具体的に見ていこう。

　同社の企画部隊は、商品ごとに「目標設定→外部環境分析（機会・脅威分析）→内部環境分析（強み・弱み分析）→選択肢の列挙→選択肢の評価→選択肢の中から選択」という流れを1週間単位でおこなう。

図表Ⅱ－21　ハニーズの店舗情報システム IS

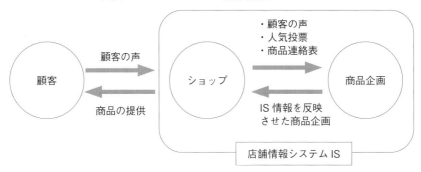

出所：「Honeys　公式 HP」https://www.honeys.co.jp/company/policy（2021/07/29）
　　　を参考に筆者作成。

　具体的なイメージを示そう。まず月曜日に企画会議で商品についての方針が決められ、火曜日に企画部隊が若者の流行を把握するために東京の若者街に出かけたり、「テナントインショップ」[30] からの情報を「店舗情報システム IS（アイエス）」で共有したりして、商品のイメージを固める。水曜日に自社の開発したデザインおこしのソフトで、イメージに合ったデザインを具体化し、サンプルを作る。木曜日に会議を開き、各々のサンプルを並べ、評価し合う。商品化するかどうかは、社長の一声で決まる会社が多いなか、同社では全員の挙手で決まる。「現場のヒトが一番知っているから」という社長の方針である。社長も自ら考えたサンプルを出すこともあるが、社員の手が挙がらないことも多い。社長の作品といえども、ダメなものはダメというスタンスが貫かれている。社長のこの方針も同社の強みのひとつと言ってよいだろう。そして、金曜日に商品化が決定したサンプルの生地などについての打ち合わせがおこなわれ、条件が整い次第、実際に生産に入っていく。

　ハニーズは、コスト・リーダーシップ戦略を採用する低価格競合企業とも、デザインそのもので差別化を図る高級有名ブランド企業とも異なる、独自の

差別化戦略を展開することにより、業績を伸ばしている。また、同社の差別化戦略は、市場ニーズを「これでもか」と言わんばかりに分析している点で、ポーターの指摘するようなリスクを回避している。

③集中戦略

集中戦略とは、特定の顧客や地域、製品などに自社の経営資源を集中する戦略である。集中戦略には「コスト集中戦略」と「差別化集中戦略」の2種類がある。

1）コスト集中戦略

コスト集中戦略とは、特定の市場をターゲットとし、競合他社とほぼ同じ内容の製品やサービスを、より低価格で投入することで、競争優位を図る戦略である。資金や資材（原材料）の調達方法や調達先の選定、生産工程や販売経路の効率化などによりコスト削減を図る。

コスト集中戦略の代表例はしまむらであろう。

同社は、アパレル業の中のファストファッション業界において、ターゲットを主婦層に絞り、徹底的なローコスト生産により実現した低価格商品を投入することで、競争優位を構築している。ファストファッション業界では「おしゃれさを重視する」都市部在住の10代〜20代の若者をターゲットとする企業が多い中、しまむらは「安さと手軽さを重視する」郊外在住の20代〜50代の主婦をターゲットにして、他社とは異なるポジションを確立している。

しまむらの最大の強みはローコストオペレーションにある。中国からの直接物流の比率を引き上げ、また物流センターの集約や徹底したシステム化・効率化などにより、物流コストを削減することに成功し、さらに、パートタイマーの比率を80％近くにすることによって、人件費の削減にも成功している。

また、同社は「仕組みづくり」にも特徴があり、例えば、同社のマニュアルは優れたベテラン社員のやり方をベースとしており、そこにパートタイマーや社員の改善提案を加えて「仮説→検討→実行→仕組化」を繰り返し、年々洗練されたものとなっていく。同社のこうした仕組みづくりはマニュアルに限らず、商品管理、物流、システム開発、店舗販売などしまむらのあらゆるセクションで見受けられる。こうした取組も種々の効率化に繋がり、コ

スト削減を実現しているのである[31]。

2）差別化集中戦略

　差別化集中戦略とは、特定の市場をターゲットとし、競合他社と差別化した製品・サービスを投入することで、競争優位を図る戦略である。製品・サービスの品質や機能および特性、ノウハウ、用途、デザイン、操作性、ブランド力、対外的な信用力、企業風土、マニュアル（整備されたしくみや手順）、販売チャネル、技術開発力、（特許等の）知的所有権等で差別化を図る。

　特に、資金など経営資源に余裕のない中小企業では、価格以外の面で競争優位を図ることが可能となり、価格競争を避けられるため、差別化集中戦略を選択することが多い。

　限られた市場や製品・サービスに経営資源を集中して投入することで、他社の新規参入を防ぐことができ、また、投資効率が向上するため、競争優位を構築することが可能である。

　差別化集中戦略の事例としては、日本KFCホールディングス（フライドチキンに集中）、スズキ（軽自動車に集中）、キーエンス（センサーに集中）、ディスコ（「切る・削る・磨く」に集中）など大手企業も積極的に展開しているが、ここでは社員数53名の中小企業、沢根スプリングを挙げよう。

　沢根スプリングは、静岡県浜松市で1966年に創業した、「多品種・少量・短期間」の受注生産で差別化を図って競争優位性を構築している、バネ製造・販売メーカーである。

　同社は、大量注文が当たり前の世界で、線径0.05〜12ミリのバネを中心に1個単位[32]から様々な業界に向けて製造・販売しており、扱うバネの種類は5000を超える[33]。「多品種・少量」でも十分差別化は図れているが、同社はさらに自分たちの強みと弱みを分析し直し、価格以外の部分で差別化を図れないかと考え抜いて「良い品をより速く提供する『世界最速工場』を目指す」という目標を設定し、子会社の通信販売会社サミニを通じて、「夕方5時までの注文については即日発送を可能にした。加工を必要とするオーダー品も最短2日目に発送する」を実現している。通販の顧客数は全国2万9000社にのぼる[34]。

　「効率的に同じものを大量に毎日、作り続け、価格競争の中でもがくことが幸せでしょうか。従業員にとってこんなつまらないことはない。だから、

スピードとサービスの付加価値にこだわった経営に切り替えたのです。面倒で非効率でも、お客様に時間という価値を提供したい。誰もが同じことを効率的にやる時代は終わりました」と社長は語る[35]。

　また、同社は創業以来一度も赤字経営をしたことがないばかりか、リストラをしない企業としても有名で、社員の働き方に関しても差別化を図っている[36]。

　「毎月1回の全員参加懇談会」「社員による文集の製作・発行」「ありがとうカード」「毎月の給料袋に入れる『社員様とご家族様へ』という社長からの手紙」など、ユニークな取組をおこなっているが、特に、残業時間に関しては厳しく管理しており、残業時間が月間50時間を超える企業が多く、中には100時間をはるかに上回っている企業も散見できるなか、同社の残業時間の月間平均は5.7時間である。

　こうした多方面での差別化が功を奏し、創業以来黒字経営を続けており、近年の売上高経常利益率も10%前後を維持している。

(2) 協調戦略

　企業を取り巻く環境が非常に不安定な現代において、企業が成長するためには、「競争」という考え方だけでなく、「協調」という発想も必要である。

　現代の日本企業においてはマイナス要因とされている「年功賃金制度」「終身雇用制度」などの制度は、かつての「日本的（組織内）協調」の象徴であり、日本企業の強さを支えてきたものである。しかし現在、多くの日本企業にはその制度を維持するだけの財務的体力がないし、特に、年功賃金制度には同一の仕事でも年齢により不平等をもたらし（それにより、モラールの低下する者が出てくる）、作業効率を低下させるという場合が多々あるので、いずれにしろ改善の必要がある。

　当然、企業に非効率をもたらすような協調は不要であるが、企業にとってプラスとなるような協調については、企業は積極的に進めていくべきである。競合相手とも時には協力し、また垂直的な関係でも、ただ「系列化」するのではなく、戦略的な提携を結ぶことが、企業の持続的な成長に必要となってくるであろう。

　戦略的提携[37]により、複数の企業が互いに得意とする能力を出し合って、

1社ではできない能力を作り上げることが可能となる。高度の技術を用いなければならないとき、また大競争の時代に対応する必要があるときに、戦略的提携は成功の要因になる。

　以下に、中小企業同士の戦略的提携と大企業同士の戦略的提携の事例を挙げよう。

①浜野製作所[38] が運営する「ガレージスミダ」

　ガレージスミダは、浜野製作所が2014年4月に設立した「ものづくりの総合支援施設」であり、「新しいものづくりの開発・製造・実証実験のための拠点」である。浜野製作所の職人自らが、ものづくりイノベーターのアイデア・構想段階から設計・プロトタイプ開発、そして量産化までをトータルサポートしている[39]。

　1960年代、町工場は必要不可欠な存在であったため、東京都墨田区だけでも約1万の町工場が存在し、高度経済成長を下支えした。しかし、1970年代前半になると、高度経済成長の勢いに陰りが見え始め、石油危機などにも直面し、日本経済は不況の時代を迎えた。多くの大企業はコスト削減のために、国内の町工場に依存していた部品作りを、より安く手に入れることができる海外に求めるようになっていった。

　結果的に町工場が請け負っていた仕事は大幅に減少し、約1万あった墨田区の町工場は約四分の一に減ってしまった。この状況は墨田区のみならず、大田区や多摩地区など東京で中小企業が多く集積する地域全体に共通することで、優れた技術を持っているにも関わらず、町工場は冬の時代を迎えることになった[40]。

　ガレージスミダは、3Dプリンタやレーザーカッター、CNC加工機といった最新のデジタル工作機器を備えており、これからスタートアップを目指す人でも、すでに起業している人でも誰でも利用申請が承認されれば、ガレージスミダの工作機器を利用することができる。また、工作機器の利用だけでなく、設計や製造に携わる熟練した職人が個人から企業に至るまで製品開発や加工を支援したり、ものづくりの相談にも乗ってくれる。つまり、町工場の交流の場としても機能しているのである。ガレージスミダを運営する浜野製作所の技術とノウハウを他の町工場に提供することにより、労働力不足や技術力不足など様々な問題を抱えていた町工場が、いつでも企画・開発・設

計をおこなえる環境を手にすることができたのである。実際、町工場だけでなく、大企業の事業開発部門やベンチャー企業の利用も多い。日本のものづくり業界がどれだけガレージスミダのような施設を必要としていたかが伺える[41]。

　では、ガレージスミダがものづくり業界に寄与する、インキュベーション[42]の4つの特徴について以下に紹介しよう[43]。

1）Fab[44]

　3Dプリンタやレーザーカッター、CNC加工機など、スタートアップ企業が無料で利用できるデジタル工作機械を完備している。

　頭の中にあるアイデアをプロトタイプとして実際の形にできるということは非常に重要で、頭の中では見逃していた改善点を把握することができたり、プレゼンで活用できたりする。しかし、性能の良いデジタル工作機械は高額のものが多いので、なかなか利用する機会に恵まれない。そういう人たちにとって、最新のデジタル工作機械の利用は非常に有益である。

2）試作支援

　プロトタイプを作ろうと思っても、いざ始めようとするとなかなか難しいと感じる人も多い。そうした際に、40年以上にわたって培われてきた熟練の技術を有する浜野製作所の職人が、開発したい製品に対してアドバイスをしてくれる。アドバイスだけでなく、実際に機械を使って試作支援をしてくれるので、製作の際に留意すべき点などを把握することができる（工作機械の利用は無料だが、試作の際には別途費用がかかる）。

3）シェアオフィス

　ガレージスミダをオフィススペースとして活用できる。会社の登記場所としての利用も可能である。

　このスペースを利用して、プロトタイプの改善点を話し合ったり、他社へのプレゼンをする際に利用したりすることができる。また、ここには様々な業種・業界の会社やイノベーターが集まってくるので、多くの知識やノウハウが集積され、新しいアイデア、新しい技術、新しい製品、新しいサービス、新しいビジネスモデルなどが創出される可能性が広がる。

4）経営支援・投資

スタートアップ企業への経営支援や投資をおこなう「グローカリンク」[45]のスタッフから、経営のアドバイスや投資を受けることができる（投資には審査がある）。

スタートアップ企業や町工場が優れたものづくりをおこなっていくには資金が必要である。また、経営を軌道に乗せるためには経験やノウハウも必要であり、そうした資金面、マネジメント面での支援をグローカリンクのスタッフがプロの目でおこなうのである。

ガレージスミダでは、オープンイノベーションにより、実際に、共同企画や共同開発が進んでおり、10社を超える墨田区内の企業が共同開発した電気自動車「HOKUSAI」、世界初、深海7,800mの3D動画の撮影に成功した深海探査艇「江戸っ子一号」などが成果としてある。

②家庭用VTRの規格を巡る、日本ビクター[46]の協調戦略

協調戦略には、同業種同士のものや異業種にわたるものなどいろいろとあるが、ここでは「家庭用VTRの規格に関する競争」について考察し、その背景に隠れている協調戦略について述べていく。

近年、データの記録メディアにはBlu-ray、DVD、CD、SDカード、USBフラッシュメモリなど多くの種類があり、メディアによって保存できるフォーマット（ファイル形式、規格）が異なり、それぞれの特徴を活かした形で使用されている。

「家庭用VTRの規格に関する競争」は1970年代から2000年代初めにかけて、ベータ方式とVHS方式という規格の間で繰り広げられた。1970年代前半、家庭用VTRの開発競争をリードしていたのはソニーであった。ソニーは高い技術陣を擁してベータ方式の開発を進め、ついに1975年、他社に先駆けて第1号機（ベータマックス：ソニーの商標）を市場に投入した。東芝、三洋電機、日本電気、パイオニアなどもそれに追随した。当然、そのままベータ方式が市場を独占し続け、それは、翌76年、日本ビクター（以下、ビクター）がベータ方式とは異なる規格であるVHS方式のVTRを発売してからも変わらないと考えられていた。

ところが、1980年代半ばからベータ方式のVTRに代わって、VHS方式

が業界標準、いや世界標準となった。理由は、ソフトの普及の差などいくつか考えられるが、そのなかでも最も大きな理由は２つ、すなわち、①ベータ方式が「プロダクト・アウト」の発想から生まれたものであったのに対し、VHS方式は「マーケット・イン」の発想から生まれたものであること、②VHS規格の開発元であるビクターが１社独占をせずに、その技術を他社に広く公開して、他社の技術とともにVHSの完成度を高めていったこと、にあると思われる。

　まず、①に関しては、ソニーのVTRの録画時間は１時間、ビクターのそれは２時間であった。ソニーがこだわったのは画質の鮮明さであり、それは技術者のこだわりの象徴であったといえる。それに対し、ビクターは技術者自ら市場ニーズを確認する作業に携わり、そこから「ユーザーは画質だけでなく、同じくらいに録画時間に対してもこだわっている」ことが判明し、ソニーよりも長時間録画できるVTRを作ったのである。

　次に②に関してであるが、ここに戦略的提携の象徴的特徴を見出すことができる。ビクターは、完成品の試作機をまず当時の親会社であった松下電器に持ち込み、それから日立製作所、三菱電機、シャープなどに次々とその試作機を無償で貸し出した[47]。当時予想された数千億円の家庭用VTRの市場規模を考えると、他社にその技術を見せることなど、有償でもあり得ないことであった。しかし、その結果、各社から様々な新技術が提案され、VHS方式のVTRは、ビクター１社だけでは到達できなかったであろう「完成品」へと近づいていった。VHSの技術は世界にも公開され、じわじわとベータマックスの市場を奪い始め、そして、その地位は逆転することになる。

　ここでひとつ確認すべきことは、「戦略的提携に参加する企業は『自立』しているということがその大前提である」ということである。それぞれの企業が（単独ではうまく発揮されないような）高い技術を持っており、それらがバラバラよりも組み合わされた際に、その技術が相乗効果を出して大きく飛躍していくという場合に、はじめて戦略的提携は成功したといえるのであって、技術のない企業同士が他社と「依存」しあっても、相乗効果は生じないであろう。だが、「自立」は重要ではあるが、「自立」の段階で止まってしまうのであれば、そこで成長もストップしてしまう。

　我々は、通常「『依存』→『自立』→『協働』」という形で、子どもから大人へと成長していく。「自立」は「依存」よりも成長しており、「自立」のさ

らに成長した段階が「協働」である。

　現在、日本の「集団主義」は「依存」型であるとして否定され、欧米の「自立」型が優れているとみなされているが、集団主義には「協働」的側面も多分に含まれており、一概に否定するのは早計である（実際、「協働関係」が「日本的経営」の中核として「強い日本」をつくり上げてきた）。だが、確かに、集団主義には「依存」的要素も含まれており、これが日本の足を引っ張ってきたという事実も否めない（談合体質、株式の相互保有、護送船団など）。

　　ここで、「『依存』→『自立』→『協働』」の構造について見てみよう。「依存」の主役は「You」である。「成功したのはあなたのおかげ」「失敗したのはあなたのせい」となる。「自立」の主役は「I」。「成功したのは私の努力の成果」「失敗したのは私の責任」となる。そして、多くの欧米人が日本人に促すのがこの「自立」であるが、実は、「自立」よりも優れた形態がある。それが「協働」である。「協働」の主役は…そう「We」である。「成功したのは私たちが協力したから」となる。

　では、「依存」と「協働」の違いは何かというと、前者が「同質性を重視し、横並び意識の強い集団行動」であるのに対し、後者は「異質性を重視し、互いの個性を尊重した集団行動」であると、と著者は考えている[48]。

　一般に、組織のエマージェント・プロパティ（創発的効果）は「$1 + 1 = 2 + a$」として説明されるが、これが「$+a$」となる状態が「協働」、「$-a$」となり総和の2よりも低くなる状態が「依存」ということである。この点を混同しては、重視すべきものまで軽視することになるので、注意が必要である。

　他にも、持続的に成長していく組織というのは、そのミッション・ビジョン・バリューおよび目標を共有することにより、常に「$+a$」を維持できるような関係を結びながら、組織の向上に力を費やしている。戦略的提携とは、この「$+a$」を創出させるような提携なのである。

5. リーダーシップ論

　リーダーシップ論には種々のアプローチがあり、その研究の種類も多岐にわたっている。例えば、社会行動に注目したアプローチでは、「専制型」「民

主型」「放任型」[49]、あるいは「独善的専制型」「温情的専制型」「相談型」「参画型」[50] などがあり、心理学的アプローチでは「ビジョン型」「コーチ型」「関係重視型」「民主型」「ペースセッター型」「強制型」[51] などのタイプ分けをおこなう学者もいる。

　ただ、どのようなリーダーシップのスタイルであれ、リーダーシップとは、**メンバーの仕事に対するモチベーションを鼓舞し、かつ、仕事の生産性を持続的に向上させるもの**でなければならないだろう。

　以下に、現代のリーダーシップ論の中でも古典的と言われる「特性理論」、そしてそこから派生した「行動理論」「条件適合（コンティンジェンシー）理論」「コンセプト理論」について、順を追って説明していこう[52]。

(1) 特性理論（1900 年代〜1940 年代）

　「特性理論」はリーダーシップ論の中でもっとも古典的な理論の一つで、「リーダーの資質は先天的に生まれ持った特性によるものであり、後天的に作られるものではない」という仮説を立て、優れたリーダーに共通する身体的および性格的な特徴を見出し、先天的な才能の有無や種類で、リーダーに適している人物像・適していない人物像を区別する研究が盛んにおこなわれた。

　特性理論において、リーダーに必要とされる性格的な特性の種類は研究者によって種々あるが、例えば「知性」「自信」「正直さと誠実さ」「責任感」「信頼感」「判断力」「適応力」「意欲の高さ」「他者への影響力」などが重視された。

　しかし、「先天的に優れた特性を持つ者のみが優秀なリーダーになる」という仮説の検証を進めていくにつれ、その仮説を必ずしも肯定しないような検証結果も出始め、優秀なリーダーを特性のみで決定づけることに疑問が生じてきた。

(2) 行動理論（1940 年代〜1960 年代）

　「行動理論」は、特性理論の欠点を修正するものとして登場したものである。特性理論が「どういう特性を持った人が優秀なリーダーなのか」に注目

したのに対し、行動理論は「優秀なリーダーはどういう行動を取るのか」という「行動パターン」に着目し、先天的な特性以外で優秀なリーダーに共通する要因を探る研究を進めた。つまり、優秀なリーダーシップは先天的に決まっているのではなく、後天的に作り出すこと、開発していくことが可能であるとみなしたところに、この理論の大きな意義を見出せる。

行動理論では、2つの「相反する行動パターン軸」でリーダーシップ行動を定義しているが、何を軸とするかによって、2つの研究グループに大別できる。1つは、「業績・仕事」と「人・組織」を軸とする研究グループで、「ミシガン大学研究モデル」[53]や「マネジリアル・グリッド・モデル」[54]が代表的である。もう1つは、「論理」と「感情」を軸とする研究グループで、「オハイオ州立大学研究モデル」[55]が代表的である。

ここでは、1966年に三隅二不二[56]らにより提唱された「PM理論」を挙げておこう。

図表Ⅱ−22　PM理論

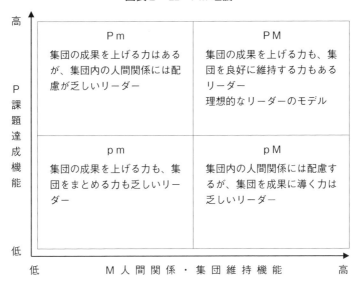

PM理論とは「課題達成機能（Performance function）」と「人間関係・集団維持機能（Maintenance function）」の2軸[57]に関して、それぞれの高低を考察することで、リーダーを4タイプに分類するというものである。

行動理論は、理想とするリーダー像がはっきりしており、それを目指そうとするものであるので、優秀なリーダーの行動をベンチマークしてその行動パターンを模倣させることによって人材育成を図るというような企業も多々ある。しかし、この行動理論も研究が進んでいくにつれ、大きく2つの疑問が生じてきた。

　一つは「優秀なリーダーの取る行動は誰でも身につけられるものなのか」という疑問と、「理想とするリーダーシップはどのような環境においても効果を発揮するのか」という疑問である。例えば、行動理論が正しければ、理想的なリーダーシップはどのような組織においても効果的であるはずだが、実際には、ある部署で優秀なリーダーシップを発揮していた人が、別の部署ではまったくそれを発揮できなかった、というケースはよくある。それはなぜなのか、ということである。

(3) 条件適合理論（コンティンジェンシー理論）（1960年代～1980年代）

　「条件適合理論」は特性理論や行動理論のように、個人の特性や理想的な行動パターンに注目するのではなく、「リーダーを取り巻く組織内外の環境や構成員の人数やタイプなどに応じて、望ましいリーダーシップのスタイルは異なる」、すなわち「すべての状況に適合する唯一絶対の普遍的なリーダーシップ・スタイルは存在しない」という仮説に基づいて、「リーダーの特性・行動パターン」と「状況」との関係を明らかにしようとするものである。

　条件適合理論として有名なのが、1971年にロバート・J・ハウスによって提唱された「パス・ゴール理論」と、1977年にハーシー＆ブランチャードによって提唱された「SL理論」である。

　パス・ゴール理論は、リーダーを取り巻く状況をタスク構造・権限体系・ワークグループなどの「環境要因」と、構成員の自制心・経験・能力などの「部下の要因」が、リーダーに対してどのような影響を与えうるかをモデル化したものであり、SL理論は、「部下の成熟度」によって、有効なリーダーシップ・スタイルが異なる、という前提に立つものである。

①パス・ゴール理論（Path goal theory of Leadership）」

　オハイオ州立大学の研究の流れをくむハウスらは、「リーダーシップの有

効性は、リーダーのとる行動によって、部下が動機づけられるかどうかによる」と考えた。

　また、部下が動機づけられるには、「部下がうまく目的・成果（ゴール）に到達するために、どのような道（パス）をたどればよいのかをリーダーが把握し、有効な働きかけをすることが必要である」とした。

　リーダーシップを「動機づけ理論」、なかでも「期待理論（努力をすれば成果が出て、成果が出れば魅力的な報酬がもらえる、とつなげてイメージできればモチベーションが高まるとするもの）」と結びつけて考えたのである。

　この理論では、達成したいゴールに向け、リーダーが部下に有効なパス（道筋）を示すときには、2つの条件を念頭に置かねばならないとしている。一つは、業務の明確さ、経営の責任体制やワークグループの程度といった「環境的な条件」、もう一つはメンバーの自律性の程度、経験、能力といった「部下の個人的な特性」である。リーダーの行動が環境的な要因に対して過剰だったり、部下の特性と調和しない場合にはリーダーシップは発揮出来ず、リーダーの行動が条件に適合している場合に限ってリーダーシップが発揮出来る、と主張した。

　ハウスらは、リーダーがとりうる主な行動には、「達成指向型」「指示型」「参加型」「支援型」の4つのスタイルがあるとし、その4つのスタイルと、それらに影響を与える要因との関係を図表Ⅱ-23のように示した。

② SL 理論（Situational Leadership Theory）

　SL 理論とは、1977 年にハーシィとブランチャードが提唱したリーダーシップモデルであり、この理論は、「部下の成熟度によって有効なリーダーシップ・スタイルが異なる」という仮説に基づく。

　SL 理論では、横軸を仕事志向、縦軸を人間志向の強さとして4象限に分け、それぞれの状況でリーダーシップの有効性（指示決定の指導の強弱、説得・参加型スタイルなど）を高めていくにはどうすれば良いかを示している。SL 理論において、有効なリーダーシップは、部下の成熟度のレベルによって図表Ⅱ-24のように規定される。

　条件適合理論によって、リーダーは自分を取り巻く環境によって行動を変える必要があること、常に優秀である普遍的なリーダーが存在しないことが

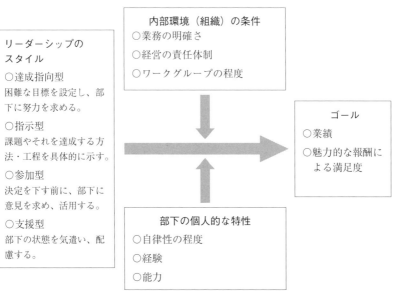

図表Ⅱ−23　パス・ゴール理論

**リーダーシップの
スタイル**

○達成指向型
困難な目標を設定し、部
下に努力を求める。

○指示型
課題やそれを達成する方
法・工程を具体的に示す。

○参加型
決定を下す前に、部下に
意見を求め、活用する。

○支援型
部下の状態を気遣い、配
慮する。

内部環境（組織）の条件
○業務の明確さ
○経営の責任体制
○ワークグループの程度

ゴール
○業績
○魅力的な報酬に
よる満足度

部下の個人的な特性
○自律性の程度
○経験
○能力

出所：スティーブン・P. ロビンス／高木晴夫訳（2009）『［新版］組織行動のマネジメント』
　　　ダイヤモンド社、p.269. を参考に著者作成。

明らかになった。これは、優秀なリーダーを雇ったとしても、会社の発展段
階が変われば、優秀なリーダーでなくなる可能性があることを示唆してお
り、常に優秀なリーダーであるためには環境によって行動を変えられること
が求められるということを意味する。

　条件適合理論は、現代でも通用する理論であり、リーダーシップ研修など
で用いられることも多い。

(4) コンセプト理論（1970 年代〜）

　「コンセプト理論」とは、条件適合理論を前提としながら、「さらに様々な
ビジネスシーンにおいて、どのようなリーダーシップを発揮し、具体的には
どのように解決すればよいのか」について、様々なパターンでのリーダー
シップの取り方を具体的に落とし込んでいったものである。代表的なものと
しては、次のようなものがある。

図表Ⅱ-24 SL理論

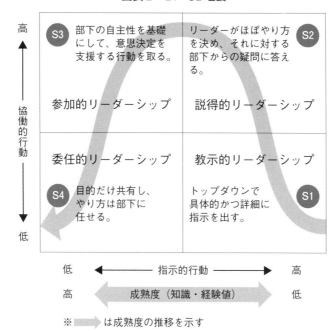

※ ➡ は成熟度の推移を示す

S1 教示的リーダーシップ（部下の成熟度が低い場合：下位2割に対して）
リーダーが具体的に指示し、事細かに部下を監督する（タスク志向が強く、人間関係志向が弱いリーダーシップ）

S2 説得的リーダーシップ（部下が成熟度を高めてきた場合：中間6割に対して）
リーダーの考えを説明し、部下の疑問に答える（タスク志向・人間関係ともに強いリーダーシップ）

S3 参加的リーダーシップ（さらに部下の成熟度が高まった場合：中間6割に対して）
部下の自主性を尊重し、意思決定の支援をおこなう（タスク志向が弱く、人間関係志向が強いリーダーシップ）

S4 委任的リーダーシップ（部下が完全に自立性を高めてきた場合：上位2割に対して）
部下に権限と責任を委譲し、仕事を任せる（タスク志向・人間関係志向ともに最小限のリーダーシップ）

①カリスマ型リーダーシップ

これは、「競争環境が激変するなか、伝統的な慣習に囚われずに、将来を見越した戦略的ビジョンを構築し、非凡なカリスマ性と、冷静に状況を分析する力、情熱的な行動力を駆使して企業を牽引していくリーダーシップ」で

ある。

　カリスマ型リーダーシップの原型となる理論は1910年代に社会学者のマックス・ウェーバーによって提示されている。ウェーバーは、その著作『支配の諸類型（経済と社会）』のなかで、正統的支配の3つの純粋系として「合法的支配」「伝統的支配」「カリスマ的支配」と分類し、カリスマ的支配の正当性は、規則や地位、伝統や慣習から発生するのではなく、リーダーの資質がフォロワー（部下）に信頼されるがゆえに生まれると仮定した。カリスマ性のある人は、一般人とは異なり、神業的で抜きん出た能力や資質が備わっており、そうした資質は天与のものと考えられ、そのためにリーダーとしてみなされる、とウェーバーは説明した。つまり、合法的リーダーや伝統的リーダーの力の源泉が地位、専門性や規則、伝統などに見出され、フォロワーとは無関係にリーダーとなり得るのに対し、カリスマ型リーダーの力の源泉は個人の資質に由来するものであり、その人物に卓越した才能があると信じるフォロワーによって選ばれるという点で異なる、とウェーバーは考えたのである[58]。

　以降、ジェームス・V・ダウントンやジェームズ・マクレガー・バーンズなどがウェーバーのカリスマの概念を発展させ、個人の資質にではなく、社会状況に注目してカリスマ性の根源を探ろうとし、さらにロバート・J・ハウスらは、フォロワーの認知との関係性においてカリスマ性は出現する、すなわち「フォロワーにカリスマと認知されることで、リーダーはカリスマとなり得る」と主張した。しかし、ハウスらは、心理学と政治学の見地からカリスマ型リーダーと非カリスマ型リーダーの行動特質と人格的特質の違いを明らかにし、部下のモチベーションにカリスマ型リーダーが与える影響について明らかにしたものの、フォロワー側がリーダーシップをどのような態度で認知するのかという点については明確に言及してはいなかった。

　その点をクリアにしたのが、アン・ルース・ウィルナーの研究である。彼女は徹底的な事例研究を通じて、「カリスマ性が生じる根源は、リーダーが何者か（全てに認知される一律的な資質）ということではなく、人々がリーダーをどのようなものとして見るかにある。つまり、並外れた資質の捉え方は社会やグループによって異なるので、リーダーシップのイメージもそれぞれで異なる」という見方をした[59]。

　そして、カリスマ型リーダーシップの研究は、コンガー＆カヌンゴらに

引き継がれていく。

コンガー＆カヌンゴらも、ウィルナーと同様、メンバーがある人物との相互作用に基づいてその人をリーダーと認めるとき、リーダーシップは効力を発揮し始めると考えた。つまり、「リーダーとしての資質は、グループのメンバーがその人物の影響力を受け入れてそれに従うとき初めて認められる」という立場である[60]。

コンガー＆カヌンゴらは、現在の状態から将来へ向かって変化しつつある組織を取り上げ、そのメンバーを含むプロセスとしてのカリスマ型リーダーシップについて、3つの段階に分けて説明している[61]。

第1段階では、（カリスマ型リーダーシップのみの特徴ではないが）まず組織の現状評価をする。どのような資源が利用可能か、どのような制約があるかを見極めるのと同時に、フォロワーの欲求と満足度を判断する。企業が立てた現行システム（新しいテクノロジーの導入）や戦略（市場の開拓）の欠陥や失敗をすばやく見つけ出し、他のタイプのリーダーであれば脅威とみなすことでも、カリスマ型リーダーは新たなテクノロジーの導入や新たなサービスを生み出す機会とみなす。

第2段階では、この評価に基づいて、戦略ビジョンを掲げ、評価の結果（現状の問題点、いかにしてその問題点を取り除くか、将来のビジョン、それをいつまでにどのようにして実現するか）と今後のシナリオ（ビジョンを達成するための具体的な行動計画）を明確な言葉と行動でメンバーに伝達する。ここでいうビジョンとは、将来、組織として達成することをリーダーが望んでいる理想のゴールを意味する。カリスマ型リーダーによって示されるこのゴールの性質やそれを明確に伝える能力、さらにそれを達成させるための方法などが他のタイプのリーダーとは異なる。

このとき、リーダーの掲げる理想的なゴールが現状とギャップがあるほど、フォロワーはリーダーを挑戦的で変革へ向かう力がある人物だと認知するようになる。リーダーを「好ましい」人物と思うのは、フォロワーがリーダーの掲げるゴールやビジョンに共感し、自分たちのニーズを満たしてくれそうだと感じるからであり、そうしたことがリーダーの魅力の源泉になっている。

そして、第3段階において、カリスマ型リーダーは、自分の能力についての信頼感をフォロワーに植え付け、組織のゴールを達成するのに必要とされ

る戦術や行動を明確に示す。このとき、カリスマ型リーダーは公平無私の態度を貫くことはもちろん、フォロワーのニーズに関心を持っていることを示し、フォロワーと分かち合える大義へ全身全霊を込めて関わろうとする。分かち合うビジョンの達成に向けて、個人的リスクやコストを負担することもいとわぬ態度を示せば、リーダーは心から信頼できる人物という意味でカリスマ性を示すことになる。

　以上のようなカリスマ型リーダーシップのプロセスにおいて、推測される結果を、コンガー＆カヌンゴらは、組織と個人とで分けて考察しており、組織の結果としては「リーダーへの感情的関与が強くなる」「組織目標への心理的コミットメントが強くなる」「タスク・パフォーマンスが高くなる」、個人の結果としては「組織内でのまとまりが強くなる」「組織内での葛藤が少なくなる」「価値観が一致するようになる」「同意が得られるようになる」としている。

　ただし、強力な力で組織を牽引し社員を鼓舞するというこの考え方にはいくつか欠点もある。まず、「もしリーダーが判断を誤ってしまうと、事業引いては企業の存続自体が危機に直面する」ということである。リーダーに異を唱える人が誰もいなくなると、忖度が働いてリーダーに伝わる情報も不正確になり、リーダーが重要な意思決定を誤ってしまう可能性も高くなる。また、「強烈なリーダーシップが働き過ぎると、その力の下にいるメンバーの自主性が失われる可能性が高くなる」ということも大きな欠点であろう。確かに、スピードが求められる現代において、トップの求心力が強く働くということには、物事を一気に進められるというメリットがある一方、一人のリーダーに依存する時間が長くなるほど、他のメンバーの意思決定能力が低下し、次世代のリーダーが育ちにくいというデメリットがあるので、十分留意する必要がある。

②変革型リーダーシップ

　これは、「企業を取り巻く環境が激変し、従来の管理能力のみでは対応が困難な状況下で、新たなビジョンを設定し、その実現に向けて企業をドラスティックに変革していくリーダーシップ」である。企業、組織が経営危機などに瀕し、大胆な変革が必要な場合は、このリーダーシップをとることが効果的である。

　企業変革、組織変革に関してはスティーブン・P・ロビンスの研究など著名なものが多々あるが、ここでは代表的な変革型リーダーシップ研究者の一人であるジョン・コッターの「変革推進8段階プロセス」を挙げよう。

　1980年代以降、アメリカの企業は、戦略の大転換、リエンジニアリング、合併・買収、技術革新の促進、社風の改革といった大規模な変革に取り組んだが、その多くが失敗に終わった。まず、コッターはその事例を通じて失敗の原因を分析し、変革がうまく進まない要因として、以下の8つを挙げている（「8つの過ち」[62]）。

1）社員の現状満足を容認する

　仲間である管理者、従業員が改革に対する十分な危機感を抱いていないうちに変革に突入しても恐らく何も変わらない。

2）変革推進のための連帯を築くことを怠る

　企業のトップのみならず、事業部門のトップ、部門長、さらに5人、10人、時には50人が業績向上にコミットしてチームとして変革に取り組む、という準備がないまま変革に突入するとすぐに変革は頓挫する。

3）ビジョンの重要性を過小評価する

　危機感を抱かせること、連帯チームを作ることは必要条件であって十分条件ではない。成功を収めるための変革に最も重要な条件は、有意義なビジョンの存在である。ビジョンはメンバーに対して必要な行動の方向性を示し、モチベーションを向上させる役割を果たす。したがってビジョンの欠如した変革などはあり得ない。

4）社員にビジョンを周知徹底しない

　ビジョンをトップと一部の人だけが知っていても変革は失敗する。大規模な変革は、企業内のほとんど全員がそのための努力を惜しまないレベルにまで達している必要がある。その状態を実現するには、トップが特にボードメンバーや中間管理職に対して情熱と信頼性を伴うコミュニケーションを図ることが不可欠である。

5）新しいビジョンに立ちはだかる障害の発生を許してしまう

　変革を進めるプロセスで組織構造や資源不足、人間関係などに起因する障害は必ずといっていいほど訪れる。それを放置していては、変革は進まない。

6）短期的な成果を上げることを怠る

　短期的な成果を上げるというのは、長期目標を軽視するという意味ではな

い。ビジョンを重視するあまり長期的な成果ばかりに注目し、短期的成果を軽視してしまうと変革はできない。短期目標を細かく設定して、それをクリアしていくことが重要である、という意図である。

7）早急に勝利を宣言する

　大規模な変革に取り組み始めて、最初に大きな業績上の改善が確認されると、その大規模な変革に勝利したと思いたくなるが、それは間違いである。変革が企業文化として根づくまでは、後戻りする可能性があるということを把握しておく必要がある。

8）変革を企業文化に定着させることを怠る

　変革は、各職場と企業全体の細部に行きわたるまでその方法が確実に浸透して、皆に共通価値として根づいて初めて企業に定着する。

　そして、これらの「8つの過ち」を修正することをベースとして、大規模な変革を推進するために、コッターは以下の8段階のプロセスが有効であると主張する。

　　「1）危機意識を高める⇒2）変革推進のための連帯チームを築く⇒3）ビジョンと戦略を生み出す⇒4）変革のためのビジョンを周知徹底する⇒5）社員の自発性を促す⇒6）短期成果を実現する⇒7）成果を活かして、さらなる変革を推進する⇒8）新しい方法を企業文化に定着させる」[63]

　コッターはどのような規模の変革であっても、変革が成功を収めるには、上述した8つのすべての段階がこの順序通りに進められることが重要なポイントであり、いくつかの段階が同時並行で進められるということはあっても、どの1つの段階もスキップすべきではないとしている[64]。

　また、コッターは企業変革を成功に導くには、マネジメントとリーダーシップを明確に区別することが重要であると主張する。それらについてのコッターの定義は以下の通りである[65]。

　マネジメント：人材と技術を管理する複雑なシステムを円滑に進行させる
　　　　　　　　ための様々なプロセス（計画の立案と予算策定、組織設計

と人材配置、統制と問題解決への取組など）

リーダーシップ：組織の将来がどうあるべきかという方向性を明らかに
　　　　　　　し、そのビジョンに向けてメンバーを動かし、必要な改
　　　　　　　革を実現する方向にメンバーを鼓舞するプロセス（方向
　　　　　　　性の設定、チーム同士の協力関係の構築、モチベーショ
　　　　　　　ンと意欲を高揚させる取組など）

　コッターも「8つの過ち」で指摘しているように、変革には大きな障害（抵
抗要因）がいくつもある。これに関して、上述したロビンスは「個人的抵抗」
と「組織的抵抗」とを分けて考察し、その克服方法についても言及してい
る[66]。以下に示そう。

　○個人的抵抗：個人レベルにおける変化への抵抗は、感じ方、人格および
　　　　　　　ニーズなどの基本的な人間的特性から生じることが多い。
　　　　　　　「習慣」を変えさせられることによる抵抗、「安全」を脅か
　　　　　　　されることに対する抵抗、「経済的要因」による抵抗、「未
　　　　　　　知に対する不安」から生じる抵抗、脳の「選択的情報処理」
　　　　　　　による抵抗。

　○組織的抵抗：本来、組織は保守的である。多くの組織は長年やってきた
　　　　　　　ことを継続したいと望み変化を嫌う傾向がある。
　　　　　　　「構造的慣性」から生じる抵抗、「変革の限られた焦点」か
　　　　　　　ら生じる抵抗、「グループの慣性（集団圧力）」による抵抗、
　　　　　　　「専門性への脅威」から生じる抵抗、「既存の権力関係に対
　　　　　　　する脅威」による抵抗、「既存の資源配分」が崩れること
　　　　　　　に対する抵抗。

　そして、ロビンスは、上述した抵抗を克服する方法として、「従業員が変
革の論理を理解できるようなコミュニケーション」「変革プロセスへの参加」
「カウンセリングや研修など支援の提供」「変革を受け入れることに対する報
酬」「学習する組織の構築」などを挙げている。

③ファシリテーション型リーダーシップ

これは、「メンバーの自律性を尊重し、一人ひとりに主体的な行動を促すことにより、議論を活発化させ、多くのメンバーの知恵や意欲を引き出すことで、集団としての成果を上げていこうとするリーダーシップ」である。ファシリテーションとは、会議やミーティングの場でアイデア出しや意思決定が効果的、効率的にできるよう話し合いの場の進行をすることである。

カリスマ型リーダーが「What」、変革型リーダーが「How」を重視する一方、ファシリテーション型リーダーは「What（何が問題なのか：問題意識の明確化）→ Where（どこが問題なのか：問題個所の特定）→ Why（なぜそうなっているのか：原因の追究）」のプロセス（特に「Why」）を重視する。管理者でありながら、地位や権利を乱用せずに中立の立場を維持し、「何が問題ですか？」「どこが問題ですか？」「なぜそうなっているのですか？」とメンバーに投げかけることで、メンバーは組織への参加意識を高め、メンバー同士も互いに刺激し合い、一人ではこれまで思いつかなかったような発想が生まれやすくなる。

ただし、誤解してならないのは、ファシリテーション型リーダーとは決して「単にメンバー任せの優柔不断なリーダー」ではなく、「状況に応じて、メンバーを『コントロールをしない』ということと『コントロールをする』ということの使い分けができるリーダー」である、ということである。

両者を使い分ける際に踏まえる状況としては大きく2つ考えられる。一つは「時間的緊急度」であり、議論に時間をかけられず、素早く適切な結論を見出さなければならないような状況では、強いコントロールが必要であろうが、時間的に余裕があるのであれば、コントロールはなるべくしない方がよい。

もう一つは「メンバーの議論に対する習熟度の高低」であり、メンバーたちに適切な議論ができる思考と高いコミュニケーションスキルが備わっているような状況であれば、コントロールはなるべくしない方がいいだろうが、それが低ければ、コントロールが必要となるであろう[67]。

④ EQ 型リーダーシップ

これは、「メンバーの感情の指針となり、共鳴を呼び起こしてメンバーの能力を引き出していくリーダーシップ」である。ビジネスの現場では、よく

「感性よりも理性」とか「感情よりも知識」と言われるが、EQ型リーダーシップはそれとは真逆に「理性や知識」よりも「EQ（＝こころの知能指数)」がリーダーシップでは重要とするものである。

　ここではEQ型リーダーシップ研究の第一人者であるダニエル・ゴールマンらの研究について見てみよう。

　ゴールマンらは、「感情」をリーダーシップにおける最も本来的かつ重要な要素だとする。リーダーがメンバーの感情を良い方向へ導けば、集団の良い資質を引き出すことができる。ゴールマンらは、これを「共鳴」と呼び、これを実践するリーダーを「共鳴型リーダー」とした。ちなみに、どんなにIQ（知能指数）が高いリーダーでも、集団の感情を悪い方向へ導いてしまうと不協和感が生じて、人々の能力を引き出す素地が蝕まれてしまう（これを実践するリーダーを「不協和型リーダー」とした）。組織の盛衰は、かなりの部分、リーダーが感情のレベルで適切に対処できるかどうか、すなわちリーダーのEQに影響されると彼らは見ている[68]。

　「リーダーシップとは、メンバーの仕事に対するモチベーションを鼓舞し、かつ、仕事の生産性を持続的に向上させるものでなければならない」と上述したが、EQの高いリーダーの場合、メンバーの仕事に対する興奮や楽観や熱意を喚起し、同時に協調と信頼の空気を醸成することによって、メンバーの能力を引き出すことが可能である。

　ゴールマンらはEQの高いリーダーには4つの不可欠な基本的要素が必要だと言う。それは「自分の感情を認識できること（自己認識)」「自分の感情をコントロールできること（自己管理)」「他者の感情を認識できること（社会認識)」「人間関係を適切に管理できること（人間関係の管理)」の4つであり、これらは緊密に連携し合っている[69]。

　リーダーには組織のメンバーの感情を理解するだけでなく自分自身の感情のコントロールも必要である。メンバーが気持ちよく働くために、リーダーにはメンバーの気持ちに寄り添い、お互いの気持ちのコンディションを管理することが求められる。

　ただし、EQ型リーダーとは決して「組織の雰囲気をよくするために、単にメンバーを甘やかしたり優しくしたりするだけのリーダー」ではない。ゴールマンらはEQ型リーダーシップを適用すべき状況に応じてタイプ分けしている。

例えば、組織に変革のための新しいビジョンが必要なときや明確な方向性が必要なときには「ビジョン型リーダーシップ」が向いており、共通の夢に向かって人々を動かすことによって共鳴を起こす。また、社員の長期的才能を伸ばし、パフォーマンスの向上を支援するときには「コーチ型リーダーシップ」が向いており、個々人の希望を組織の目標に結びつけることによって共鳴を起こす。さらに、組織内の亀裂を修復したり、ストレスのかかる状況下でモチベーションを高めたり、結束を強めたりしたいときには「関係重視型リーダーシップ」が向いており、人々を互いに結びつけてハーモニーを構築することによって共鳴を起こす[70]。

⑤サーバント型リーダーシップ

　これは、「スチュワードシップ（奉仕の精神）に基づいて構築されている組織において、良心に裏打ちされた道徳的感覚を有したリーダーがメンバーを支援し手助けすることで目標達成を目指すリーダーシップ」である。「サーバント」とは「執事（奉仕者）」を意味するが、ここでは「支援者」という意味合いが強い。リーダーが一方的に組織を動かすカリスマ型リーダーシップに比べ、このリーダーシップは、メンバーがより自立して発言・提案・行動しようとするところに特徴がある。

　近年、サーバント型リーダーシップに関する研究は多々あるが、ここでは1960年代から既にこの研究を始めていた、サーバント型リーダーシップ研究の第一人者であるロバート・K・グリーンリーフの研究について紹介しよう。

　グリーンリーフは、1977年に『サーバント・リーダーシップ』を著し、2002年に25周年記念版を出版しており、その前書きを『7つの習慣』で著名なスティーブン・R・コヴィーが書いているが、ここにサーバント型リーダーシップに関するエッセンスがたくさん詰まっているので、まずはこちらから見てみたい。

　コヴィーは不確実な現代においては、「人々に権限を与えて能力を高めること」、すなわちエンパワーメントが重要であると主張するが、それこそがサーバント型リーダーシップの意味するところである[71]。また、そうしたエンパワーメントがうまく機能するためには、それを育むための組織（構造・体制）が必要であり、さらにその組織体制が「スチュワードシップ」すなわ

ち「任された仕事を相手のために責任をもって遂行する奉仕の精神」によって構築されている必要があるとする。

　そして、サーバント型リーダーが他の人々と決定的に異なる点として、彼（彼女）らの心の中には「良心に裏打ちされた道徳的感覚」が宿っていると指摘する。その性質が決め手となり、「ただ機能する」だけのリーダーシップではなく、「持続する」リーダーシップとなり得るのである[72]。

　さて、ここからはグリーンリーフの考察に移ろう。グリーンリーフは、従来から議論されてきた「権限の源泉はどこにあるか？」という問いに対し、Ｃ・Ｉ・バーナードの「権限受容説」[73]を支持しているが、まずここにサーバント型リーダーの資質が必要になってくると考えている。つまり、従うに値する権限とは、フォロワーたちが自分の意志で意識的にリーダーに対して認めたものだけであり、サーバントとしての資質を明確に持っていることがリーダーの条件で、その資質の優劣に応じて、許される権限も変わってくる、と主張する。そして、こうした考え方が今後広まっていけば、本当に成長が見込める組織は、サーバント主導型のものだけとなると予測している[74]。

　では、サーバント型リーダーの資質とは何か。グリーンリーフは、それをいわゆるカリスマ型リーダーとは両極端のものだと言う。確かに、カリスマ型リーダーも「部下にカリスマと認知されることでリーダーはカリスマとなり得る」ので、「部下から認知されることで認められる」という点は同様であるが、サーバント型リーダーは、「相手が奉仕されることでより健康になり、より賢くなり、より自立した存在になっていく」という考えをするような人である。カリスマ型リーダーのように「最高の選択」をしようとするのではなく、「最良の（より優れた）選択」をしようとする。そして、その「最良の選択」は「自己洞察に基づく信念」に依存する。サーバント型リーダーは、他人が必要としているものは何かを考え、それを与えるために、相手の立場で考え、相手の気持ちを推し量ろうとするのである[75]。

　ただし、サーバント型リーダーとは決して「ただ奉仕をして、メンバー同士のコミュニケーションをやり易くするリーダー」ではない。それは、サーバント型リーダーシップの考えを広めるために設立されたNPO「グリーンリーフ・センター」の元所長ラリー・スピアーズの「サーバント・リーダーシップの属性」を見ても明らかである。スピアーズはその属性を「傾聴」「共感」「癒し」「気づき」「説得」「概念化」「先見力」「スチュワードシップ」「人々

の成長に関わる力」「コミュニティ創出力」の10項目である[76] としており、これを支持するならば、「メンバーのことを何でも聞くリーダー」とサーバント型リーダーとは似て非なるものであると言えよう。

⑥倫理型リーダーシップ

　以上、コンセプト理論に基づくリーダーシップ・スタイルを5つ紹介してきたが、一般的に「リーダーシップ」という言葉から連想されるリーダーは「カリスマ型リーダー」ではなかろうか。

　かつてアメリカで最も賞賛される経営者の一人としてよく挙げられていた、GEの元CEOであるジャック・ウェルチは、非常にカリスマ性があり、自らが求心力となって、メンバーの士気を高めたリーダーであったといえる。

　だが、カリスマ型リーダーの最大の欠点は、前述したように、後継者が育ちにくいということである。そのカリスマ性が高ければ高いほど、早い時期から後継者育成プログラムなどを組んで後継者を育てない限り、後継者は育たないであろう。

　カリスマ型リーダーを「攻めるリーダー」とするならば、それに対して、サーバント型リーダーのような「待つリーダー」もいる。「待つリーダー」の特徴は、部下の特性を細かく理解し、指示によるものではなく、部下自らが自分の能力を自らの手で「醸し出す」のを待つということである。部下が能力を醸し出せるような環境を整えたり、ヒントを与えたりはするが、答えは絶対に教えない。というよりも、リーダーが正しい答えを出せるとは限らないので、「教えない」のではなく、「教える答えがない」という方が正しいかもしれない。あくまで部下自身で、答えを考え出し、行動するのである。

　また、1990年代頃から、企業に対する消費者や社会の目が厳しくなってくると、経営者および管理者たちは、企業不祥事などにより、企業の評判に傷が入ると経済コストが高くつくと考え始め、企業倫理の必要性を考えるようになってきたため、「倫理型リーダー」の必要性が叫ばれるようになった。

　その結果、倫理型リーダーを志向する経営者が増えてきたが、企業倫理の側面からリーダーシップを考えた場合、上述したような「企業の評判を上げるための倫理」すなわち「自らの利益を確保するために意識される倫理」以外にも、「他者の利益にまで意識が及ぶ倫理」も存在し、倫理型リーダーにもタイプがあることが分かる。

　ここでは、まず倫理型リーダーシップのベースとなる2つの倫理（「契約倫理」と「啓発された自己利益倫理」）について概観し、事例として、「巣鴨信用金庫」を率いる田村和久理事長の「倫理型リーダーシップ」について見ていきたい。

1）契約倫理

　契約倫理とは、ハーバード・ビジネススクールのシニア・フェローである、ナッシュ（Laura L. Nash）が考案した概念である。これは個人的誠実さに裏づけされた倫理であり、「してはならないこと」に神経を集中するのではなく、道徳的、経済的双方の見地から「何を考えなければならないか、何を優先させなければならないか」ということを考え、そして実践できるリーダーを真の「倫理型リーダー」と考える。

　契約倫理は、自社の業績を上げたいという「利益動機（自利）」と、人々の間の信頼と努力を創造する「他人志向的価値観（利他）」とを矛盾なく融合する。それは、他者への奉仕を強調するし、また「気遣い（ケアリング）」といった非合理的側面も考慮する。そうした非合理的側面は、直接、自分たちと特に繋がらないことが明らかであっても、組織や課業への人々の安心感と献身を確保することになる。つまり、道徳的行為は、経営活動の経済的側面を活性化させる有効な媒介手段となり得るのである。

　契約倫理は、ビジネス的思考の中に、より共同体的な道徳性を持ち込むだけでなく、リーダーの自尊心の感覚を高める可能性を持っている。契約倫理の基礎は、「すべての人は尊敬し、奉仕するだけの価値がある」という信念であるが、それは、その人たちが自分にとって損か得かといった観点からの価値ではない。ナッシュは「これからのビジネスの最大の挑戦は、リーダーたちが口にする『善良なる意図』を顧客、社員および一般市民との深遠で具体的な契約に変換することである」と指摘した[77]。

　ナッシュは倫理的意思決定のための3つの条件として、（ⅰ）広範な倫理規範とビジネス志向的決定の統合、（ⅱ）個人や企業の自己中心性を超越した、他者への責任を動機づけるような心理的成就、（ⅲ）組織の健全性と経済的成功の視点からの、実用的で健全な経営決定を動機づける能力、を挙げている[78]。これらの3つの要因が適切に備わることにより、善良なるリーダーや企業が正しい根拠に基づいて、口だけでなく、実際に正しいことをおこな

う可能性が格段に高くなるのである。

2) 啓発された自己利益倫理

「啓発的自己利益の倫理」とは、端的に言えば「自分の利益のために良いことをする倫理」ということである。「このモデルは、他人を助けることがどんなに自分を助けることになるかの複雑な計算をして、経営における道徳的ジレンマを解消するという点で、『契約的企業倫理』とは全く異なる」とナッシュは言う[79]。

「啓発的自己利益の倫理」を信奉するリーダーたちは、自分に利益をもたらさないと判断した場合には簡単に倫理的活動をやめる。生命の危機的状況におかれた個人が、最も基本的な道徳教義でさえ、生存の名のもとに破ってしまうのと同様に、そのリーダーは「そうしなければ会社はつぶれていた」という過度の経済的使命感から、彼（彼女）らが口にしていた道徳的献身とは逆の内容の活動を正当化するようになる。

啓発的自己利益倫理を信奉するリーダーは、もし、倫理が即座の金銭的利益をもたらすものと見られない時には、倫理を、金銭的コストの観点、例えば利益に対する制約とみなす。したがって、そのモデルに則った企業は、法律を正しいと判断するゆえに従うのではなく、それが自社の利益を減少させる罰則を課すことができるゆえに従うのである[80]。

では、ここで啓発的自己利益倫理モデルの欠点について考えてみよう。

啓発的自己利益倫理の意図は、効率を向上させることであり、多様な倫理的考慮を利益追求目的の方向に向けることであるが、実際には、啓発的自己利益倫理の成果は、かなり限られたものとなる。

啓発的自己利益倫理は、自分の得になることを考えて他者のために何かをする。したがって、このモデルは、利益が保証される場合にのみ役に立つ。ということは、道徳規範が自己に何も利益をもたらさないような場合には、このモデルは他者への献身を強力に動機づけることはないし、利益を生み出すこともないことになる。しかし実際には、確定した利益の保証がなくても、道徳規範に則った行動は生じ、しかも、「結果的に」それが利益を生み出すということは十分あり得る。

例えば、あなたが自動車を購入しようと思い立ち、ショールームへ行ったとしよう。あなたが店で車を見ていると、男性販売員が寄ってくる。「どう

いった車をお探しですか」と尋ねてくる。あなたは自分の要望を伝える。すると、彼は、店に飾ってある車をまわりながら、あなたの感触を確かめる。しかし、あなたの要望にピッタリと合う車が見当たらないことがわかった彼は、いろいろとカタログを持ってきて親切に説明を始める。そこで、しばらくの間、あなたと彼との間で意見の交換があり、彼は現在のところ、自分の店にはあなたの要望に合う車がないことを悟った。

　ここから、「啓発的自己利益倫理信奉者」と「契約倫理遂行者」との違いが出てくる。

　まず、前者の立場に立つ販売員の場合を考えてみよう。彼は、ここで何とか車を売ろうと説得を始めるであろう。そして、あなたの要望とは合わないが、その店で用意できる最もあなたの要望に近い車を売りつけようとするであろう。つまり、それまでの彼の施した「親切」は、「何としてでもこの客に車を売って、利益をあげる」という目的に基づいた計算されたものであったのである。あなたは、その「強かな親切」に騙されて（例えば、仕組まれた「値引き」などに気を良くして）車を買ってしまうとする。販売員は、車を売ったことに対して満足感を覚え、車を売るという使命感に応えた自分の行為に誇りさえ感じるかもしれない。しかし、案の定、あなたはしばらく経って本当はこれが欲しい車ではないことに気づいた。もちろん、それはあなたの意思決定に問題があったのであるが、あなたは自分を責めるよりも販売員、ひいてはその会社を恨むであろう。

　実際、顧客とは、非常に感情的なものである。あなたは、もしかしたらそれを悪意のある口コミで広げるかもしれない。その販売員は、確かに１台の車を売り、短期的には利益を上げた。しかし、ただそれだけのことである。いや、ネガティブな口コミが広がることにより、逆に損失をもたらすことになるかもしれない。

　では、後者の「契約倫理」に基づいた販売員はどういう行動に出るか。彼は、あなたの話をじっくり聴いた結果、「残念ながら、現在のところ、当販売店にはお客様のご要望に沿うような車は置いてありません。しかし、お客様のニーズはよく理解いたしましたので、それは必ずメーカー側に伝えておきます。また、近々、新車発表会がございますので、もしかすると、そこでお客様のご要望に合った車をご用意できるかもしれません。今後とも、どうぞよろしくお願いいたします」という類のことを言い、車を無理に押しつけ

たりはしないであろう。

　そこでの「親切」は、「利益」を意図するものではない。それは「顧客のために役に立ちたい」という気持ちから出ているものである。それは、販売員の「誠実さ」から出た自然な表れである。その行動を見たあなたは、彼を「お人好し」と思うであろうか。あなたが、もし、彼の誠実さを実感したならば、あなたは、彼を信頼し、彼の名前を記憶するかもしれない。そして、あなたは、その後も彼とコミュニケーションをとる過程で、自分の要望を多少変えてでも、その販売店で車を購入しようとするかもしれない。

　やはり顧客とは、感情的なものなのである。そして、あなたは、善意に満ちた口コミを広げるかもしれない。その販売員は、その誠実さによってあなたの信頼を獲得し、また他の多くの顧客を手にすることで、「結果的に」自社の利益に貢献することになるのである。つまり、「三流の営業パーソンは商品を売ろうとするが、一流の営業パーソンは信頼と誠実さを売る」ということである。

　啓発的自己利益倫理に基づくリーダーは、生き残ることのみにとらわれることで、他者に対する道徳上の義務を、ちょうど溺れかけている人が体裁に構っていられないのと同じようなものだとメンバーに思わせてしまう。

　啓発的自己利益倫理モデルは、結果を文字通り「結果的」に考えるのではなく、「何よりも先」に考えるという志向に基づいている。そして、企業が数値データを極度に信頼することにより、その見方が強化されている。それは、道徳的手段の重要性に対する感覚を、そしてビジネスを確実な方法でおこなうことの重要性に対する感覚を鈍くする。

　このモデルのリーダーは、販売グループに、より多くの努力を動機づけるために、より高い販売目標を提示する。また、経営者層は、目標達成に応じた歩合制ボーナスと部門に対するボーナスを支給するといった報酬システムを作り上げることによって、利益の重要性をさらに高める。そして、現場の営業パーソンはそれに従って行動する。しかし、全体的長期的販売の真の成功とは、究極的には顧客への奉仕と相関関係があるということ、そして正直さや公正さが、顧客の信頼を獲得するための不可欠な要因であるということを、彼（彼女）らは十分に認識する必要がある。

　啓発的自己利益倫理モデルを信奉する経営者およびリーダーは、自分が会社に対して正しいことをしていると信じさせるためならば、何の良心の呵責

も感じずに、他者に対して鬼畜になることができる。ひとたび基本的な管理上の義務としての行動を負わされると、日常の道徳規範など、すぐに意識の外に追いやられてしまうのだ。しかし、この姿勢は、長期的な献身を必要とするグローバルな市場では不向きであり、また有効なパートナーシップを結ぶにあたっては大きな障害となるであろう[81]。

3) 巣鴨信用金庫[82] 田村和久理事長の倫理型リーダーシップに基づく経営

　巣鴨信用金庫の田村和久理事長は、1997 年に理事長として就任以来、自らの業種を「金融業」ではなく「金融サービス業」と位置づけ、「ホスピタリティバンク」を目指して様々な改革をおこなっている。

　同信用金庫の改革について説明する前に、同信用金庫が大切にする 3 つのキーワード[83] について見ておきたい。

（ⅰ）喜ばれることに喜びを

　これは、同信用金庫のモットーである。一人ひとりの職員がこれをモットーとして行動すれば、必ず「感動の連鎖」が起こると信じている。同信用金庫では、この「喜ばれることに喜びを」というモットーが、あらゆる価値観の前提になっている。

　彼（彼女）らが大切にするのは、まずは「お客」、そして「地域社会」。同信用金庫は、相互扶助の精神のもと、「皆の力で地域を良くしよう」と、地元住民によって設立された地域金融機関である。したがって、同信用金庫の業績ばかりがどんなに良くなっても、お客や地域社会に喜んでもらわなければ、自分たちの存在理由はないと考える。

　まずは「お客に喜んでもらう」のが先で「自分たちが利益や業績を上げる」のは後、というスタンスなのである。お客に喜んでいただくことができていれば、自然に「利益は後からついてくる」という考え方（先義後利）がその根拠としてある。まさに「ご利益（ごりやく）」の発想である。

　彼（彼女）らは、自らを「信用金庫人」と称し、舞台の「黒子」に見立てる。「主役」であるお客や地域の幸せづくりの手伝いをすることこそが、自分たちの「あるべき姿」であるという考え方に徹している。

　そして、もちろん「職員」の「働く喜び」も大切にする。同信用金庫は働く喜びを互いに分かち合いながら、「勤めて良かった」と思える、つまりエ

ンゲージメントの高い金融機関を目指している。

（ⅱ）ホスピタリティ

　今ではよく聞かれるようになった「金融サービス業」という言葉を、全国の金融機関で最初に掲げたのは同信用金庫である。それは、田村が理事長に就任した1997年のことである。その後、多くの金融機関が「金融サービス業」を掲げてきているが、それらは金融機関特有の「上から目線」の体質からの脱却を図り、全ての業務を「お客目線」で再構築していこうという、同信用金庫の掲げた「金融サービス業」とは大きく異なるものであった。

　そこで、同信用金庫は2004年に「金融サービス業」よりも、さらに高みを目指そうと「ホスピタリティ」[84] を掲げた。ただし、彼（彼女）らの考える「ホスピタリティ」は、世間で訳されることの多い「おもてなし」ではない。「おもてなし」というと、制服を着ている勤務時間中だけのものになってしまうと彼（彼女）らは考える。

　彼（彼女）らにとって「ホスピタリティ」とは「人に対する優しさと思いやりを心根に持つこと」である。つまり、お客に対してだけではなく、仲間や家族、周囲の人たち、誰に対しても、自然に温かい心、優しい気持ちで接することなのである。

　メガバンクや地銀とは異なった、地域に根差すという信用金庫の創業の精神、生い立ち、使命、お客とかかわる時間を考えると、本来、「ホスピタリティ」は信用金庫に関わる全ての職員が最も大切にしなければならない言葉であり、心根なのであると彼（彼女）らは考えている。同信用金庫の職員一人ひとりが人の痛みがわかり、喜びや悲しみに共感できる感性を大切に持ち、未来永劫、地域の人々とともに歩んでいこうとしている。

（ⅲ）年輪経営

　同信用金庫は1922年の創立以来、一度の合併・統合もなく2022年に創業100年を迎える。4百数十万社ある日本企業の中で創業100年を超える企業は全体のわずか0.5％（約2万2千社）。こうした企業に共通するのは、「創業の精神を活かす経営」「一意専心の身の丈経営」「変化に対応できる経営」「『王道』を歩む経営」などにこだわるという点である。

　100年の間には、様々な困難が立ちはだかったはずだが、このような企業

哲学をしっかりと持って乗り越えてきた「100年企業」であれば、もはや多少のことでは倒れることはない。同信用金庫も、樹木の成長のように長い時間をかけて地域とともに成長しており、長い時間をかけて年輪を刻んできた樹木が折れにくいのと同様に、彼（彼女）らも倒れにくい体質になっているのである。だから、彼（彼女）らは身の丈に合わない急激な成長は望んでいない。

　同信用金庫では、目先の利益や業績だけを追いかけず、急成長も望まず、長期志向の時間軸の中で活動をしていかなくては「本物の信用金庫」としての使命は果たせない、という想いから「年輪経営」という理念を掲げた。彼（彼女）らは「創業の精神」を年輪の中心に据え、何があっても決してブレることのない経営をおこない、毎年、一回りひとまわり確実に成長し続ける企業を目指している。

　さて、以上が同信用金庫の3つのキーワードであるが、まさしくこれらは同信用金庫のバリュー（行動指針）にほかならない。これらのバリューを見てもわかるように、同信用金庫の経営は非常に「倫理的」であり、その陣頭指揮を執る田村理事長のリーダーシップが「契約倫理」に基づく「倫理型リーダーシップ」であることは言うまでもない。以下に、田村理事長の倫理型リーダーシップによって変革された点をいくつか紹介したい。

○迅速な融資回答

　同信用金庫では、短期融資も長期融資も、支店長決裁の案件なら3日、本部稟議が必要な案件でも5日で回答する。実は、田村理事長はかつてフランス料理店の経営者として融資される側に立った経験がある。その経験から「迅速な融資回答」の必要性を痛感し、実施しているわけであるが、これを円滑におこなうために、ⅰ）決済のための重役会議を週1回から週3回に増やし、ⅱ）会議の判断を出来る限り多角的におこなえるように、現場の営業パーソンたちが足を使って多数の取引先を訪れ、経営者がどのような経営理念や経営方針を持っているか、職場の雰囲気はどうか、ホワイトボードに仕事がたくさん入っているかなどの情報を収集して、融資の相談があった場合などに迅速に対応できるようにしている。

　通常、融資の審査は、稟議の形でおこなわれる。一般的な金融機関では、

審査のための稟議書が融資の申し込みを受けた担当者によって作成されてから、最終決裁者のところで最終決裁されるまでには、多くの回覧を経ることになる。途中でストップするケースも多くあり、それは融資回答が遅れるということを意味する。借り手としては、もし融資がダメとわかれば別の金融機関に相談できるので、一日でも早い融資回答を望んでいるが、そうしたことに意識が向かない「上から目線」の金融機関は多く存在する（遅いところでは１か月近く待たせるところもあるという）。

　ホスピタリティ精神が豊かな同信用金庫の「迅速な融資回答」がいかに倫理的であるかということがわかるだろう。

○接客は必ず立つ

　接客は必ず立っておこなう。多くの金融機関では、預金の窓口などで、客であるこちらが立っているのに、サービスを提供する側の行員や職員が座って接客している。我々はそれに慣れきっているが、よく考えれば確かにおかしな話である。「サービス業のなかで、座って接客するのは金融機関くらいだが、それは『驕り』があるということの証である。サービス業を営む者として、立って接客するのは当然のこと」と田村理事長は言う。

○ ATM の手数料無料化

　1999 年 2 月から、ATM の入出金手数料を 365 日（平日：8 時〜21 時、土・日・祝日：8 時〜17 時）無料化している。きっかけは、「自分の金をおろすのにどうして手数料がかかるのか」という預金者の一言であり、無料化に踏み切った。金利、手数料が自由化の現在でも、大手金融機関では「横並び金利・手数料」が横行している。メンテナンスの費用が平日よりもかかるという理由で夜間や土・日・祝日に手数料をとる金融機関が多くあるが、多くの預金者は仕事終わりの夜間に ATM を利用することが多く、また週休二日制でない企業も多数あり、そうした人たちが金融機関の都合で手数料をとられるのでは、サービス業の看板が泣くというものである。普通預金の年利が 0.001％で、100 万円を 1 年間預けても 10 円にしかならない現代において、預金者から 1 回につき 200 円近い手数料を取るという発想は、やはり「上から目線」と言わざるを得ない。

　ちなみに、同信用金庫が手数料収入をとったとすれば、年間 4000 万円に

ものぼるそうである。同信用金庫はこれを「サービス」に転化しているのである。しかし、実際は、このサービスにより、地元の人気が高く、預金者は年々増えている。だが逆に、「無駄な」コストは徹底的に削減している。この発想も非常に倫理的であると言えよう。

○サービスデスクアフター3

　近年、サービス業では、24時間フル稼働し、土日も営業している企業が多い。それなのに金融機関の営業時間だけは9時から15時である。そこで同信用金庫は閉店後もATMコーナーに机とイスを置いて、窓口と同じサービスを18時まで提供するようにし、通帳の繰越や税金の支払いをはじめ、すべて窓口と同じ対応をおこなってきた。

　インターネットの普及やIT技術等の進展により社会環境が大きく変化していることから、2018年3月30日でこのサービスは終了したが、これも同信用金庫のホスピタリティに基づいたサービスの一つであったと言えよう。

○「おもてなし処」を始めとした地域との繋がり

　1993年から本店行内に「おもてなし処」という休憩所を設置し、預金者である無しを問わず、お茶や煎餅を無料で出し、街の憩いの場として活用してもらっている。寄席や催し物などもある。

　きっかけは、商店街から「地元縁日のお参りに来た方たちのトイレが足りなくて困っている」という話を聞いたからだという。巣鴨にある高岩寺（いわゆる「とげぬき地蔵」）の縁日は、毎月4日、14日、24日に開催されるが、その日は商店街にずらりと露天が並び、平日なら4万人、休日と重なれば8万人もの人が集まるという。800メートルほどの長さの商店街にこれだけ多くの人が集まるのだから確かにトイレは足りないだろう。そこで、毎月、休日を除いた4のつく日には、本店3階をまるまる開放し、椅子とテーブルを用意してお茶や煎餅を配る。落語も午前と午後で1回ずつ、各1時間程度おこなう。

　また、2009年からは年に2回「すがもビジネスフェア 四の市」を開催し、同信用金庫が地域の「イイモノ」を紹介している。毎回約3,000名が来場し、地域事業者と地域住民を繋げる場となっている。

　さらに、「すがもチビッ子SOS」という取組をおこなっており、地域の子

どもたち、子育て中の母親などが困りごとがある際に、「安全地帯」「緊急避難場所」として、同信用金庫全41店舗（営業時間内）を利用できるようにしている。各行政機関と連携しながら地域の機能としての定着化を図っている。

　以上のような取組は、メリットをあてにするのではなく、「地域に密着したサービスを提供するのが信金の役割」との想いから続けているという。まさに、「啓発的自己利益倫理」ではない、「契約倫理」をベースとした倫理型リーダーシップの発想である（なお、コロナ禍の現在、これらのサービスは休止中である）。

　また、住宅ローンなど約定どおりきちんと返済したお客には、完済月に支店長と担当者がフラワーアレンジメントを届け、感謝の気持ちを伝えるようにしている。「完済したから、もうお客ではない」というスタンスではない、同信用金庫のホスピタリティをここでも感じる。

　多くの商店街が「シャッター通り」化していくなか、巣鴨地蔵通り商店街は活気に溢れている。その最も大きな要因は、もちろん商店街の熱心な取組や工夫にあるだろうが、巣鴨信用金庫がこの地域の取組を中核的な金融機関として支援し、商店街とともに育つというスタンスを徹底化している、ということもまた大きな要因であろう。

6. CRM

　CRM（Customer Relationship Management）とは、顧客を正確に把握し、その価値観を充足させ続けることであり、顧客に必要とされる関係を構築、維持し続ける経営手法を意味する。

　CRMを目的、戦略、戦術の3つの観点からまとめると、「目的：顧客価値の最大化」「戦略：顧客ロイヤルティの形成・維持」「戦術：顧客とのリレーションの形成・維持のための適切なコミュニケーションの創出」となる[85]。

(1) 目的：顧客価値の最大化

　顧客価値とは、一人の顧客から得られる売上や利益を意味する。つまり、

多くの顧客に買ってもらうという観点に立った「市場の中での顧客数を重視する」考え方ではなく、一人の顧客から「何度も」「たくさん」買ってもらう、つまり「当該顧客の中でのシェアを重視する」という観点に立った考え方である。したがって、顧客価値の最大化とは、「当該顧客シェアを最も高い状態に保つ」ということであり、これが「CRM の目的」である。

(2) 戦略：顧客ロイヤルティの形成・維持

　顧客価値を最大化するためには、顧客に企業やブランドを選び続けていてもらわなくてはならない。それが「CRM の戦略」である、「顧客ロイヤルティの形成・維持」である。

　顧客ロイヤルティとは、当該ブランドに対する顧客の強い思い入れである。顧客にロイヤルティが形成されると、当該ブランドを繰り返し購入したり、良い評判を周囲に広めてくれたり、企業にとって好ましい行動をとってくれる。

(3) 戦術：顧客とのリレーションの形成・維持のための適切なコミュニケーションの創出

　顧客ロイヤルティを生み出すのは、顧客とのリレーションシップである。「CRM の戦術」とは、この「顧客とのリレーションシップを形成あるいは維持するコミュニケーションの創出」である。

　このコミュニケーションを促進させるものとして、最近注目されているものに、「クレーム対応」がある。

　クレーム対応は「クレーム処理」とは異なる。後者が一方向的・事務処理的な方策であるのに対し、前者は双方向的・フォローアップ的な色彩が強く、その対応の仕方によっては、顧客との間に信頼関係を構築する布石ともなりうる。

　経営活動はヒトの営みである。ヒトがやることなので、当然失敗は起こりうる。つまり、クレームはどの企業にも「存在する」ものなのである。しかし、多くの企業、特に大企業ほど「失敗はもとよりクレームなどあってはならない」とし、それを隠そうとする。ブランド価値が下がると考えるのかも

しれない。

　しかし、多くの場合、顧客が敏感に反応するのは、失敗やクレームの内容というよりも、それを正直に正そうとしない企業体質に対してである。「顧客の視点」ではない、「企業の論理」による思考パターンが、その人間的な感覚を麻痺させている。

　一方、「クレームは起こりうるもの」という前提を持ち、失敗を反省し、それに対してのフォローおよび対応策を徹底的に追求していく企業も増え始めている。そうした企業は、「顧客満足分析」ならぬ「顧客不満分析」をおこなううちに、顧客の「かゆい所に手が届く」ような施策を次々に考え出し、顧客の信頼を獲得しているのである。

　CRM はマーケティング戦略の一環であるが、マーケティングは、時代の変化につれて以下のように進化してきている[86]。

①マス・マーケティングの時代―市場が拡大するので、シェアはそのままでも、売上は増加

　需要が供給を上回り、物をつくれば売れた時代においては、生産が自動的に販売に繋がり、どれだけつくれ、どれだけ売れたかが重要であり、どのような人が買っているかは全く感知されなかった。製品開発力、および生産力が競争力の源泉であり、それがそのまま市場を確保する力であった。

②ターゲット・マーケティングの時代―市場の拡大が見込めないため、売上増加のためにはシェア拡大が必須

　成熟経済の時代になると、需要と供給のバランスが逆転し、消費者が選択する権利を持つようになった。企業は、自社の顧客がどういう人々で、彼（彼女）らが何を求め、どうすれば満足するかを探り、多様化、細分化したニーズに対応して、ターゲットに合わせた商品政策や、プロモーション活動をおこなうようになった。この時代、企業にとって重要なことは「販売促進」であり、各商品のターゲットに向け、広告などで商品認知をさせ、消費の場面で、商品を想起させ、購買させるということに力点が置かれていた。企業にとって重要なのは市場シェアであり、重要関心事は、自社のポジショニングであった。

③ CRM の時代─新規顧客獲得のコストが高騰し、シェア拡大策が非効率。よって、CRM が必要となってくる

　成熟経済が進行すると、消費者に物が行き渡り「物が売れない時代」になった。そのような時代に従来のターゲット・マーケティングの手法は費用対効果の面で、非効率な手法といわれるようになってきた。なぜなら、新規顧客獲得が従来よりも困難になり、ダイレクトメール[87]にせよ、直接的な営業にせよ、そのコストが高騰してきたからである。

　バブル期に消費を学んだ消費者は、自分にとって価値があるもののみを購入するようになった。これまでのように、広告でよく知っているとか、新製品だからとか、安いからとかいった理由だけで、消費者はアクションしなくなってきている。そのため、新規顧客獲得は難しい課題となり、そのコストは上昇しているのである。そこで登場してきたのが CRM である。

　上述したように、企業は、マス・マーケティングからターゲット・マーケティング、さらに「個客」重視へのシフトにつれて、製品中心主義から、顧客中心主義に転換し、顧客について深く知ろうとすることに力を割くようになった。そのプロセスにおいて、1）新規顧客を獲得するコストを計算したら、それは既存顧客維持の何倍にもなっていた、2）自社の売上のほとんどは、実はほんの一握りの顧客によりもたらされている、ということに気づいた。

　まず、1）についてであるが、マーケティング活動は大きく分けると、アクイジション（顧客獲得）とリテンション（顧客維持）の 2 つのフェーズに分かれる。近年、特に、時代背景の変化により、アクイジションのコストが高騰している。CRM における理論に「リテンションとアクイジションの 1 対 5 効率」というものがある。数多くのケーススタディから、「一般的に、アクイジション・コストは、リテンション・コストの 5 倍かかる」ことが証明されていることから出てきた理論である。この理論は、顧客を維持することがいかに重要であるかということを示している。

　2）は、CRM の考えの基本になるものであるのと同時に、マーケティングや経営戦略策定に広く使われている考え方で、「パレートの法則」[88]に基づいている。これも、「リテンションとアクイジションの 1 対 5 効率」同様、数多くのケーススタディから発見された、「一般的に、上位 20％ の優良顧客が売上の 80％ を占めている」という経験則である[89]。

図表Ⅱ-25 パレートの法則

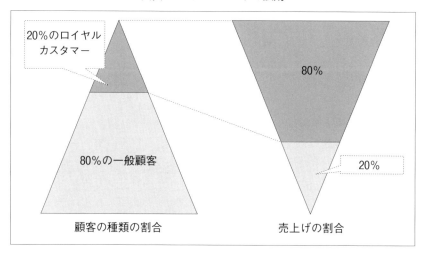

20%のロイヤルカスタマー

80%の一般顧客

顧客の種類の割合

80%

20%

売上げの割合

　CRMとは、顧客にとって「平等（誰に対しても同じサービス）」ではなく、「公平（貢献度に応じて変わるサービス）」な戦略であるといえる。これまで多くの企業は「すべての顧客」を平等に見ようとしてきたが、それは見方を変えれば、「優良顧客（ロイヤルカスタマー）」を不公平に扱ってきたといえるのである。

　1ヶ月に数千円しか買わない一見客と数十万円使うリピーター顧客に同じサービスを提供することは「平等」ではあるが「公平」ではない。企業への顧客の貢献度により、差別化してサービスを提供することが真に「公平」であると、企業は気づき始めてきた。

　また、この「貢献に応じたサービスの差別化」は、パレートの法則を適用すれば、企業にとって大幅なコスト削減に繋がる。これまでは「すべての顧客」の個々のニーズに応えようとしてきたが、それには当然「20%しか企業の売上に貢献していない80%の一般顧客」への対応も含まれており、これは非常に効率の悪いコストのかけ方である。それに気づき始めた企業は、「80%の売上に貢献する上位20%の優良顧客」に対して、より満足を獲得するようなサービスを提供し、その忠誠度をさらに高めていくという戦略を策定し始めたということである。

　以上のことから、優良顧客が重要であるということはわかった。では、そ

の優良顧客を企業はどのようにして識別していくのか。最もよく知られている方法は、百貨店やコンビニ、レンタルショップなどが発行している「ポイントカード」である。「ポイントカードシステム」とは、顧客情報をデータベース化し、一定のポイントが貯まると、そのポイントに応じてサービスを提供するシステムである。データベース化された顧客情報が細部にいきわたっていれば、サービスの内容も顧客に、より対応した形で提供することが可能となる。

　これまでは、ロイヤルティ（loyalty：忠誠度⇒ブランド支持度）の高い顧客（利用頻度の高い顧客）も一見客も「差別しないこと」が良いことであり、顧客もそれを望んでいると考えられてきた。しかし、CRMとは、ロイヤルティの高い顧客には一見客とは異なるサービスを提供し、さらにロイヤルティを高めてもらうよう努力し、一見客にはロイヤルティを持たせるようなサービスを段階的に提供していくという戦略なのである。

　優良顧客を識別する方法としては、第Ⅱ部第3章第1節で紹介した「RFM分析」もよく用いられる手法の一つであるので参考にしてほしい。

　先に、CRMの戦術の具体例として「クレーム対応」を挙げたが、以下にその事例として、高知市に本社を置き、総合ビル管理を手がける「四国管財」（1962年設立、社員数620名《パートタイマー含む、2020年3月現在》）を紹介したい。

　四国管財は、総合ビルメンテナンス会社として、オフィス、ショッピングセンター、病院などのビルクリーニング、病棟事務、看護師や患者のサポート業務、警備、設備管理など、ビル管理業務全般を手がけている。

　ビルメンテナンスといえば、いわゆる3K職場で離職者も多いというイメージを抱く人もいるかもしれないが、同社は、徹底的に働きやすい職場を目指すことで、社員の信頼を得ており、それが社員の能力の向上へと繋がり、結果として顧客から高い評価を得て、業績を上げている。

　同社の特徴は、何と言っても「迅速なクレーム対応」である。多くの企業がクレームを恥あるいはブランド価値を下げる要因と考え、隠したがるのに対し、同社はそれを「ラッキーコール」と呼び、自らを成長させる「宝」だと位置づけている。まさに「逆転の発想」である。

　もちろん、顧客からのクレームは無いに越したことはない。しかし、この世にパーフェクトな存在などないし、そもそもクレームというのは非常に感

情的なものも多々あるため、それを100%無い状態に保つことなどは不可能なのである。むしろ、クレームが出現した際に、それにどれだけ正面から向き合い、取り組み、解決するかが重要であり、その解決策によっては、逆に相手から評価されることもある[90]。

そのようなスタンスから、同社は徹底的に現場からクレームを吸い上げるようにした。しかし当初、現場では自分の失敗が表面化することを恐れ、社員の抵抗が強かった。そこで、中澤清一社長（現会長）はじっくりと時間をかけて社員たちを説得し、クレーム報告をすることは悪いことではなく、むしろ顧客満足を高めていくための「宝」になるという認識を浸透させた。すると、2000年に5件しか出ていなかったクレームが、翌2001年には196件、2004年には344件になり、この15年間で3500件にのぼっているという。

この数字が表しているのは、実際は2000年にも多数のクレームがあったにもかかわらず、それが表面化されていなかったという事実であり、もし同社がこの「クレーム対応改革」をおこなわなかったら、顧客はずっと不満を抱き続けていたということになる。となると、他に価格面やサービス面でよりよい企業が現れれば、すぐにそちらに乗り換えられてしまうであろう。

クレームがまだ社員からあまり上がってこなかった頃の面白いエピソードがある。ある日、一人の社員がある重要な取引先の支店長室で、机の上を拭いていて高価な壺を除けようとしたとき、誤って落として割ってしまった。しかし、中澤はその社員を一切責めず、全額を会社負担で弁償し、しかも他の社員たちの前で、「よく壺を除けてまで拭こうとした」と、その社員のマイナス面を注意するのではなく、プラス面を見つけて評価したのである。

中澤には、とにかく「現場からクレームを出してもらいたい」という想いがある。もし、ここでクレームの責任を社員に押しつけて社員を責めてしまったら、その社員だけでなく他の社員も「あんな風に叱られたくない」と感じ、積極的にクレームを報告することをためらうであろう。

この中澤の行動の背景には「クレームの原因は社員にではなく会社にある」という考え方がある。「道具が悪かった」「教え方が悪かった」「本人がきついのに気づいてあげられなかった」…同社はこのような考え方を経営の根幹に据え、社員が安心して働ける環境を整備しているのである。第Ⅰ部第1章第1節で説明した「インサイド・アウト」あるいは「主体変容」の考え方である。実際、クレームが生じたとき、会長あるいは社長自らがすぐに謝

罪に向かう（会長、社長の正式な肩書は、「お客様係＆取締役会長」「お客様係＆代表取締役社長」となっている）。トップ自ら謝罪に来られた取引先は逆に恐縮し、「何か問題が起これば隠さずすぐに対応する会社」ということで信頼度が増すという。

　上述したエピソードからは、イソップ寓話の「北風と太陽」を思い出す。叱責によって社員の行動を正そうとすることももちろん考えられるが、同社はそれにはデメリットの方が大きいと考える。

　壺を壊した社員の心理は、恐らく「きっと叱られるだろう。当然、弁償もしなくてはならないだろう。大事なお客さんだから、下手をすればクビになるかもしれない」と、不安で一杯であっただろう。そこでもし叱責していたら、「やはり思ったとおり叱られた。今回は大きな事件だったから隠したくても隠せなかったが、これからは小さなクレームもなるべく報告しないようにしよう」となる可能性が高くなる。

　しかし、実際は、叱責ではなく、思いもよらない対応をされた。そのような対応を会社からされて、その社員は「しめしめ、叱られずに済んだ」と思っただろうか。いや、きっと「会社は自分のことをこんなにも大切に思ってくれている。二度と失敗はしないようにしよう」と自分の行動を、自分で戒めるようになるのではないか。

　会社が社員を大切にすれば、社員も顧客を大切にしようとする。同社の社員はとにかく迅速に顧客からのクレームに対応しようとする。

　顧客からのクレームや社員からの相談は、まず本社の「スマイルサポーター」に入ってきて、それが「お客様係」に伝えられ、そこで対処方法が数分で決定される。そして、可能な限り早く現場に駆けつけて、適切な対応をとる。クレームは、社内の専用ソフトで、会長、社長も含めて「お客様係」全員の端末に配信され、全員でそのクレームを共有できるようになっている。解決後は、そのクレームについて、現場社員も交えて、なぜそのクレームが生じ、どのように解決したかの情報共有をする。このようにスピーディで的確な対応がとれることから、銀行、病院、大手企業など、優良な顧客に満足されている。

　このような徹底的なクレーム対応をおこなえば、その対応に満足した顧客が、同社に別の顧客を紹介するようになる。実際、四国管財では新規開拓営業は一切やっていない。その分の時間を徹底的なクレーム対応に充てている

のである。実際、同社のクレーム対応は365日24時間体制である。新規開拓はやらなくても新規顧客はどんどん増える。しかも、彼（彼女）らは同社のサービスに納得した「ロイヤルカスタマー」からの紹介客なので、ただの新規顧客ではない。当初から「信頼」が備わっている新規顧客である。

　通常、新規顧客というのは、上述したアクイジション・コストはもちろんのこと、こちらを信頼させるコスト、逃げられないコストも多く必要になる。しかし、当初から信頼されているということは、その新規顧客は新規でありながら、すぐにロイヤルカスタマー化する可能性が高いのである。

　したがって、同社のクレーム対応は、「パレートの法則」と「リテンションとアクイジションの1対5効率」をよく理解し、「ロイヤルカスタマーを満足させることによって売上を伸ばし、彼（彼女）らが新たな顧客を連れてきてくれることによって新規開拓営業のコストを抑え、さらにその新規顧客がすぐにロイヤルカスタマー化する」ということを実現した、非常に考えられた仕組みということがわかる。

④新規顧客獲得に関する近年の動き―MA（マーケティング・オートメーション）

　さて、ここまでCRM戦略について、特に「既存顧客（優良顧客）」の維持の重要性に着目して説明してきた。「リテンション（優良顧客の維持）とアクイジション（新規顧客の開拓）の1対5効率」という考え方を支持すれば、確かに「優良顧客の維持」は効率的であるが、近年、インターネットの普及やデジタル技術の進展により、「新規顧客の開拓」も以前に比べてかなり低いコストで実現できるようになってきている。要するに、従来のように企業側が足を使ったり電話を使ったりして営業を仕掛けていくのではなく、顧客の方が検索エンジン等を使って商品やサービスを探したり、購入したりするという状況が生まれており、企業としては顧客のそうした動きに合わせて、インターネットやデジタルを活用した手法を開発・利用することができれば、低いコストで新規顧客を引きつけることが可能となるのである（もちろん、既存顧客の維持に関しても同様である）。その手法の一つが、「MA（マーケティング・オートメーション）」である。

　MAとは、「Web広告やSNSなどの様々な施策で獲得した見込み客（リード）情報や企業が保有する顧客データを一元的に管理し、一人ひとりの状態

をスコアやフラグによって選別しながら、事前に設定したシナリオで、適切なコンテンツを適切なタイミングで届けることにより育成し、見込み度を上げたうえで営業やコールセンターへ引き渡したり、来店促進施策やオンラインでの購買活動促進などの施策を自動化したりする仕組みのこと」である。

　流れとしては、特定の属性を保持するユーザーが、あるアクションを起こした際、そのユーザーに対して、デジタル広告・メールマガジン・アプリプッシュといった複数のチャネルをまたいで段階的にコミュニケーションを図り、リードに育て上げ、最終的に購買に結びつけていくといったようなケースが一般的である。

　様々なソースのデータが統合され、それらが AI・機械学習の仕組みで紐解かれることにより、顧客一人ひとりに最適化されたシナリオ適用（One to One マーケティング）が MA ツール上で展開されることになる。

1) MA にはどんな機能があるのか？[91]

　MA は、情報の集計や整理、抽出、解析が得意である。膨大な量のデータであっても、一瞬のうちに結果を出すことができる。実際の機能はツールによって多少の違いがあり、B to B 向けか B to C 向けかによっても異なるが、マーケティングを強化するための多くの基本的な機能は、ほぼ共通している。

　以下に、主な機能をいくつか挙げてみよう。

（ⅰ）リード（見込み客）管理

　リード管理とは、いろいろなコンタクトポイント（SEO 対策[92]、展示会への出展、セミナーの開催、外部リード獲得メディアへの掲載など）で得たリードの情報を自動的にリスト化し管理する機能である（これまでは、取得した情報のリスト化や管理は手作業でおこなわれており、非常にコストがかかっていた）。企業名や氏名、役職などはもちろんのこと、顧客ごとの流入のルートや検討度合い、これまでの行動履歴など、様々な情報をダブりなく管理することができる。

（ⅱ）スコアリング

　スコアリングは、管理しているリードの行動、例えばメールの開封率や自社サイトへの訪問回数などをベースに、スコアを加点していく機能である。

リード情報と Web サイトのアクセス履歴を紐づけて「誰が、いつ、何に、どれくらい」興味を持ったかなどもわかり、そうした情報をもとにスコアリングして、スコアの高いリードほど自社に興味がある、つまり「商談・成約に至る確度が高い」ということを把握できる。

（ⅲ）キャンペーン管理

リードをより強力に商談へと導くためには、タイミングの良いマーケティング施策が必要である。そのプランニングを支援するのがキャンペーン管理機能である。リードの属性や行動履歴に合わせ、いつ、どのような施策が効果的であるかを自動で選択していく。

（ⅳ）B to C で活躍する様々な機能

B to C を意識した MA では、ステップメール（無料会員登録や購入など、あるアクションを実行したユーザーに対して、あらかじめ準備したメールをスケジュールに沿って配信するメールマーケティング手法の１つ。顧客の行動に合わせて内容を変えて自動送信するため、特別感の演出やフォローの自動化に役立つ）など、メール配信に関する機能が充実している。開封率やクリック率、CVR[93] を自動的に測定することも可能なため、顧客の反応に応じて適切なアプローチができる（例えば、リードリストにある全員に毎月１回一斉メールを送り、その後自社サイトを訪問した人のみを抽出し、サービス案内のメールを配信するというような設定も自動化できる）。

ほかにも、ランディングページの作成支援[94] や SNS でのマーケティング活動支援機能[95] などは、B to C の場合において威力を発揮する機能といえよう。

2）なぜ MA が必要なのか？― MA でできること[96]

次に「なぜ MA が必要なのか」について考えてみよう。いくつかの観点から MA の必要性について説明していく。

（ⅰ）MA でマーケティング機能を強化できる

これまで我が国では、マーケティングはあまり重視されない傾向があった。日本製品の品質の良さは世界でも認められているところであるし、接遇

文化をベースとしたサービスにも定評があるため、「品質やサービスが良ければ必ず売れる」という根強い思い込みもその要因の一つかもしれない。したがって、製品やサービスの質は「高レベル」であっても、マーケティングに関しては、メールマガジンを配信したり、自社サイトをリニューアルしたり、あるいは展示会に出展してパンフレットを配布したりしてはみるものの、それぞれが連携していないような「低レベル」の状態であったため、効果測定ができずに、購買に繋げられないというケースが多かったように思える。

　しかし、自社サイトへの訪問者やメルマガの読者、展示会出展時などに名刺交換した人たちは、間違いなく自社と自社商品に興味を持っている「潜在顧客」のはずである。つまり、そこに可能性が眠っているのである。それらのリード情報を拾い上げて分析し、的確な施策で優良リードに育てていけば、商談から成約へと繋がる道筋が生まれてくる。それを実現してくれるツールがMAなのである。

（ⅱ）見込み顧客を効率的に管理できる

　リード情報の管理は、MAにとって基本的かつ重要な機能である。多くの企業が、非常に多くのリード情報を持っている。しかし、それがデータとしてまとめられ、一元的に管理されているかというと、そうとも言えない。メルマガの購読者、ウェブサイトからの問い合わせ履歴、展示会や見本市で交換した名刺リスト、キャンペーンの応募者、資料の送付先など…非常に多くのリード情報を持っていながら、その情報が統合されず、有効活用できていないのである。

　例えば、1回の展示会出展で1,000枚以上の名刺を獲得できたとしても、その一元管理ができなければ、ほんの一握りしか導入検討には進めないし、名刺交換した人がその後の自社開催セミナーに参加してくれたとしても、それを把握することもできない。リードとの接触履歴を関連づけできず、せっかくの機会を逸してしまうのである。また、展示会以外で集まったリストなども有効に活用するためには、営業担当が頑張るだけではフォローアップできない。

　これらの情報をMAで管理し、自社へのコンタクトポイントやその後の行動を分析（アクセス解析、Web行動解析）していけば（リードは、個々

の興味や必要性に応じて、自社のウェブを訪問したり、デモ版を試したり、問い合わせのメールを送ったりと、様々な行動を起こしているので、そのプロセスを分析する)、リードをスコアリングして「優良なリード」を抽出することができる。つまり、リードの一元管理によりリードが自社と自社商品にどれほどの興味を持っているかを知ることができるため、商談化の可能性が高いリードを埋もれさせずに、見つけ出すことができるのである。

(iii) One to One マーケティングを実現できる

たとえ似たような属性を持つリードであっても、要望や抱えている課題はそれぞれ違う。そうした一人ひとりの違いにきめ細かく対応し、課題の解決策を提供することができれば、リードの興味は一気に高まり、商談、成約へと繋がっていく。こうしたナーチャリング(リードを顧客へと育成すること)のプロセスで要となるのは「どのようなリードに、どのようなタイミングで、どのようなコンテンツを提供するか」という点である。リードが興味をそそられる(ベネフィットを刺激する)ようなコンテンツを用意し、メールや自社サイト上で提供することで、リードの満足度とともに商談化の確度を高めていくことが可能となる。

このように、リードや顧客一人ひとりの購買に向けての行動傾向からニーズを読み取り、個々に対して最適なコミュニケーションをおこなうマーケティング活動を One to One マーケティングというが、個人の情報や行動履歴を詳細に管理し分析できる MA は、One to One マーケティング実践のための強力な武器となる。

これは、B to B はもちろん、B to C においても大きな意味を持つ。B to C では個人の好みや気分が、コスト以上の重要性を持つ場合が多々ある。そのため、人それぞれ異なる特性に、どこまでフィットした施策を打てるかによって、結果が大きく変わってくるのである。

なお、正確な分析をおこなうためには、正確な情報を蓄積する必要がある。具体的には、MA ツールの中に同一のリードは1件しかないようにしておくことが非常に重要である。そのため、ほとんどの MA ツールでは、インポート時にメールアドレスで重複確認をおこなう機能が搭載されている。

（ⅳ）オプトアウト（配信拒否）が管理できる

リードへの一斉メール配信をする際、受け取り手がメールの配信拒否を希望すれば、その相手に対してはメール配信をおこなうことのないような措置をとらなければならないということが「特定電子メールの送信の適正化等に関する法律（特定電子メール法）」によって義務づけられており、メール配信者はその規程を守らなければならない。

MAツールには、受け取り手からの配信拒否があった場合には、自動的に配信対象から外れる機能がついている。

3）活用事例―すかいらーくレストランツ[97]

ファミリーレストラン事業は、同じ利用者でも曜日や時間帯によってニーズが変わる。平日ならオフィス街でランチ、週末や夜は郊外の店舗で家族と食事といった多様なニーズに応えるには、その場面ごとに接点を持つ必要がある。そこで、株式会社すかいらーくレストランツでは「Marketing Cloud[98]」を導入し、食育やこだわりの食材に関する情報などで利用者の興味を惹き、ブランドの魅力に繋がる情報を発信するようにした。

また、会計情報やクーポンの利用状況から利用者の傾向を読み取り、利用者のニーズに合ったクーポンを最適なタイミングで発行するなど、利用者目線でのコミュニケーションを実践。さらに、クーポンアプリの起動時間やその頻度などをAIに学習させ、利用者がアプリを使うであろうタイミングでプッシュ通知を送っている。この方法により、無選別の場合と比較して、反応率に20％から30％もの差が表れたとのことである。

〔注〕

1　アルフレッド・D.チャンドラー／三菱経済研究所訳（1967）『経営戦略と組織』実業之日本社、p.29.

2　イゴール・アンゾフ／広田寿亮訳（1969）『企業戦略論』産能大学出版部、p.150.

3　チャールズ・W.ホファー, ダン・シェンデル／奥村昭博・榊原清則・野中郁次郎訳（1981）『戦略策定：その理論と手法』千倉書房、pp.30-32.

4　伊丹敬之（1984）『新・経営戦略の論理』日本経済新聞社

5　石井淳蔵・奥村昭博・加護野忠男・野中郁次郎（1985）『経営戦略論』有斐閣

6　大滝精一・金井一頼・山田英夫・岩田智（1997）『経営戦略：創造性と社会性の追求』有斐閣アルマ

7　河野豊弘（1999）『新・現代の経営戦略』ダイヤモンド社

8 「分析」は過去および現在のものしかできない。戦略策定ではそれらに基づいた「予測」という要素が必要となる。

9 Ｓとは Segmentation（セグメンテーション：市場の細分化）、Ｔとは Targeting（ターゲティング：狙う顧客の選定）、Ｐとは Positioning（ポジショニング：自社の立ち位置の明確化）のこと。

10 LGBT からさらに、自身の性自認や性的指向が定まっていない Q（Question）および、それらとは異なるセクシャルマイノリティを含めて「LGBTQ+」という認識が広まっている。

11 チェスター・I. バーナード／山本安次郎・田杉競・飯野春樹訳（1968）『新訳 経営者の役割』ダイヤモンド社、pp.83-91.

12 伊藤守（2008）『3分間コーチ：ひとりでも部下のいる人のための世界一シンプルなマネジメント術』ディスカヴァー・トゥエンティワン、pp.25-33.

13 石井淳蔵・奥村昭博・加護野忠男・野中郁次郎（1985）、pp.56-57.

14 5G の特長は、「高速・大容量、低遅延、多接続」であり、4G に比べて通信速度は20倍、遅延は10分の1、同時接続数は10倍となっている。また、5G とは別に、一定のエリア内、または用途に限って利用されるネットワークシステムである「ローカル5G」も、外部ネットワークからトラフィック（外部からの接続要求数やアクセス数）の影響を受けにくく、不正アクセスのリスクも大幅に低減できることから注目されている。総務省ではローカル5G を活用しながら地方の産業活性化にも役立てるため、様々な仕組みづくりをおこなっている。
　　さらに、5G の次世代にあたる通信規格である「Beyond 5G（6G）」が、2030年をめどに導入が見込まれている。今後インターネット上でやり取りされるデータ量がさらに増えれば、5G よりもさらに高速な通信環境が求められるようになり、また、IoTの普及によってインターネットに接続されるデバイス数はさらに増えることも予想される。（「KDDI IoT」https://iot.kddi.com/5g/《2021/7/25》）

15 日経 X トレンド（2019）『最新マーケティングの教科書2020』日経 BP ムック、p.56.

16 MaaS アプリ「Whim（ウィム）」は、フィンランドの MaaS Global 社が開発し、2016年末に実用化された世界初の MaaS アプリ。首都ヘルシンキ市周辺エリアを対象に、3つの料金プラン（うち2つは定額制）が提供され、利用者に合ったものが選べる。登録者数は20万人ほど（2020年2月現在）。ちなみに、MaaS Global 社には、あいおいニッセイ同和損害保険、トヨタファイナンシャルサービス、デンソー、三井不動産、三菱商事など多くの企業が出資している。

17 「TIME&SPACE by KDDI」https://time-space.kddi.com/ict-keywords/20191025/2762（2021/07/25）

18 デシルとはラテン語で「10分の1」という意味。顧客を商品の購入金額やサービスの利用金額を高い順に10等分にグループ化して、どのグループが全体の売り上げにどれだけ貢献しているのかを分析する手法。

19 「Category（分類）」「Taste（デザイン、サイズなど）」「Brand（ブランド）」を指標として、顧客が今後どのような購買行動をするのかを予測するための手法。

20　シーズンによって売れる商品やサービスを分析したり予測したりする手法。分析対象は優良顧客のみ。優良顧客の購買行動を把握できれば売上向上に繋がる。

21　顧客の購買履歴などから属性や特徴などの共通点を見つけ出してカテゴリー分けをおこない、自社がターゲットとする対象の指標にしていく、最も初歩的な手法。

22　「Foresight：中小企業診断士通信講座」https://www.foresight.jp/chusho/column/competitive-position/（2021/03/26）

23　特約店とは、メーカーまたは卸売業者との間に、その取扱商品や販売地域、取引条件などについて、特別な契約（特約）を結んだ販売店のことをいう。食品や飲料、家電、楽器、OA機器、産業機器、電子製品、住宅資材、石油製品など幅広い業界で利用されている。

　　一般に特約店制度は、メーカー等には、販路の確保や競争による値くずれ防止、貸倒れの回避などの利点がある（価格決定や広告宣伝、アフターサービスなどはメーカー等がおこなう）。一方、特約店には、商品の安定的な仕入れや一定の販売地域の独占、リベート等の販売奨励金などの利点がある半面、競合商品の取扱制限や販売目標の確保などが求められる。

　　「特約店」は「販売店」の一種で、通常の販売店に比べて優遇されるが、その分責任も大きい。（「起業・独立ガイド」https://www.istartup.jp/word/chigai063.html《2021/07/26》）

24　模倣を困難にさせる要素として、バーニーは「独自の歴史的条件（unique historical conditions：『老舗』『元祖』など時間的圧縮が困難なものや、過去に積み重ねてきた実績など）」、「因果関係の曖昧性（causal ambiguity：『経営資源の形成経路』や『経営資源が高い競争優位性を保有している根拠』など、理論的に分析することが困難なもの）」、「社会的複雑性（social complexity：『顧客やユーザーが持つ企業イメージ』や『サプライヤーやチャネルからの厚い信頼』など、短期間では形成できないもの）」、「特許（patent）」の4つを挙げている。（「BIZ HINT」https://bizhint.jp/keyword/128183《2021/07/28》）

25　「ビール」「発泡酒」「新ジャンル」は、酒税法に基づき、主に原材料の種類やその使用比率によって分類されている。一般的には、麦芽の使用が少なくなると「発泡酒」に分類されるが、国の政令で指定された副原料以外を使うと、麦芽をたっぷり使っていても「発泡酒」の扱いになる。「新ジャンル」は麦・麦芽以外を原料としたものと、発泡酒にスピリッツなどのアルコール飲料を加えたものに大別できる。例えば、キリンビールでは、「ビール」は一番搾りシリーズ、ラガー、ハートランドなど、「発泡酒」は淡麗シリーズなど、「新ジャンル」は本麒麟、のどごしシリーズ、濃い味〈糖質0〉など。（「KIRIN公式HP」https://faq.kirin.co.jp/faq_detail.html?id=46《2021/07/28》）

26　マイケル・E. ポーター／土岐坤・中辻萬治・服部照夫訳（1982）『競争の戦略』ダイヤモンド社、pp.56-62.

27　ただし、ニトリは、あくまで、「低価格・高品質・機能性」にこだわるため、介護ベッドは取り扱っても、戦略転換をしない限り、高価格帯には手を出さないであろう。

28　2019年8月、ニトリは自社の通販サイト「ニトリネット」をリニューアルした。

リニューアルを機に、ビジネスの屋台骨といえる EC 基盤が大幅に刷新された。その効果は絶大で、「ニトリネット」はコロナ禍においても前年同期比を上回る売り上げを達成している。

　ニトリでは、かねてよりシステムの内製化を進めてきており、基幹システムも 20 年以上の長きにわたり拡張を続けてきたものが現在も稼働している。その基幹システムをベースに、多様なシステムをこれまで一貫して自社開発してきたニトリであるが、「ニトリネット」のリニューアルに際しては、NTT データとパートナー関係を結んだ。以下は、ニトリ CIO（最高情報責任者）の言葉である。「昨今の DX（デジタル・トランスフォーメーション）のトレンドを当社は 3 つの観点で捉えてお客さまへの新しい価値の提供に取り組んでいます。1 つ目は自社の生産性の効率化、2 つ目はデジタルを活用した新しい商品展開、そして 3 つ目はサービス・チャネルの進化です。私たちは最新技術に関しては素人ですから、先進テクノロジーを自社開発するのではなく、ある程度実証された技術を、時機を見計らって適宜取り入れていきます。ですからその点については、プロである NTT データに期待し、今後も気軽に相談できる関係になれたらと考えています」。（「製造物流小売から製造物流 IT 小売へ　ニトリ独自のビジネスモデルを支える新 EC 基盤を構築」https://news.mynavi.jp/kikaku/202101 29-1678149/《2021/07/28》）

29　ハニーズのマーケティングターゲットは、「10 代～50 代のアクティブな女性」である。

30　テナントインショップは、全国の厳選された場所に展開されている。この展開により、集客能力の高い商業施設との相乗効果が見込めるだけではなく、全国各地の様々なマーケットに高い適応性を持つハニーズの強みが発揮できる。また、ショップは親しみやすさ重視の内装設計で、ストア・ロイヤルティの向上を図っている。（「Honeys 公式 HP」https://www.honeys.co.jp/company/policy《2021/07/29》）

31　「経営コム」http://www.00keiei.com/kigyou-senryaku/shimamura.html（2021/07/30)

32　日本において、バネの需要は自動車業界が 6 割、家電業界が 2 割を占め、数十万個というロットで発注されることも珍しくない。万単位のロットが当たり前の世界で、1 個単位で小口取引をおこなうということは、他に類を見ない「差別化」である。（「DIAMOND online」https://diamond.jp/articles/-/169398《2021/07/30》）

33　1993 年、中国に日系バネ合弁会社を設立し、現地生産して中国市場に提供している。また、試行錯誤の結果製品化された「医療研究用マイクロコイル（動物実験用脳血管クリップ）」は、アルツハイマーの研究で使用されており、国内外の医療機関から受注している。

34　「DIAMOND online」同上

35　「DIAMOND online」同上。

36　2014 年に「腹八分」の働き方で、仕事だけでなく人生の目標を意識した働き方を支援することが評価され、「第 4 回日本でいちばん大切にしたい会社大賞 中小企業庁長官賞」を受賞した。また、2019 年には日本能率協会が持続的な経営、組織づくり

に取り組む企業・団体を評価する「KAIKA Awards 2018」において最高賞の「KAIKA 大賞」を受賞している。

37　戦略的提携とは、特有の技術を持った複数の企業が、対等の立場で連携して事業を推進すること。

38　1978 年に東京都墨田区で創業。板金・プレスを中心とした金属加工業を営み、区内外に幅広い製造ネットワークを築き上げてきている。社員数 50 名（2021 年 3 月現在）。

39　「Garage Sumida」https://garage-sumida.jp/（2021/07/31）

40　「U-NOTE」https://u-note.me/note/47504211（2020/07/31）

41　「U-NOTE」同上。

42　事業の創出や創業を支援するサービス・活動のこと。

43　「浜野製作所 Garage Sumida」https://hamano-products.co.jp/hamanoproject/garagesumida/（2021/07/31）

44　「Fabrication ＝ ものづくり」と「Fabulous ＝ 楽しい、愉快な」の 2 つの意味が含まれた造語。

45　投資育成事業、インキュベーション事業を 2 本柱とするカタライザー企業。

46　日本ビクターは、映像機器・音響機器を主製品とするメーカー。2008 年 10 月にケンウッドと経営統合し、その後、J&K カーエレクトロニクスも加え、現在は、株式会社 JVC ケンウッドとして活動している。

47　ビクターは「業界全体のパイの拡大」を意識したと考えられる。同社が特許を独占して一社でシェア拡大を目指したとしても、業界の中での割合が少し増える程度である。一方、業界全体のパイの拡大を目指すと、シェア構造（自社の順位）は変わらないとしても、市場自体が大きくなるので、結果的に、自社の利益も拡大することになる。他には、辛子明太子製造・販売の「ふくや」も同様の戦略をとり、業績を伸ばしている。

48　欧米人は日本人の「依存」を否定しているのであって、「協働」を否定しているわけではない。事実、米国の元大統領バラク・オバマは大統領就任演説と大統領最後の公式演説で「Yes, we can!」と言った。

49　「社会心理学の父」と呼ばれ、「場の理論」や「グループ・ダイナミクス」（集団力学）などの研究の第一人者であるクルト・レヴィンが提唱したリーダーシップ・スタイル。

50　上述したミシガン大学のレンシス・リッカートが唱えた「システム 4 理論」におけるリーダーシップ・スタイル。

51　後述するダニエル・ゴールマンが提唱したリーダーシップ・スタイル。

52　「mitsukari」https://mitsucari.com/blog/leadership_theory/（2020/08/01）を参考にしている。

53　「生産重視（業績・仕事）」と「社員重視（人・組織）」を 2 軸とした。ミシガン大学のリッカートらがこの立証研究をおこない、1961 年にその成果として「システム 4 理論」を提唱した。

54　「業績に対する関心（業績・仕事）」と「人間に対する関心（人・組織）」を 2 軸と

した。1964年にブレイクとムートンによって提唱された。

55 「構造作り（論理）」と「配慮（感情）」を2軸とした。1950年代にオハイオ州立大学の心理学者シャートルらが行った。

56 グループ・ダイナミクス（集団力学）を初めて日本に紹介した社会心理学者。

57 P機能とは「集団の目的達成や課題解決に関する機能であり、目標設定や計画立案、指示などにより、成績や生産性を高める機能」、M機能とは「集団の維持に関する機能であり、集団の人間関係を良好に保ち、チームワークを強化、維持する機能」を指す。（「LEARNING AGENCY」https://www.learningagency.co.jp/column_report/column/hrd_column_56_171208.html《2021/08/02》）

58 ジェイ・A.コンガー、ラビンドラ・N.カヌンゴ他／片柳佐智子他訳（1999）『カリスマ的リーダーシップ：ベンチャーを志す人の必読書』流通科学大学出版、pp.41-42.

59 ジェイ・A.コンガー、ラビンドラ・N.カヌンゴ他／片柳佐智子他訳（1999）、p.49.

60 ジェイ・A.コンガー、ラビンドラ・N.カヌンゴ他／片柳佐智子他訳（1999）、p.105.

61 ジェイ・A.コンガー、ラビンドラ・N.カヌンゴ他／片柳佐智子他訳（1999）、pp.106-116.

62 ジョン・P.コッター／梅津祐良訳（2002）『企業変革力』日経BP社、pp.16-35.

63 ジョン・P.コッター／梅津祐良訳（2002）、p.45.

64 ジョン・P.コッター／梅津祐良訳（2002）、p.47.

65 ジョン・P.コッター／梅津祐良訳（2002）、p.51、p.53.

66 スティーブン・P.ロビンス／高木晴夫訳（2009）、pp.438-445.

67 グロービス（2014）『ファシリテーションの教科書：組織を活性化させるコミュニケーションとリーダーシップ』東洋経済新報社、pp.202-203.

68 ダニエル・ゴールマン、リチャード・ボヤツィス、アニー・マッキー／土屋京子訳（2002）『EQリーダーシップ：成功する人の「こころの知能指数」の活かし方』日本経済新聞社、p.18.

69 ダニエル・ゴールマン、リチャード・ボヤツィス、アニー・マッキー／土屋京子訳（2002）、p.47、pp.58-59.

70 ダニエル・ゴールマン、リチャード・ボヤツィス、アニー・マッキー／土屋京子訳（2002）、pp.78-79.

71 ロバート・K.グリーンリーフ／金井壽宏監訳・金井真弓訳（2008）『サーバント・リーダーシップ』英治出版、pp.16-17.

72 ロバート・K.グリーンリーフ／金井壽宏監訳・金井真弓訳（2008）、p.19.

73 上司から部下への命令などの権限は、命令が下されたその時点で成り立つのではなく、命令を受けた部下がその命令を受容したということで成り立つという考え方。

74 ロバート・K.グリーンリーフ／金井壽宏監訳・金井真弓訳（2008）、p.48.

75 ロバート・K.グリーンリーフ／金井壽宏監訳・金井真弓訳（2008）、pp.54-55.

76 ロバート・K.グリーンリーフ／金井壽宏監訳・金井真弓訳（2008）、pp.571-573.

77 ローラ・L.ナッシュ／小林俊治・山口善昭訳（1992）『アメリカの企業倫理：企業行動基準の再構築』日本生産性本部、pp.27-30.

78　ローラ・L. ナッシュ／小林俊治・山口善昭訳（1992）、p.11.

79　ローラ・L. ナッシュ／小林俊治・山口善昭訳（1992）、p.79.

80　ローラ・L. ナッシュ／小林俊治・山口善昭訳（1992）、p.82.

81　合力知工（2004）、pp.212-214.

82　1922年に創立され、東京都豊島区に本店を置く信用金庫。東京都区部北側と埼玉県東南部に41店舗を展開している。職員数は1,050名（2020年3月現在）。多くの金融機関の店舗はコンクリートを基調として、何か寒々しさを感じさせるところがあるが、同信用金庫の店舗は木を基調としており、温かさを感じさせるところが多い。来店者が「1分1秒でも長く居たい、また来たい」と思えるような店舗づくりをおこなっている。

83　「巣鴨信用金庫 公式HP」https://www.sugamo.co.jp/recruit/about/（2021/04/02）より抜粋。

84　巣鴨信用金庫は、2005年に「ホスピタリティ」を商標登録している。

85　藤田憲一（2001）『図解 よくわかるCRM』日刊工業新聞社、pp.8-9.

86　藤田憲一（2001）、pp.14-15.

87　近年は、ダイレクトメールに代わり、配信リストさえ設定すれば自動的にメール配信する「メールマーケティング」が一般化してきているが、それでも当然コストはかかる。

88　物事を構成する要素が全体に占める割合には偏りがあり、全体の数値の大部分は、全体を構成するうちの一部（だいたい2割）の要素が生み出している、という考え方。

89　藤田憲一（2001）、pp.16-17.

90　「満足」をsatisfaction、「不満（明確な不満）」をdissatisfactionというが、もうひとつ「不満ではないが満足でもない（曖昧な不満）」すなわちunsatisfactionという状態がある。パレートの法則に当てはめると、上位20％は「満足者」であり、下位80％には「明確な不満者」と「曖昧な不満者」が混在している。一見、「明確な不満者」の方が問題が大きく思えがちであるが、実は不満が明確に表明されているため、こちらの方が対応しやすい。対応次第では「満足者」に移行させることもでき、この形で移行した人たちは最初とのギャップにより、より上位のロイヤルカスタマーになる可能性も高い。四国管財の「クレーム対応」は、この仕組みをよく把握したものである。

91　「セールスフォース・ドットコム」https://www.salesforce.com/jp/hub/marketing/what-is-ma/（2021/08/10）

92　Search Engine Optimizationの略で、自社のリードが検索するキーワードで、サイトに呼び込む仕組みを構築すること。

93　CVRとは「Conversion Rate（コンバージョンレート）」の略で「CV率」とも言われ、Webサイトの成果（＝コンバージョン：商品の購入や申込み）を達成した割合を表す指標。一般的には「コンバージョン数÷サイトへの訪問数（セッション数）×100」（％）で求められる。一般的なWebサイトでは、CVRの平均は「1~2％」と言われているが、扱う商材や業界によって変化する。例えば、金融業界ではCVR平均は約5％とも言われている。（「PLAN—B」https://service.plan-b.co.jp/blog/market

94　ランディングページや問い合わせフォームなどの作成をおこなう機能。ランディングページとは、広告などから流入してきたリードが見る専用のページである。MAツールの多くでは、このランディングページおよびフォームを簡単かつ魅力的に作成するための機能が搭載されている。登録フォームから得られた情報は自動的にリードとして登録され、キャンペーンに沿って次のナーチャリング（育成）活動がおこなわれる。

95　SNSではユーザー同士は会社や趣味といった共通の項目で繋がっていることが多く、SNS広告はターゲティング精度が高いことが知られている。ソーシャルネットワークをうまく運用できれば、効果的なマーケティングが可能となる。

96　「セールスフォース・ドットコム」https://www.salesforce.com/jp/hub/marketing/what-is-ma/（2021/08/10）

97　「セールスフォース・ドットコム」https://www.salesforce.com/jp/hub/marketing/what-is-ma/（2021/08/10）

98　セールスフォース社が提供するMAツールの一つ。集客型ビジネスで効果が高い。MAツールは、B to B向け、B to C向けなどにより機能も異なる。

【参考文献】

1．Ansoff, H. Igor. [1965], *Corporate Strategy*, Mcgraw-Hill.（イゴール・アンゾフ／広田寿亮訳《1969》『企業戦略論』産能大学出版部）

2．Barnard, Chester I. [1938], *The functions of the executive*, Harvard University Press.（チェスター・I. バーナード／山本安次郎、田杉競、飯野春樹訳《1968》『新訳 経営者の役割』ダイヤモンド社）

3．Chandler, A. D. Jr. [1962], *Strategy and Structure*, The M.I.T.Press.（アルフレッド・D. チャンドラー／三菱経済研究所訳《1967》『経営戦略と組織』実業之日本社）

4．Conger, Jay A. & Kanungo, Rabindra N. [1998], *Charismatic Leadership in Organizations*, SAGE Publications, Inc.（ジェイ・A. コンガー、ラビンドラ・N. カヌンゴ他／片柳佐智子他訳《1999》『カリスマ的リーダーシップ：ベンチャーを志す人の必読書』流通科学大学出版）

5．Friedman, M. [1962],*Capitalism and Freedom,* The University of Chicago Press.

6．Goleman, Daniel; Boyatzis, Richard E. & McKee Annie. [2002], *Primal Leadership: Learning to Lead With Emotional Intelligence*, Harvard Business Review Press.（ダニエル・ゴールマン、リチャード・ボヤツィス、アニー・マッキー／土屋京子訳《2002》『EQリーダーシップ：成功する人の「こころの知能指数」の活かし方』日本経済新聞社）

7．Greenleaf, Robert K. [2002], *Servant Leadership: A Journey into the Nature of Legitimate Power and Greatness*, Paulist Pr.（ロバート・K. グリーンリーフ／金井壽宏監訳・金井真弓訳《2008》『サーバント・リーダーシップ』英治出版）

8．Hamel, Gary and Prahalad, C. K. [1994], *Competing for the future*, Harvard

Business School Press.（ゲイリー・ハメル＆Ｃ・Ｋ. プラハラード／一條和生訳《1995》『コア・コンピタンス経営：大競争時代を勝ち抜く戦略』日本経済新聞社）

9．Hofer, C. W. and Schendel, D. [1978], *Strategy Formulation: Analytical Concept*, West Publishing Company.（チャールズ・W.ホファー, ダン・シェンデル／奥村昭博・榊原清則・野中郁次郎訳《1981》『戦略策定：その理論と手法』千倉書房）

10．Kotter, John P. [1996], *Leading Change*, Harvard Business School Press.（ジョン・P.コッター／梅津祐良訳《2002》『企業変革力』日経BP社）

11．Nash, Laura L. [1990], *Good intentions aside : a manager's guide to resolving ethical problems*, Harvard Business School Press（ローラ・L.ナッシュ／小林俊治・山口善昭訳《1992》『アメリカの企業倫理：企業行動基準の再構築』日本生産性本部）

12．Porter, M. E. [1980], *Competitive Strategy: Techniques for Analyzing Industries and Competitors*, The Free Press.（マイケル・E.ポーター／土岐坤・中辻萬治・服部照夫訳《1982》『競争の戦略』ダイヤモンド社）

13．Porter, M. E. [1985], *Competitives Advantage: Creating and Sustaining Superior Performance*, The Free Press.（マイケル・E.ポーター／土岐坤・中辻萬治・小野寺武夫訳《1985》『競争優位の戦略』ダイヤモンド社）

14．Robbins, Stephen P. [2004], *Essentials of Organizational Behavior*, Pearson College Div.（スティーブン・P.ロビンス／高木晴夫訳《2009》『［新版］組織行動のマネジメント』ダイヤモンド社）

15．伊丹敬之（1984）『新・経営戦略の論理』日本経済新聞社

16．石井淳蔵・奥村昭博・加護野忠男・野中郁次郎（1985）『経営戦略論』有斐閣

17．大滝精一・金井一頼・山田英夫・岩田智（1997）『経営戦略：創造性と社会性の追求』有斐閣アルマ

18．伊藤守（2008）『3分間コーチ：ひとりでも部下のいる人のための世界一シンプルなマネジメント術』ディスカヴァー・トゥエンティワン

19．梅津和郎編（2010）『チャンスをつかむ中小企業：ケースで学ぶリーダーの条件』創成社

20．グロービス（2014）『ファシリテーションの教科書：組織を活性化させるコミュニケーションとリーダーシップ』（東洋経済新報社）

21．河野豊弘（1999）『新・現代の経営戦略』ダイヤモンド社

22．合力知工（2004）『現代経営戦略の論理と展開：持続的成長のための経営戦略』同友館

23．合力知工他（2006）『伸びる企業の現場力』創成社

24．日本総合研究所 経営戦略研究会（2008）『経営戦略の基本』日本実業出版社

25．藤田憲一（2001）『図解 よくわかるCRM』日刊工業新聞社

26．森田道也（1991）『企業戦略論』新世社

理念型企業

まず、ここで示す「理念型企業」とは、ただ単に「崇高な理念を掲げている企業」という意味ではない。

　通常、経営理念は、組織の創業者あるいはトップ層の考えを反映したものとして形成される。そして、そのままの形で維持され続けるというケースもあれば、メンバーたちによって変更されるということもある。いずれにせよ、それらはメンバーの組織行動の準拠枠としての機能を果たし、その行動様式に大きな影響を及ぼすが、これが組織行動の準拠枠としての機能を果たすには、それがメンバーに浸透している必要がある。しかし、多くの場合、それはただ据えられているだけで浸透していないか、あるいは「べきである」を強要するような「信奉された価値」になっており、もしそうならば、メンバーへの真の影響は少なく、それは一時的なものとしてしか機能しない。

　経営理念とは、リーダーの全身全霊を込めた経営に対する姿勢の表れであり、それがメンバーによって深く理解され、共有されている企業は、それを浸透させるための工夫を怠らない。そして、その浸透に成功している多くの企業は必ず「行動を伴い、形にしている」。行動を伴い、それを形にして初めて経営理念は、一時的ではなく、長期的に組織に影響を与え続ける。

　本書における経営理念とは以下の条件を満たしているものとする。

　①すべてのメンバーのインセンティブとなり、モラールを刺激するもの。

　②メンバーの行動に方向づけをもたらすような規範となるもの。

　③長期にわたっているもの。

　④コミュニケーションを調整するもの。

　⑤行動を伴い、形にするもの。

　ここで事例として示す「本田技研工業」「日本理化学工業」「伊那食品工業」「アトラエ」は、すべて上記の条件を満たした「理念型企業」である。

1. 繋がりの経営

　本書における「繋がりの経営」とは、「ヒトを大切にする経営」を意味する。「繋がりの経営」のコア概念について以下に述べよう。

（1）社員重視の経営理念を浸透させる

　経営理念を設定するのは簡単である。ただ設定するだけでなく、全社員に浸透させる仕組みを作ることが大切である。また、その経営理念には「企業が存在する目的・意義（企業が社会の一部である限り、どういう形にせよ『社会との繋がり』を織り込む必要があるだろう）」および「社員重視」が明確に織り込まれていた方がよい。

　なぜ、経営理念の中に「社員重視」を織り込んだ方がよいのか。それは（4）を参照していただきたい。

（2）経営理念に「魂」と「覚悟」を込める

　経営理念を浸透させる上での第一歩は、その経営理念に「魂」と「覚悟」を込めることである。つまり、経営者が「本気になる」ということ。まずこれで、社員は「おっ」と注目する。次に、経営者自ら「そこまでやるか」を実践する。これが、社員の体を動かすこと〔行動〕からさらに一歩進んで、心を動かすこと〔情動〕に繋がる。

（3）「ヒト、モノ、カネ」を並列に見ない

　経営資源たる「ヒト、モノ、カネ」をこのように同等表記することは間違いである。正しくは、「ヒト」と「モノ、カネ」である。

　「Just in Time System」は、生産管理システムとしては多くのメリットがある。しかし、これを人事管理制度に援用すれば、すなわち「必要なヒトを、必要なときに、必要なだけ」を実践すれば、デメリットの方が多い。その最大のデメリットは、そこに「心と心の繋がり」が形成されないということである。

　通常、企業が雇う社員への給料は不課税取引として、消費税はかからない。一方、派遣労働者を「使用する」派遣先企業は、派遣労働者に給与を支払うことなく、派遣元企業に「労働者派遣料」を支払う。労働者派遣料は、課税仕入れとみなされ、課税の対象となり、派遣先企業は仕入税額控除ができることとなる。つまり、派遣労働者は、商品をつくるために必要な原材料など

の「モノ」を仕入れるのと同じように扱われているのである。

ヒトには無限の可能性があり、ヒトのその潜在的能力を喚起できないのは、企業の工夫が足りない、ただそれだけのことである。産業構造のせいにしてはならない。不況のせいにしてはならない。

ヒトには労働の喜びを味わう権利がある。そして、その喜びが企業の生産性を向上させる（第Ⅰ部第1章第3節）。だが、モノでは、機械では、部品では喜びを味わえないではないか。企業はヒトに労働の喜びを味わわせる責任がある。企業にもたらされる利益はその責任を果たしたものに与えられる褒美なのではなかろうか。

(4) まずやるべきことは「社員満足」の充足の徹底化である

経営は「ヒトとヒトの連鎖」によっておこなわれるという視点に立ち、経営者は社員満足が最大になるように努力する必要がある。

経営者が社員からの信頼を獲得できるような経営をおこなうと、社員がそれに応えようとして創意工夫をし、熱意と誠意をもって顧客に接しようとする。そして、顧客がその商品やサービスに満足すると、顧客が顧客を呼び、そこに市場が形成される。市場が形成されると社会が潤い、企業に利益がもたらされる。企業に利益がもたらされると株主が喜ぶ。社員満足の充足が徹底化されると、このような「喜びの連鎖」が生まれる（サービス・プロフィット・チェーン[1]）。

(5) ヒトの「やる気」を喚起するような仕組みづくりをおこなう

ヒト（社員）の「やる気」を喚起するような仕組みづくりをおこなうことは、トップ・マネジメントの必要不可欠な責務である。反論が出ないから問題がないと考えるのは愚かである。社員は言いたくても言えない立場にある。問題は、社員が不満を腹の中で抱えているかもしれない、ということである。社員満足なくして顧客満足を持続的に充足させ続けることは不可能である。

例えば、以下のような仕組みを組織として考えてみるとよいだろう。

・社員に「やらせる」のではなく、社員が「やりたくなる」ような組織づ

くりを心がける。

・「自分は何のために働いているのか」ということを社員が常に考えるような環境をつくる。

・社員の進むべき方向は示し、支援はするが、「線路」まではひかない。

・社員一人ひとりの能力に応じた活躍場所の探索を可能な限りおこなう。すなわち、手間ひまをかけることが、社員との信頼関係構築の一助となる。

　上記のようなことの実践により構築された、会社や上司と社員との間に築かれた信頼は、社員が自らの潜在能力を醸し出す一助となる。それが社員の「やる気」のエネルギーとなる。

(6) ヒトを軽視してきた経営を見直す

　経営者は、成果主義、賃金抑制のための安易な非正社員化（ヒトを大切にするという視点に立った非正社員化は除く）などを見直す必要がある。

　成果主義は「個人のタコツボ化」を促すことになるが、組織の成長の度合いは、数名の散在するスーパーマンによるものよりも、凡人でもメンバー同士の協働（「依存〔寄生〕〔Win－Lose〕」ではない、「協働〔共生〕〔Win－Win〕」である）によるものの方が大きい。組織力とは、「個人の能力」×「個人間の繋がり」で表される。つまり、各々の個人の能力がいくら優れていても、その各々の間に「繋がり」が小さければ、結果は低く抑えられることになるのである。

(7) 「見えない報酬」の重要性を知る

　経営者は社員の働きに報いなければならない。ただし、報酬はカネとは限らない。報酬には「見えない報酬」もあるということを経営者は理解する必要がある。

　小中規模の企業には潤沢なカネがないところも多い。そういう企業は、カネで社員に報いることは難しい。しかし、報酬はカネばかりではない。経営トップが示す使命感、社員自らがその使命を果たしているという誇り、職場内の良好な人間関係、これらからくる「働き甲斐」…こうしたものは目には

見えないが、非常に大きな「報酬」となり、社員を引きつける。

　例えば、中村ブレイス〔義肢装具製造・販売〕は、社員数約70名の中規模の会社であるが、毎年、全国から入社希望の学生が多数応募してくる。島根県の辺鄙な場所にありながら、「売れるものではなく、必要なもの」を世の中に提供するという「志」「使命感」に若者たちは共感しているのである。

2. 本田技研工業—「やってみもせんで」—[2]

　本田技研工業（以下、本田技研工業を法人として表す場合は「ホンダ」、創業経営者である本田宗一郎個人を表す場合は「本田」と表記）は、1946年に静岡県浜松市に設立された「本田技術研究所」[3]を前身とし、48年に社員数34人、資本金100万円で設立され、自転車用補助エンジンの製造からスタートした。

　現在は、資本金860億円、社員数21万1374人（連結。単独では3万5781人）、グループ会社415社（国内外合わせて）を誇り（2021年3月現在）、二輪車、四輪車、パワープロダクツを主要製品とし、2020年度の売上は連結で13兆1705億円、営業利益は6602億円である。

　ホンダの経営理念（Hondaフィロソフィー）は、その大部分が創業者の本田宗一郎の経験や考え方、そして何よりも本田自身の人間性を反映したものであり、それは創業期から今日に至るまで脈々と引き継がれてきている。現在のホンダの経営理念は「人間尊重」「三つの喜び」から成る〝基本理念〟と、〝社是〟〝運営方針〟で構成されている[4]。

〈基本理念〉
　人間尊重—自立、平等、信頼、を構成要素とする。
　　〇自立：自立とは、既成概念にとらわれず自由に発想し、自らの信念にもとづき主体性を持って行動し、その結果について責任を持つことです。
　　〇平等：平等とは、お互いに個人の違いを認めあい尊重することです。また、意欲のある人には個人の属性（国籍、性別、学歴など）にかかわりなく、等しく機会が与えられることでもあります。

　○信頼：信頼とは、一人ひとりがお互いを認めあい、足らざるところを
　　　　　補いあい、誠意を尽くして自らの役割を果たすことから生まれ
　　　　　ます。Honda は、ともに働く一人ひとりが常にお互いを信頼
　　　　　しあえる関係でありたいと考えます。

　三つの喜び―買う喜び、売る喜び、創る喜び、を構成要素とする。
　○買う喜び：Honda の商品やサービスを通じて、お客様の満足にとど
　　　　　　まらない、共鳴や感動を覚えていただくことです。
　○売る喜び：価値ある商品と心のこもった応対・サービスで得られたお
　　　　　　客様との信頼関係により、販売やサービスに携わる人が、
　　　　　　誇りと喜びを持つことができるということです。
　○創る喜び：お客様や販売店様に喜んでいただくために、その期待を上
　　　　　　回る価値の高い商品やサービスをつくり出すことです。

〈社是〉
　わたしたちは、地球的視野に立ち、世界中の顧客の満足のために、質の高
い商品を適正な価格で供給することに全力を尽くす。

〈運営方針〉
　　・常に夢と若さを保つこと。
　　・理論とアイディアと時間を尊重すること。
　　・仕事を愛しコミュニケーションを大切にすること。
　　・調和のとれた仕事の流れをつくり上げること。
　　・不断の研究と努力を忘れないこと。

　以上が、現在のホンダの経営理念であるが、このような経営理念がどのよ
うにして形成されてきたかについて、以下、創業期および発展期のホンダの
経営理念の変遷について考察していくことにしよう。

(1) 本田宗一郎の個人的な理念―平等、博愛主義

　本田は、自分自身にとっての哲学を「人の心の問題を大切にする」という

ことに尽きると言っている[5]。何事も事務的に機械的に処理されるという風潮の中で、模索されるべき対象は心と心を通わせる手だてであり、本田の場合、その手だてとは「相手の心理状態に応じて親切に呼びかける、一言の言葉、親切な態度」だとしている[6]。

　機械は、燃料と潤滑油を与えれば動くが、人間は機械ではない。人間を動かすには、どんな機械にでも通用する燃料や潤滑油のような一律的な態度ではなく、彼（彼女）らの一人ひとりの個性を深く理解するような哲学が必要であると、本田は説いている。本田は、このような哲学に従い、「相手の心を知り、他人の身になって物事を考えたり、実行したりする」ように心がけた。

　「自分と同じ様に相手を見る」という姿勢からは、必然的に「平等主義」という考え方が生まれてくる。平等とは、「誰もが同じ」ということを意味するのではない。本田にとって、それは「得手を活かす」ことであり、個人個人が持っている得意な分野で、その個性を最大限に活かせるような仕事をそれぞれが担うことであった。本田は言う。「絵のうまい子に、数学をちゃんとやれというのは、人間を尊重することにはならん」[7]。

　本田は各メンバーに「考える権利」を与えた。世間一般の企業においても、メンバーに対して自己啓発を要求し、改善提案を出させようとする動きはあるが、それはメンバーに「考える義務と責任」を負わせているに過ぎない。このような状況の下では、あまりにも奔放な発想は上司から抑えられたり、時にはペナルティを課されたりする恐れがある[8]。それに対し、ホンダの「考える権利」は「義務」でもなく「責任」でもない。

　ホンダでは誰も忠誠心を振りかざさない。新入社員に対しても会社は忠誠心を持て、とはいわない。もし、それを強制的にやっても、それは「べきである」という「信奉された価値」としてメンバーに表面的に植えつけられるにすぎず、やがては放棄されてしまうであろう。それは、メンバーが「自分で考え、理解する」ことを通じてはじめて意味を持ってくるのである。

　また、ホンダでは、仕事のやりがい、仕事を通じての生きがいについても突き放している。新入社員に対し、「会社は諸君に生きがいを感じとれる仕組みだけは用意してある。だが、個人によって受け取り方は異なるはずだ。生きがいを感じるかどうかは君たちの自由だし、君たちの心の中の問題だ」と申し渡すという[9]。これは、組織文化を「停滞」させないためのホンダの

努力であるといえる。「組織は生きものだから、なまじ組織の規定化をすると、組織が動脈硬化を起こすもとになる」というのが、ホンダの考え方である。

便宜上、組織図は描かれている。しかし、その組織図の中の部門や機能は必要に応じて始終変化している。「良い製品をつくり出そうとする情熱と目的意識を持つ人間を集めれば、規則などなくても秩序は自然に生まれる」[10]とホンダは考えているのである。

(2)　本田宗一郎の教育観─自由主義

企業のマネジメント・システムを円滑に実行に移すには、教育システムの充実が不可欠となってくる。いくらマネジメント・システムが優れたものであっても、それがメンバーに受け入れられなければ何の意味もなさない。その受け入れを容易にするか否かは、教育システムに依存するといっても過言ではあるまい。

本田は、その著作『私の手が語る』の冒頭で、「やってみもせんで」と言っている。この言葉は非常に含蓄があり、ホンダの社員たちは常にこの精神を引き継いできていると言えよう。具体的に「なすべきこと」を羅列するのではなく、フレームワークだけを提示して、後はメンバーの可能性を信じ、それに賭けるのである。そこには、深い「信頼関係」が横たわっている。

同著において、本田は次のようにも言っている。「きっと大部分の若者たちは自立への欲望をもっているにちがいないと私は思う。…（中略）…要は、その自立心の導き方だろう。周囲が過保護の状態で子どもを甘やかし、物質的に恵まれた生活に安住させているとしたら、それは自立する思想を叩き、抑えていることになる。早く一人前の大人になりたいという独立心を、その芽生えるところからつみとってしまわないことも大切ではないだろうか」[11]。

この考え方によってなされる教育は、「メンバーに自由な環境を提供する」ということだけである。これは、紛れもなくホンダの教育システムである。文書化した教育方針の実行やOJT、Off JTばかりが教育訓練システムではないのである。「自由な環境の下でのメンバーの行動」と、「指示が与えられる環境の下でのメンバーの行動」との間に見られる顕著な差異は、後者が「他人が考えたことの実行」であるのに対し、前者は「自分で考えたことを

自分で実行する」という点である。後者には甘えが許されるが、前者には甘えは命取りである。ホンダの社員たちは、このような厳しい作業を徹底的に繰り返し経験することによって、自立心を身につけていくのである。本田は言っている。

「人間が、いろんな問題にぶつかって、はたと困る、ということはすばらしい"チャンス"なのである。その人が過去に積み重ねてきた知恵を総動員し、最良の手をうつ判断をしなければならぬからである。思いあぐねて、人の手をかりることもあるだろう。そこで、自分の力の足りなさを自覚し、知恵や力をかしてくれる他人の存在を知るのもいい経験である」[12]。

(3) 「わが社存立の目的と運営の基本方針」

ホンダの経営理念として特筆すべきは、1954年の入社式において提示された「わが社存立の目的と運営の基本方針」の内容であろう。その概要を示すと以下のようになる。

〈わが社存立の目的〉
わが社はオートバイならびにエンジンの生産をもって社会に奉仕することを目的とする。作って喜び、売って喜び、買って喜ぶ三点主義こそ、わが社存立の目的であり社是でなければならない。この3つの喜びが完全に有機的に結合してこそ、生産意欲の昂揚と技術の向上が保証され、経営の発展が期待されるわけであり、そこに生産を通じて奉仕せんとするわが社存立の目的が存在する。

〈わが社運営の基本方針〉
　①人間完成のための場たらしめること
　②視野を世界に拡げること
　③理論尊重の上に立つこと
　④完全な調和と律動の中で生産すること
　⑤仕事と生産を優先すること
　⑥つねに正義を味方とすること

　折しも、1953〜54 年頃は、ホンダの倒産がささやかれた時期であり、日本経済も不況の真只中にあった。その時期においてなされたこの基本方針の提示は、社員にとって大きな活力となったはずである。

　以下に、上記の内容を吟味していきたい。

　まず、〈わが社存立の目的〉で明示されているのは、「本業を通じて」「社会のために」という考え方である。本田も副社長の藤沢武夫（ホンダでは、技術は本田、マネジメントは藤沢という役割分担がしっかりとできていて、この役割分担がしっかりしていたために、本田は技術に専念することができた。この役割分担は、同時期に創業・発展したソニーも同様であり、ソニーの創業・発展期では、技術を井深大、マネジメントを盛田昭夫が担当した）も、常に社会奉仕を念頭に置き、それを反映するような組織環境づくりを展開したが、それはあくまで「本業を通じて」という考え方である。社会貢献には本業以外でも寄付や文化支援などいろいろと方法がある。しかし、ホンダは「本業を通じて」ということにこだわった。

　「作って喜び、売って喜び、買って喜ぶ三点主義」に関しては、「作って喜び、売って喜び」とあるが、この時代は技術部門と営業部門が対立し、自社の商品が売れないと「技術部門は営業部門の売り方が悪いと言い、営業部門は技術部門がもっと良いものを作らないから」と反目し合う企業が多かった。そうした時代にあって、「作る人も、売る人も、みんなが喜ぶことに意味がある」という考えを表明することは非常に画期的であった。

　また、「買って喜ぶ」はまさに「顧客満足」を示しているが、そもそも顧客満足が注目されるようになったのは、モノが行き渡って市場が飽和状態になり、ニーズが多様化し、それに対応するために個々の顧客の満足を充足させる必要性が出てきたからである。この時代は、モノが不足していたため、多くの商品が出せばすぐに売れた。したがって、本来、顧客満足などを考える必要はないし、実際、顧客満足を充足させようと考えた企業は少ない。そうしたなかで、顧客満足を「存立の目的」として掲げていたところに、ホンダの先見性を垣間見ることができる。

　一方、本田はといえば、「死に際して」までも「社会奉仕」を実践したことに世間は驚かされた。本田は「社葬」を望まず、実際それは執りおこなわれなかった。理由は、「車屋が、社葬をして渋滞を引き起こしては、社会の皆様に迷惑がかかり、申し訳ない」というものであった。こんなエピソード

からも本田個人としての「社会奉仕」にかけた信念を読み取ることができる。

　次に、〈わが社運営の基本方針〉を見てみよう。

　①では、顧客の喜ぶ製品を作るには、まず、作る側が真心を込める必要があるということを説いている。それは、顧客の立場にたって商品を開発する、ということを意味しており、「他者を理解する」という思想はここにも活かされていることがわかる。

　②では、自社だけが良くなればよいという発想ではなく、自社の発展が日本をよくし、日本の発展が世界をよくするという考えが折り込まれている。それは、「パイの拡大」という発想であり、「実（まこと）の商人は、先も立ち、我も立つことを思ふなり」という「石門心学」[13] に相通ずるものがある。

　③～⑥は、特に、「空冷エンジンから水冷エンジンへの移行」やCVCCエンジン開発を実現させた原動力となっているといえよう。以下にその経緯について簡単に触れよう。

　本田は、「空冷エンジンは軽くて実用的で、そのうえ、水の心配をしなくてもよい」という経験に基づいた自説を持っていたが、若い技術者の中には「水冷エンジン」を支持するものもいた。そして、次第にその輪は拡がり、「空冷対水冷」という構図ができ上がっていた。本田が「水冷」を認めなかったのは、そこに「水の問題」を解消するだけの、あるいは、それを越えるだけの「理論」がなかったからである[14]。

　しかし、研究が重ねられるうちに、「水冷」にすればコスト・ダウンを図ることができるということが明らかになってきた。「空冷」は、「製品」としては優れていたが、「商品」としては完璧さを追究するあまり逆にそれがアダとなっていたのである[15]。

　また、時代は、米国のマスキー法[16] を契機に、世界中に排ガス規制が起こりつつある時期であり（1970年）、将来予想される排ガス対策のためにも「水冷」がベターである、ということで大方の意見が一致した。

　このような経緯から、本田は遂に「水冷エンジン」の開発を許可した。そして、この英断が、後のCVCCエンジンの誕生に繋がるのである。排ガス規制に対し、他社が触媒で排気ガスを浄化しようとしたのに対し、ホンダはエンジンそのものを改良することで対処しようとし、その結果、CVCCエンジンが開発されるに至ったのである[17]。

　ホンダがそれを見事にやり遂げることができたのは、本田が、技術的な面

では、専制的な支配者としてではなく、一技術者として他のメンバーとの間での「衝突」の中に身を投じ、経営面では、藤沢の助言もあって、「社長」に徹したからである。「会社」の立場から、本田は若い技術者の意見を尊重し、それがホンダの成長に繋がったという点を見逃してはならない。

しかし、このプロセスが意味するものは、単にそれらによって達成された技術的転換だけではない。それは、このプロセスで、本田という天才技術者と藤沢という賢明な経営者で動いていたホンダから、本田と藤沢の思想を糧にして育った「頭脳集団」によるホンダへと脱皮したということである[18]。実務面では、1964年に藤沢が「役員室」を設置することによって、すでに「集団指導体制」が敷かれ、それは確かな足取りで進行していた。そのように本田・藤沢体制から独り立ちしたとも言える集団体制が、技術面でも芽生え始めたのである。

(4) 1956年に制定された「運営方針」

ホンダでは、1954年の「運営の基本方針」をベースに、1956年に正式に「運営方針」を制定している。

これはホンダの経営理念を具体化したものである。それは、次のようなものから成り立っており、ほぼそのままの形で現在も引き継がれている。

①常に夢と若さを保つこと
②理論とアイデアと時間を尊重すること
③仕事を愛し、職場を明るくすること
④調和のとれた仕事の流れをつくり上げること
⑤不断の研究と努力を忘れないこと

では、これらの具体的な内容について考察してみよう。

まず、①についてであるが、「自分で製作した自動車で全世界の自動車競争の覇者となること」が幼少からの本田の夢のひとつであった。そして、1954年3月にマン島TT（ツーリスト・トロフィー）レース（オートバイ技術を競い合う、欧州で最も権威あるレース）への出場を宣言した。同年6月、本田は、欧州自動車業界の視察に向かったが、関心はもっぱらTTレースの

視察にあった。しかし、当時の欧州製バイクがホンダのバイクに比して、ケタはずれに馬力があることを目の当たりにしてショックを受ける。だが、研究を重ね、1961 年には、125cc と 250cc クラスで 1〜5 位を独占するという快挙を成し遂げた。

　また、本田は「若さの維持」を日頃から強調していた。この点に関する彼の言葉をいくつか拾ってみよう。「（私の会社で）ただ一つ誇りたいことがある。それは若い人たちである。…若い人はいいものだ。過去を持たないからいつも前向きの姿勢でいる。将来へ一歩一歩前進しながら、現実をありのままに受け止めて、新鮮な心でこれを吸収する。…いい経営とは、そうした若い人に夢をもたせることだ」[19]。

　「経営者に一番大事なことは、もちろん企業を大事にしなければいけないけれども、それ以上に大事なことは、そこに働きに来る人たちは、それぞれ自分の生活をエンジョイするための一つの手段として来ているのだ、という意識に徹することである」[20]。

　「前世紀の考えから一歩も出られないオトナから『いい子』だなんていわれるようじゃ、そのオトナ以上に伸びやしない。…オトナに『悪い子』といわれるのを恐れないで、若者らしく勇気を持っていろんな経験をし、視野を広げておくことが大切だ」[21]。

　本田は、心から若者を愛し、彼（彼女）らを抑えつけている障害物を取り除くことが旧世代の責任であると考え、自ら率先して行動している。それは、多くの企業が若者に対して、その企業の色に染まるような強制的な教育・訓練を施し、彼（彼女）らが逸脱した行動をとらないように、どんどんと柵を高くしていくのとは逆の行為である。そして、ホンダの若い社員たちは、本田を尊敬し、時には本田と対立しながら成長していくのである。

　次に②に関してであるが、これについては 1968 年に、本田と若い技術者との間で生じた「エンジンに関する空冷・水冷闘争」の状況やその結果としておこなわれるに至った水冷エンジンへの移行によって実現した CVCC エンジンの開発の状況が挙げられよう。ホンダには、このようにトップと社員が衝突できるような環境が整っていた。ホンダで優劣があるとすれば、それは、地位や職能からではなく、理論の正当性から生じるものである。仕事は理論的に正しい者に従って進められるので、ホンダでは理論と理論の衝突が絶えない。そして、派閥闘争などとは全く性格を異にするこの衝突がホンダ

を成長させるエネルギーとなった。

③④に関連して、本田は、次のように述べている。

「僕は、4輪各社の決算書を見るたびに、銀行から安い金利で金を借りてきて、高い金利で車を月賦で売って、そのサヤが利潤として大きく計上されているんだなあといつも思う。70万円も80万円もする自動車だから、100％キャッシュで売るのは、無理かもしれないが、金利のサヤが儲けの主要な部分になるような企業のあり方そのものが、僕のような神経には耐えられない。自動車工場を経営していても、技術とアイデアで儲けないで、金融操作で儲けているのでは、どうみても自動車会社とは言えない。そういう会社が、日本の一流企業としてチヤホヤされ、自分でもうぬぼれているところに日本の企業の弱さがある。土地を売って儲けても同じ儲けには違いないが、何でもいいから儲けさえすればいいというのでは、折角の看板が泣こうというものである」[22]。

また、本田と親交のあったソニーの創業者である井深大の言葉をかりてみたい。

「技術者というのは、一般的に言えば、ある専門の技術を持っていて、その技術を生かして仕事をする人だが、私も本田氏も違っていた。最初にあるのは、こういうものをつくりたい、という具体的な目的・目標なのだ。しかも、2人とも人真似が嫌いだから今までにないものをつくろうと、いきなり大きな目標を立てる。目標が初めにありきで、次に実現のためにどうしようかということになる。この技術はどうか、あの技術はどうか、使えるものがなければ自分で工夫する、というように、すでにある技術や手法にはこだわらず、とにかく目標に合ったものを探していく―そんなやり方を、本田氏も私も貫いていた」[23]。

「本田氏が考えるいいものとは決して高級ではなく、みなが便利に使えるものであった。言い換えれば、多くの人を幸せにするものをつくることを念頭に置いていたといえる。『社長の考えを聞けば、その会社の製品、経歴、将来がわかる』というのが本田氏の持論だった。技術者でありながら、技術よりも大切なのは人間の思想であって、考え方がしっかりしていれば、技術はあとからついてくるとも言っていた」[24]。

最後に、⑤については、前述した「やってみもせんで」という言葉に象徴されていると言える。ホンダは、「世界のホンダになる」ことをビジョンと

して掲げ、その実現のために様々な戦略的意思決定[25]をおこなってきたが、その具体的な努力を支えているのが、この「やってみもせんで」の精神であるように思われる。いくつかの例を追ってみよう。

ホンダは、設立当初、ドリーム号というスクーターを製造・販売していたが、当時の大手オートバイメーカーには、まだ歯が立たなかった。当時のオートバイ市場は、一部の金持ちやマニアのみの市場であり、オートバイ修理店しか販売チャネルがなかった。ホンダは後発であったため、この販売チャネルが無く、独自のチャネルで細々と販売していた。しかし、ホンダは1952年に、自転車の後輪に装着するだけの補助エンジンカブ号F型を開発。これを、自転車修理店チャネルを通じて販売し、成功を収めた。いわゆる「すき間戦略（ニッチ戦略）」であるが、これ以降、ホンダは大手が手を付けていないニッチを探り、次々に差別化を図っていった。

また、同年、総額4億5千万円の工作機械を米国、スイス、西ドイツ等に発注し、翌53年には、3つの新工場（埼玉県に白子工場と大和工場、浜松市に住吉工場）を建設したが、工作機械購入費と工場建設費を合わせた総投資額は15億円に達し、これは「先発」のトヨタや日産を上回る積極投資であった。この投資は、まさしく戦略的意思決定である。そして、その結果、ホンダは急成長した（1954年になると、日本には不況の嵐が押し寄せ、ホンダもそのあおりを大きく受け、倒産の危機に陥ったが、下請企業や当時のメインバンクである三菱銀行の協力などにより、何とか切り抜けることができた）。

また、1958年には、50ccの名車と言われた二輪車「スーパーカブ C100型（50cc）」を開発する。スーパーカブは、二輪車の底辺需要拡大の目的で開発されたもので、それまでのヒット量販車が月産2千〜3千台ベースであった中で、当初から、月産3万〜5万台を目標とした画期的な商品であった）。カブ号F型が「自転車にエンジンを」という発想から作られたものであったのに対し、スーパーカブは、同じ50cc（4.5馬功）の高性能二輪車を狙ったもので、「超小型で操作が容易、しかも低価格」というコンセプトで作られたものであった。

爆発的な需要を見込めるスーパーカブであったため、現存の工場では、需要に追いつくことはできない。そう考えたホンダは、翌59年、鈴鹿市に広大な土地を購入し、本格的大規模工場の建設にとりかかった（操業を開始し

たのは、その翌年）。この工場建設への総投資額は70億円から100億円というものであり、再びホンダ倒産の危機がささやかれたが、莫大な需要に応えるためには、この建設はどうしても必要なものであった。これも戦略的意思決定である。

　しかし、この選択を断行した理由はそれだけではない。当時、すでに国内のオートバイ市場は成熟しつつあり、国内だけで売りさばくだけならば、鈴鹿工場は必要でなかったかもしれない。だが、ホンダの目は、海外に向いていた。ホンダの考える爆発的需要とは海外進出をも見据えたものだったのである。

　1957年から59年にかけて、ホンダは、どの地域に進出するかを決定するために、50ccクラスのオートバイに関する市場調査を行った。候補選択肢は、東南アジア、欧州、そして米国である。項目としては、市場規模、個人の購買力、交通体系の整備の状況、ニーズの有無、態度、競合関係、アフターサービスの容易さなどを掲げ、それらについて一つひとつ調べていった。

　調査の結果は、東南アジア、欧州、そして米国の順であった。しかし、ホンダは「米国案の選択」を行った。鈴鹿工場が完成すれば、毎月、大量のオートバイが次から次へと生産される。もし、これらが売りさばけないとホンダは再び倒産の危機に瀕してしまう。いや、今回は、その投資額の規模からいって、本当に倒産してしまうであろう。まさに、この海外進出の候補地の選定は、ホンダにとって戦略的意思決定を要する問題であった。だからこそ、時間をかけて綿密な調査を行った。では、なぜホンダは、分析の結果通りに「東南アジアの選択」をしなかったのであろうか。

　市場調査などの分析型戦略アプローチは、今日でも多くの企業が採用する方式であり、企画案を練る時などには、必ず用いられる方法である。多くの企業は、その結果を重視するが、ホンダはそれに従わなかった。いや、厳密に言えば、従わなかったのではなく、初めから候補地は米国と決めていたのである。では、なぜ市場調査を実施したのか。初めから米国と決めているのならば、調査など必要ないではないかと思う人もいるかもしれない。結論から言うと、それは、市場調査の位置づけの問題であると言える。

　多くの企業は、市場調査の結果を進出に直結させる、すなわち、その進出がほぼ確実に安全でリスクの小さいものなのかを判断する基準に使うが、ホンダの場合、市場調査は米国への進出が可能性のあるものなのか否かを判断

する基準として用いたかったのである。ホンダのビジョンは「世界のホンダ」である。ホンダにとって、当時の「世界」はイコール「米国」であった。

　しかし、いくら米国に魅力を感じていても、何の裏付け（理論）も無しに進出するわけには行かない。そこで、市場調査を行ったのである。調査の結果、米国案は総合的に３位であったが、その３位が、可能性のある３位なのか、全く可能性のない３位であるのか、最低ラインの上にあるか否かをホンダは見極めたかったのである。

　では、なぜホンダはそこまで米国にこだわったのか。その答えは、本田とともにホンダを切り盛りし、本田の女房役として、マネジメントに従事した藤沢武夫の次の言葉に集約されている。

　「世界の消費経済は米国から起こっている。米国に需要を起こすことができれば、その商品には将来がある。米国でだめな商品は国際商品にはなり得ない、という信念を私は持っていたのです。市場調査と PLC モデルの結果では、東南アジアが最適ということになる。しかし、市場の規模の『潜在性』は格段の差があるし、『波及効果』を考えれば、何としても米国市場の開拓が先決だという私の考えは変わりませんでした。東南アジアで売れれば、当面短期的な効果は大きいけれども世界商品として伸びてゆくという形には、とうていなり得ないと見ていたわけです」[26]。

　市場調査をおこなう際、多くの企業は分析型の戦略構築をおこなうが、その特徴は「数値重視」「没価値的」であり、このような企業は一般に、リスク・ミニマムの戦略を構築しようとする。それに対して、創造型の戦略構築をおこなう企業は「価値主導的」であり、賭ける価値があるリスクならば、リスク・マキシマムでも構わないと考え、その観点から戦略を構築するのである。

　ホンダという企業の中のメンバーは互いに異質性が高く、だからこそ衝突し、刺激しあって成長を重ねた。もちろん、本田と藤沢の関係もしかりである。当時のホンダでは、技術面に関しては本田、マネジメント面に関しては藤沢、という役割分担がしっかりとできていた。ホンダは決して本田ひとりでは、成功はしなかったであろう。藤沢が、マネジメントに専念したからこそ、本田は技術の開発に没頭することができたのである。

　このような本田と藤沢の関係について、本田自身は、「社長の自分と副社長の藤沢は、趣味も考え方も違っている。たまたま経営会議を開くと、自分の意見と藤沢の意見が対立し、論争になる。それが結果として若い連中のシ

ゲキになる。社長と副社長が同一意見で万事OK、異議なしだったら、早い話、会議を開く必要はない」と言っている。また、先の井深は、「藤沢さんは、本田さんの才能を百パーセント生かした賢明な経営者、本田さんは、藤沢さんの才能を百パーセント信じきった幸運な天才技術者」と指摘している[27]。本田と藤沢の異質性がホンダに与えた影響は極めて大きかったと言えよう。

　若い技術者たちが本田と対立してつくり上げた世界初の低公害エンジンを世界に公表したとき、本田はその開発リーダーに自らで描いた1枚の絵を贈った。風雪に耐えて咲く真っ赤な寒椿の絵である。

　「冬来たりなば、春遠からじ」ということばがある。「今、現実に冬が来て厳しいということは、すぐそこに春が来ているということだ」という意味である。我々のなかには、壁にぶつかった時、それを避けようとし、それが繰り返されると、今度は壁さえも現れないように画策する人がいる。しかし、その人が「冬」たる困難を迎えることを避けている限り、その人に「春」たる幸福は、いつまでたっても訪れない。「慟哭（ひどく悲しんで大声で泣き叫ぶこと）」の中にこそ真理があり、そこに真髄が見える。大した苦しみもない代わりに、大した喜びもなく、大した努力もしない代わりに、大した成果も得られず、ぬるま湯につかったように生きて死んでいく人間が多いなかで、慟哭を味わえる人は幸福であると言える。その慟哭と真正面から対決しなければ、真の人生は生きられない。

(5) ホンダの社会性

　最後に、ホンダの社会性について触れておこう。本田は「社会は相互扶助で成り立っている」ということを常に強調していた。至極当然のことであるが、これを「ビジネスの面」でも考えることができるという経営者が、一体どれくらい存在するであろうか。ホンダの強さは、この経営理念をビジネスの根幹に据えたところにあると言えよう。

①社員に対して

　本田は常に「若い人」を重視し、旧世代からの圧力を受けないような環境づくりをおこなうことによって、彼（彼女）らが失敗を恐れず、のびのびと働けるようにした。また、企業の成功は、企業メンバー全員の「協力」によっ

て成し遂げたものとして、報酬と喜びを分かち合った。

②顧客に対して

　「顧客は人間であるが故に、我々は、人間の心を理解し、喜怒哀楽を理解し、不満や希望を知らなければならない」というのが、顧客に対するホンダの態度である。本田は、自動車修理工時代、自動車を壊した人は、動揺し、憤慨し、苦労しているであろうから、自動車の修理だけでなく「心の修理」も必要だとして、自動車の清掃、故障の原因と処置の説明などを細心の注意を払って行った。ホンダには、こうした「買って喜ぶ」を重視する精神が、この当時から今日まで受け継がれている。

③一般社会に対して

　「地域住民に迷惑をかけながら製品をつくらなければならないような企業だったら、すぐに廃業すべきである」というのが、一般社会に対するホンダの態度である。ホンダは、広大な土地を占有する事業所の敷地が、付近の住民にとって少しでも迷惑な存在にならないように、塀で囲むことをせず、見た目にも明るく、美しい事業所づくりを心がけた。また、排煙には、社内で開発した脱硫浄化装置で対応し、工場排水には、これも独自のリサイクル設備を整備し、どんなに自社にコストがかかっても、社会には絶対に汚れたものは出さないという姿勢を貫いた。どれも法的な規制等なかった頃の、ホンダ創業時からの公害対策である。

　近年、コンプライアンス（法令遵守）経営が叫ばれており、それを守ることが企業の社会的責任の一つとされているが、ホンダにとって、法令を守ることは責任以前の問題であった。法の有無とは関係なしに社会に対してホンダの理念を貫き通すこと、これがホンダの社会的責任の果たし方であった。

　本田は、「いつどこでも、自分のために行動しても、それが社会全体の意志や時代の流れに逆行することがなく、それにプラスするような自由人でありたい。自分の喜びを追求する行為が、他人の幸福への奉仕につながるものでありたい」と言っていた。当然のごとく、自由には責任が伴う。自由に責任を伴わせるためには「倫理哲学」が必要である。

　また、本田は「いつ、誰が、どこで受けとめても、なるほどと納得できる

思想を持つか持たないかで企業の生命は決まる。妥当かつ普遍的な、民族を超えた哲学があれば、その企業は必ず世界へ伸びる」と言っている。ここで言う「妥当」とは、「社会正義や人間としてのモラルに反しない」ということを意味している。犯罪者も犯罪を成功させるための哲学を有しているかもしれないが、それは健全な哲学とは言えない。なぜなら、そこでの熱意も能力の使い方も達成感も喜びも、モラルに反し社会の期待とは逆行しているからである[28]。また、悪い哲学には悪い人間しか寄ってこない。しかし、良い哲学には、良い人間が集まってくる。こちらが信用することによって、信用される人間が生まれるのである。

ホンダの哲学は、「人間の幸福を技術によって具現化する」ということであるが、ホンダでは、その技術は、社員間、顧客間、取引先間の相互信頼の精神によって向上していくと信じられていた。

ホンダは、経済的責任はもちろんのこと、社会的責任を果たすことを重視した経営をおこなってきた。「行動には常に動機があり、目的がある。動機が正義であり、目的が善であって、その行動だけが悪だということは、人間にはあり得ない。行動を生む動機や目的は、その人間の哲学が組み立てるものだ。哲学が正しくなければ、正しい行動は生まれない。行動という刃物が、利器となるか、凶器となるかは、その行動を支える哲学が正しいか否かによって決まるのだと思う」。本田は、この言葉を個人の生活だけでなく、ビジネスにおいても実践した。哲学の中に「社会奉仕」を折り込み、幾度となく不況を乗り切ってみせたのである。

3. 日本理化学工業 ―「有能なエグゼクティブは書けないペンを捨てない」

日本理化学工業は、1937年に神奈川県川崎市で設立された社員数88名の会社で、ダストレスチョークやキットパス（環境固形マーカー）を主力商品としている（2021年2月現在）。同社の特徴は、1959年から障がい者雇用をスタートさせており、現在、全社員のうち63名が知的障がい者であるということである。同社は、障がい者に雇用の機会、いや「働く喜び」をもたらし、その雇用を守るために様々な工夫をおこなっている。

日本理化学工業の「経営方針」「経営理念」「行動指針」「ビジョン」は以

下のようになっている[29]。

〈経営方針〉
1. 顧客の視点に立ち、商品を開発し、つねに最良の製品をもっとも良心的に供給する。
2. 社会に貢献する強い意志をつねに持って、誠実と信用を基とし、堅実経営を貫く。
3. 全従業員にとってつねに能力を十分に発揮でき、幸せな人生を送れる職場とする。
4. つねに時代と照らし合わせ、短期・長期の目標を掲げ、つねにチャレンジする心を忘れない。
5. 会社と社員の成長のために経営計画の4原則PDCAを遵守する。

〈経営理念〉
　当社は、人と人をつなぐために私たちの商品、仕事の質、そして、私たち自身の人間性をつねに高め続けます。また、全従業員がつねに「相手の理解力に合わせる」という姿勢を大事にし、素直な心でお互いを受入れ、理解・納得をしながら成長していくことで、物心両面の働く幸せ（役に立つ幸せ）の実現を追求していきます。そして、徹底的に障がい者雇用にこだわり、よりよい皆働社会の実現に貢献していきます。

〈行動指針〉
1. 私たちは全従業員の物心両面の働く幸せを守り、さらに高めていきます。
2. 私たちは、永続的な幸せを感じ続けるために、自らの人格を高めていきます。
3. 私たちは、感謝の心を忘れず、相手の役に立つことをおこなっていきます。
4. 私たちは、周利槃特（しゅりはんどく）のごとく、自らの役割に真剣に取組みます。
5. 私たちは、周りの人の成長に役立つことで、自らの成長を追求していきます。

　6．私たちは、現状に満足をせず、常に報連相を通じ自己の成長をはかり
　　ながら、毎日の創意工夫を積み上げていきます。

　7．私たちは、日々の活動ではPDCAを遵守しながら目の前の目標を達
　　成し続けることにこだわります。

〈ビジョン／目標〉

　日本一強く、優しい会社を目指す。

　経営的にも強く、精神的にも強く、人に優しく接することができ、人と環境に優しい商品を作り続ける。

　以上が、日本理化学工業の「経営方針」「経営理念」「行動指針」「ビジョン」であるが、このような理念に基づいて、どのような経営を展開しているのか、特に、障がい者雇用に着目して考察していくことにしよう。

(1)「有能なエグゼクティブは書けないペンを捨てない」

　差し出されたペンケースには、黒や赤、黄、緑など、様々な色のペンが入っており、それぞれの色に合わせた使い方がなされる。あなたはそのペンを次々に使って、紙に文字を書いたり、絵を描いたりしている。ある時、あなたがある1本を手にして紙に文字を書こうとしたとき、何も文字が書けなかった。

　通常であれば「このペンはもう使い切ってしまった」と考えられ、このペンは捨てられてしまうだろう。だが、有能なエグゼクティブはここで簡単には捨てない。別の可能性を考える。

　通常、文字は白い紙に書かれる。紙といえば白色…これは常識的な考えであるが、実は、紙は白色ばかりではない。有能なエグゼクティブは、紙の色を変えてみるのである。例えば黒色に。すると書けないと思っていたペンで、黒色の紙に文字が書けた。白色の文字で鮮やかに。

　確かに白いペンは、白い紙の上では「書けない」ように見える。しかし、それは色のついた紙の上では鮮やかに効果を発揮するのだ。見識のあるエグゼクティブは、ペンケースに並んでいる「書けないペン」を決して捨てはしない。なぜ書けないかを考え、書けるような環境を整備するのである。

予算や利益という数字でしか経営を見ることが出来ない人は、「書けない
ペン」をすぐに捨ててしまう。「使えない」と決めつけ、「なぜ書けないか」
を考えようともしない。そして、「白い紙で使えるペンだけの使い道」を考
える。「紙の色さえ変えれば、計り知れない能力を発揮するかもしれない白
いペン」の存在に気づかずに。

　多くの企業は「白い紙」を変えずに、「書けない」と思われるペンをすぐ
に捨てようとする。しかし、「白い紙」を変えることによって、「書けない」
と思われたペンの活躍する場を見事に作り出した企業もある。それが日本理
化学工業である。

(2) 障がい者は民間企業が雇うべきである

　同社の大山泰弘会長（当時）は、生前「会社とは社員に『働く幸せ』をも
たらす場所」だと断言していた。もちろん、企業にとって利益は必要である。
だが、利益追求活動が過度になりすぎると、ヒトは「本来のヒトとしての姿」
を失う。雇用する側も雇用される側もである。

　同社では、企業が持続的に成長するためには、利益よりも「社員の働く幸
せ」の方が重要であると考えられている。多くの場合、利益第一主義が「社
員の働く幸せ」を生み出すことは稀であるが、「社員の働く幸せ」が利益を
生み出すことは十分あり得る。

　ここでは、ただの「幸せ」でなく、「働く幸せ」というところに意味がある。
日本では、障がい者の幸せのすべてを福祉施設などのなかで完結させようと
する。そのため、施設のなかに作業場を作って、そこで障がい者に働く場を
提供しようとする。だが、これが本当に障がい者にとって幸せなことなので
あろうか[30]。

　特に、知的障がい者の場合は施設のなかで保護されているため、「ありが
とう」と人に感謝することはあっても、人から「ありがとう」と感謝される
ことは少ない。働く場所がないわけではないが、施設内に設けられた作業場
でおこなわれることはあくまで「体験」であり、人にほめられ、人の役に立
ち、人から必要とされることを実感することには繋がらない。また、福祉作
業所での報酬は月平均1万2千円から1万3千円しかない[31]。

　だが、民間企業は「ビジネスという枠組み」で障がい者を雇う。企業は福

祉作業所よりも多くの給料を支払うことができる。もちろん、その分税金を納める必要が出てくるが、障がい者は税金を払うことに喜びを感じる。自分の納める税金が社会から必要とされ、その税金が社会の役に立つからである。そこに、障がい者は大きな喜びを感じるという。

　だからこそ、同社では知的障がい者を"お手伝い"とは位置づけていない。利益創出をするための重要な戦力としている。

　大山が「徹底的に知的障がい者雇用にこだわる」という現在の体制に辿り着くまでには迷いもあった。だが、「会社とは何か」「経営者とは何か」を真剣に考えた結果、「本来、ヒトは働くことで幸せになれる。ならば企業は利益を出すとともに、社員に幸せを提供する場でなければならない。そして、この両方の目的を実現するために働くのが経営者であるはずだ。確かに、健常者中心の会社にすれば、利益を出すには有利だろう。しかし、そのために知的障がい者が"お手伝い"のままでいて、本当の『働く幸せ』を提供できないとすれば、私がめざす経営者とは言えないのではないか」という結論に至った[32]。

(3)「働く幸せ」を守るための工夫

　だが実際に、知的障がい者を"お手伝い"ではなく戦力とするには、これまでの同社のやり方では難しかった。そこで同社は、会社のやり方に知的障がい者をはめ込むのではなく、知的障がい者が働きやすいように会社のやり方を変えるようにした。

　ダストレスチョーク作りには、知的障がい者が1人でこなすには難しい工程がいくつもある。「材料の配合」もそのひとつである。それぞれのチョークに使用する材料の種類を間違えず、重量もきっちりと量らなければならない。例えば、ある材料を100g混入しなければならないとすると、そのためには秤の片方に100gのおもりを置き、それと釣り合うだけの材料をもう片方に盛ればいいのであるが、知的障がい者にはそもそも「100g」ということが理解できない。

　このように知的障がい者の多くは数字の認識ができないので、通常のやり方では知的障がい者に材料の配合を任せるのはまず無理である。多くの企業は「無理」ということで雇わないか、雇ったとしても別の"お手伝い"のよ

うな仕事しかさせない、という選択をするだろう。しかし、大山はその材料の配合を何とか彼（彼女）らに任せたいと考えた。そして、ひらめいたのが「交通信号」の応用である。

知的障がい者は数字の認識は難しいが、色の識別はできるはずだ。なぜなら、彼（彼女）らは自宅から職場までいくつもの信号機をちゃんと識別していたからである。そこで同社は、材料の重量を数字で把握しようとする考えを改め、色で量ることができないかを考えた。そして、材料が入っている容器の蓋の色とおもりを同じ色にするという方法を導入し、知的障がい者が材料の配合をできるような環境を整えた。

また、材料を練る時間を計るために、一般的な時計から砂時計にかえた。さらに、数をかぞえるのには連続した数字を書いたカードを用意し、ひとつの作業ができるごとにそのカードをめくらせるようにした。この数字カードの導入により、それまでなかなか理解してもらえなかった「作業目標」という概念を受け入れてもらうことができた。目標が理解できたことにより、彼（彼女）らのモチベーションは格段に上がるようになった[33]。

モチベーションが上がるところまで持っていくことができれば、後は健常者となんら変わりはない。いや、むしろ健常者よりも無心に集中して作業を熱心に進めるかもしれない。そして、今や彼（彼女）らのこの行動が同社の利益の根源となっているのだ。

以上のような日本理化学工業の経営理念やそれに基づく行動は、多くの企業にとって大変参考になる。障害者雇用促進法が厳しく改正されるたびに、従来以上に障がい者雇用を求められる企業にとって、その改正は「負担」と映るかもしれない。しかし、同社は障がい者に対しての見方を変え、従来のやり方を変え、工夫次第でできないことはない、ということをただ考えるだけでなく形にした。

この日本理化学工業の姿勢は、障がい者雇用だけにとどまるものではないと思える。日本には障がい者以外にも「女性」「高齢者」「派遣労働者」など、ビジネスという舞台において「マイノリティ」に位置づけられている人々がまだまだ存在する。多くの企業が、日本理化学工業の姿勢を学び、より多くのマイノリティに「働く幸せ」を提供するべきではなかろうか。

4. 伊那食品工業―「ヒトではなく利益を調整する」[34]

　伊那食品工業は、1958年に長野県伊那市で設立された社員数475名の会社で、寒天やゲル化剤などの製造・販売をおこなっている（2020年1月現在）。

　業務用寒天のトップシェアを誇る国内最大手メーカーであり、2008年に「48年間、増収・増益、増員・ノーリストラ」を達成した。国内シェアは約80%、チリ・モロッコ・韓国に専用工場をつくり、世界に広がる同社の寒天生産量は、世界生産の約15%を占める。

(1) 徹底的に社員とその家族の幸せを追求する

　同社は、塚越寛社長（現最高顧問）が1958年に設立して以来、現在に至るまで、非常に経営理念を重視する企業であり、経営理念や同社の進む方向性を社是として社員全員に伝え、全員で共有している（多くの企業が、経営理念をただ掲げるだけで浸透させる工夫・努力をあまり進めていないなか、同社では、社是と「社是を実現するための心掛け」をまとめた「社是カード」を作成し、社員がいつでも携帯して読むことができるように、三つ折りで名刺サイズになるような作りをしている。同社の、ビジョンとミッションの浸透のための工夫の一つである）。同社の社是を以下に示そう[35]。

〈社是〉

　「いい会社をつくりましょう。～たくましく　そして　やさしく～」

　「いい会社」とは単に経営上の数字が良いというだけではなく、会社をとりまくすべての人々が、日常会話の中で「いい会社だね」と言ってくださるような会社のことです。

　「いい会社」は自分たちを含め、すべての人々をハッピーにします。そこに「いい会社」をつくる真の意味があるのです。

〈企業目的〉

　企業は本来、会社を構成する人々の幸せの増大のためにあるべきです。

私たちは、社員が精神的にも物質的にも、より一層の幸せを感じるような会社をつくると同時に、永続することにより環境整備・雇用・納税・メセナなど、様々な分野でも社会に貢献したいと思います。

　したがって、売上や利益の大きさよりも、会社が常に輝きながら永続することにつとめます。

〈社是を実現するための会社としての心がけ〉

・遠くをはかり、進歩軸に沿う研究開発に基づく種蒔きを常におこないます。

・永続のために、適正な成長は不可欠です。急成長をいましめ、環境と人との調和をはかりながら、末広がりの堅実な成長をめざします。

・収益性、財務、営業力、開発力、取引先、知名度、メセナ等について企業規模との好ましいバランスを常に考えて行動します。

〈社是を実現するための社員としての心がけ〉

・ファミリーとしての意識をもち、公私にわたって常に助けあおう。

・創意、熱意、誠意の三意をもって、いい製品といいサービスを提供しよう。

・すべてに人間性に富んだ気配りをしよう。

・公徳心をもち社会にとって常に有益な人間であるように努めよう。

　同社にノルマは存在しない。目先の数字的な効率を最優先させて、社員の夢を奪ってしまっては、彼（彼女）らにモラールダウンが生じると考えるからである。経営理念を示し、進むべき方向性だけを提示して、あとはそれぞれの個性を活かして仕事をさせる。経営理念を盛り込んだ社是があれば、社是を中心に社員のチームワークを育成していくことができると同社は考えている。これが、同社の人材育成の最も根本的な部分である。

　同社では、「社員の幸せ」を非常に重視している。したがって、人件費を「費用」とは捉えていない。同社において、人件費は幸せを求めて働く社員たちの労働への対価であり、この支払いは企業活動の目的そのものであると考えられている。つまり、同社にとって人件費は、削減の対象とすべき「費用」ではなく、社会の公器としての雇用機会拡大の証なのである[36]。

　同社が大切にするのは社員だけではない。その家族までも大切にする。同社では社員の人事異動は半年前に告げ、必ず家庭の事情を考慮する。子どもがまだ小学校の低学年であったり、受験を抱えていたり、親が寝たきりであったりと、家庭には様々な事情がある。それを最大限考慮する。

　逆に、こうしたことを考慮しないと、どういうことになるだろうか。例えば、ある地域で成果を出し続けている社員を、苦戦している他県の支社に配置転換して巻き返しを図るということは多くの企業がやっていることであるが、もし、その社員に寝たきりの母親がいて、毎日出社前と退社後に母親の顔を見て安心しているとしたら、その社員を他県に配置転換することは得策であろうか。その社員は、母親のことが心配で、それまでのような成果を出せない可能性の方が大きい。なぜなら、ヒトは感情を持っており、機械ではないからである。会社の命令に従いはするものの、成果を出せない。伊那食品はそのことをよく理解しているからこそ、家庭の事情を考慮しようとする。つまり、伊那食品工業の考え方は、道徳的であるのと同時に、非常に効率的であると言えよう。

(2)「振り子理論」を柱にする

　また、同社が重視する考え方として「振り子理論」というものがある。これは「トレンド軸」（世の中で生まれている流行）を取り入れながら「進歩軸」（世の中や社会が願っているような理想的な姿に向かってまっすぐに進む方向性）に沿った経営をおこなう、という考え方であり、その根底には松尾芭蕉の唱えた「不易流行」の精神がある。

　同社は急成長を嫌う。トレンドは確かに重要であり、その変化には敏感でなければならないが、その対応のみに資源を集中するのは危険である。たとえ成長したとしてもそれは一時的な急成長であり、やがてトレンドの終焉とともに、企業業績も急速に下がっていくからである。そうなると、急成長時に採用した人員や増加させた過剰な設備投資が不要になり、人的リストラを断行せざるを得なくなる。つまり、急成長には「進歩軸」が欠落しているのである。

　同社は「振り子理論」に基づき、持続的成長を念頭におきながらそれを実践しているが、「成長したり、しなかったり」「急成長したり、しなかったり」

「急成長したり、急降下したり」というのはいろいろな面に悪影響を与える、と考える。上述した人的リストラはもとより、納税の責任も果たせなくなる。企業城下町といわれる地域は、企業の納める税金が主要な財源となっている場合が多い。そうした地域にとって、一番ありがたいことは、企業の「安定的納税」である。だが、企業城下町の場合、まず中核的大企業があり、その中核的大企業と協力関係にある中小企業が多数存在するという形になっているため、中核的大企業の成長がストップしてしまうと、雇用面はもとより納税面にとっても大変なマイナスの波及を起こしてしまうのである。

伊那食品工業は「最適成長率」を見極めることが重要であると考える。それは、企業の業種や規模、歴史や時代背景、マーケットの変化をはじめ、地球環境、かかわる人々の幸せ、人に迷惑をかけないことといった視点まで含めて、総合的に判断して決められる必要がある。同社は、安定した成長を長く続けることに価値を見出し、最適な状態を維持・継続して、小さくても光を放つ企業を永続させることを常に念頭に置いている[37]。

(3) 最適成長率を維持するための工夫

では、どのようにして持続的な成長を維持するのか。それは常日頃からの将来への「種蒔き」による。社員の1割を研究開発に充て、和菓子の材料でしかなかった寒天の新しい用途を次々と開発し、商品(およびアイデア)の「貯蓄」をおこなっているのである。

同社は徹底的に寒天にこだわる。とにかく、愚直なまでに寒天について、徹底的にその性質や成分、効果などを研究する。その結果、新しいアイデアや製品が生まれる。例えば、ある実験で「固まらない寒天」ができたとき、一般には「不良品」で処理されるが、同社では「不良品も量産できれば良品になる」という発想からその用途を考え、エネルギー補給などを手軽におこなえる「ゼリー状飲料」製品が生まれた。

また、以前、「落ちない口紅」が発売されたが、実はこれにも寒天が使われている。寒天の成分をうまく利用し、化粧品メーカーと連携して発売されたこの商品は、発売2カ月で189万本と大ヒットした。だが、どんな商品にも必ずライフサイクルがある。それを見極めながら、ある商品が成熟期を過ぎたところで、次の商品を投入するわけであるが、その投入すべき商品をた

くさん「貯蓄」しており、それを切り崩しているのである。

　このように同社は、寒天に徹底的にこだわるものの、それを「和菓子」だけに限定して考えなかった。徹底的に研究し、用途を開発することによって、「和菓子」以外の「飲料」「医薬品」などへ市場も創造することができた。もし、同社が寒天を「和菓子」の観点からしか見ることができなかったら、このような市場は創造できなかったであろう。

　このように同社は、どこかに存在している市場に参入するのではなく、自らで市場を創り出すというやり方をとっている。市場参入をおこなえば、そこに熾烈な競争が起こり、「Win-Lose」が展開される。そこでは、小売店からの値引き要求、それに応じるための協力企業への原料・部品単価引き下げ要求、社員報酬のカット、など「幸せ」とは正反対の状況が繰り広げられる。塚越はそれを最も嫌う。だからこそ、工夫と努力を重ね、自らで市場を創造できるような会社をつくり上げ、さらにそれを持続的に成長させようとしているのである。

　同社の研究開発室の壁には、「セレンディピティ」（SERENDIPITY）と書いた紙が掲げられている。これは「掘り出し物を見つける」という意味であるが、同社では、この考え方を開発の柱としている。幅広く学んで雑学を吸収したり、問題意識と好奇心を持ち続けたりすることで、仕事でもひらめきの力が育まれる。研究開発以外の部分でも、常に「多面的にものごとを見る」ことを社員に要求し、そのために「気配り」をすることの重要性を説く。相手の立場を考えて行動できるようになれば、必然的に相手のためになるような時間の使い方やコミュニケーションの取り方、サービスの提供の仕方などが分かってくる。そして、自己啓発を積み重ねることにより、個々の社員が「掛け替えのない」社員に育っていくのである。一人ひとりが「掛け替えのない」欠かせない存在であれば、人的リストラをする必要がなくなる、という考えを同社は持っている。

　第Ⅰ部第１章第５節で、「learn 型情報蓄積」と「study 型情報連関」について述べたが、伊那食品の場合、「learn 型情報蓄積」をコツコツとおこないながら、「進歩軸」に沿って「study 型情報連関」を戦略的に繰り返すことにより、戦略的な人材が次々に育成されている。

　社内だけでなく、取引先との関係においても、同社は「取引先の幸せ」を意図した人材育成をおこなっている。同社は、寒天の原料である海藻の安定

供給を図るため、以前から海外進出をしているが、それは海外の産地から原料を安く買い叩くための進出ではなく、原料産地を開拓し育てながら仕入れる「開発輸入」である。現在、チリ、モロッコ、韓国に専用工場を持っているが、チリ以外は出資関係がなく、時間をかけて徹底した技術指導と経営指導をして育成してきた。結果として、同社と関係のある現地企業はみな順調に成長し、現地の産業を活性化させている（塚越［2004］，p.122）。

　これも商品の市場創造と同じ発想であり、雇用の創造である。既にそこにできているものを利用するのではなく、一からそれを創り出していくのである。

　多くの企業は、人件費削減のために、安い賃金を求めて海外へ進出する。大抵は委託生産であり、仮に当該工場で労働搾取などがおこなわれていたとしても関知しない。それが問題化するとCSR（Corporate Social Responsibility：企業の社会的責任）の観点からの改善を図るが、それは批判を避けるためのCSRであり、積極的に社会を良くしていきたいという動機のものは少ない。そうした企業が多いなか、伊那食品工業のCSRは、真に社会を良くしていきたいと願い、自律的に実践しているものであると言えよう。

（4）ヒトではなく利益を調整する

　伊那食品工業の経営のすべての発想の根幹にあるもの、それは「社員の幸せ」である。一方、一般の企業の経営のすべての根幹にあるもの、それは「利益の創出」である。もちろん、伊那食品工業も利益は大切にする。だが、それはあくまで「『社員を幸せにするための費用』を創出するため」である。一方、一般の企業はどうか。「社員を犠牲にした利益の創出」となってはいないか。

　「グローバルな競争に勝つためには、社員が犠牲になることなど当然ではないか」。「社員の幸せ？ばかばかしい。そんな甘っちょろいことがビジネスの現場で通用するはずなどないじゃないか」。そう考える経営者が大多数であろう。しかし、そうした考えの経営者に改めて問いたい。「企業は何のために存在しているのか」。社員を犠牲にして、あるいは社会を犠牲にして競争に勝って、そこで得た利益に何の意味があるのだろうか。

　多くの企業は「利益を創出するために社員の有効配分を考える」が、伊那

食品工業は「社員を幸せにするために利益を調整する」。

　以前、伊那食品工業は全国展開するある大手スーパーから、同社の「お湯に溶かすだけで手軽に食べられるゼリーの素」を扱いたいと申し出られたことがある。当然この申し出を受ければ、売り上げは急成長するだろう。一般的に考えれば、この話に飛びつくところであるが、塚越はこれを断った。この申し出に応じることが、長期的に「社員の幸せ」になるとは到底考えられなかったからだ。上述した「振り子理論」に基づく判断である。

　これまで、「利益を創出するために社員の有効配分を考える」ということはごく自然なことであり、誰も疑問を持たなかった。しかし、現実的に伊那食品工業のように「社員を幸せにするために利益を調整する」という企業は存在し、しかも48年間、増収・増益を達成している。当然、その48年間には幾たびの不況もあった。だが、不況のなか他の多くの企業が社員に犠牲を強いるなか、同社は社員を大切にし、しかも持続的に成長してきたのだ。景気に振り回され、右往左往し、戦略をあれこれ転換し、雇用を調整するのではなく、「振り子理論」に基づいて、社員のために計画的に、ヒトではなく利益の方を調整してきたのである。

　伊那食品工業の金庫にはカネではない大切なものが保管されている。過去50年間の社員のアルバムである。この小さなエピソードからも、同社の「社員に対する想い」が伝わってくる。

5. アトラエ ──「仕事は時間ではなく、エンゲージメントで行う」

　アトラエは、2003年に新居佳英が東京都港区麻布十番で設立した、社員数63名という少数精鋭のITベンチャー企業である（2020年12月現在）。なお、同社は、約40名の人数規模で、2016年に東証マザーズに上場、2018年には東証一部に指定替えとなっている。

　「人や組織の課題をテクノロジーで解決する『HRテック』」を手掛けているが、同社は一般的な「HR Tech」をさらに進化させ、「テクノロジーによって人の可能性を拡げる事業を創造していく『People Tech』」を展開している。

（1）Vision、Philosophy、Value

アトラエの Vision、Philosophy、Value は以下の通りである。

① Vision ―目指すもの―

「世界中の人々を魅了する会社を創る」

全ての社員が誇りを持てる組織と事業の創造にこだわり、顧客や株主にとどまらず、広く関わる人々がファンとして応援したくなるような魅力ある会社を目指す。

そして日本を代表するグローバルカンパニーとして、世界に広く価値を届けられる存在を目指す。

② Philosophy ―経営理念―

「大切な人に誇れる会社であり続ける」

いついかなる時も、家族や親友など自分達が大切だと思える人達に対して、胸を張って誇りを持って語れる会社であり続けることを、何よりも大切にする。

事業においても、組織においても、それこそがもっとも大切で普遍的なアトラエの経営理念である。

③ Value ―アトラエに関わる全てに通じる「基本的」価値観―

「Atrae Standard」

Vision と Philosophy を実現するために、同社が最低限必要だと考えている個人の行動や姿勢、価値観、そしてそれに基づく行動指針である。これは「指示・命令・監視のための細かいルール」ではなく、「一人ひとりがチームで大切にする考え方」を示したものであり、同社の社員はいつもこの「アトスタ」（同社の社員はこう呼ぶ。それだけ、この行動指針がメンバーに浸透しているということであろう）と共にある。

まず、アトスタのコア・バリューとして「Atrae is Me.」を掲げる。これは「アトラエの当事者として、未来を他人に委ねることなく、自らの意志と責任で理想の組織を創ろう」ということを意味する。

社員一人ひとりがアトラエと自身を一体化させ、アトラエらしい行動を取

る。アトラエらしさとは何か？それは、全社員一人ひとりが、"会社が自分に何をしてくれるのか？という考え方ではなく、自分がアトラエに対して何ができるのか？という考え方"を常に持ち、自ら行動をおこし、理想の会社創りに対して本気で挑み続けている状態を意味する。

　決して、誰かが誰かに依存したり、やらされ感を持って取り組んだり、他人任せに進むのではなく、「どうやったらもっとアトラエが理想の会社になるか」ということを常に強く意識し、考え、実現しようと挑戦している状態。これが Atrae is Me. である。

　そして、この「Atrae is Me.」をバリューの中心に据え、それを「四方よし」「ヤバいレベルを狙え」「すべての行動に誇りを」「神輿を盛り上げろ」というバリューが取り巻いている。一つひとつ見ていこう。

図表Ⅲ－1

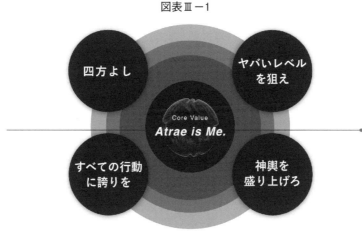

出所：「行動指針 Atrae Standard」より。

○四方よし

　「私たちは『会社とは、関わる人々を幸せにする仕組み』だと考える。

　目の前の売上や利益だけを追い求めても、理想の組織に近づくことはできない。

　たとえ困難な道でも、『社員・ユーザー・株主・社会の幸せ』の四方よしにこだわり、挑戦し続けよう。

意思決定に際して、

・固定概念や前例にとらわれず、

・関わるステイクホルダーは何か？と考え、

・そのすべてが「良し（Win-Win）」となる状態の実現に邁進しよう」

　近江商人の「三方よし」は有名であるが、同社は現代風に「株主」も加えて「四方よし」としている。要するに、「顧客満足」や「株主満足」など特定のステイクホルダーの満足のみならず、同社に関わるすべてのステイクホルダーを大切にしようという考え方である。売上や利益は追求すべき目標ではなく、すべてのステイクホルダー満足を充足させれば「結果的に」ついてくるという考え方である。しかし、「言うは易し、行いは難し」でそれを実現するのは簡単ではない。同社がこれをアトスタに入れているのは、「難しくても『世界中の人々を魅了する会社を創る』ために、また『大切な人に誇れる会社であり続ける』ためにやろう」という挑戦の意思表明であると言えよう。

　また、同社は、この「四方」の先頭に「社員」を持ってきている。同社に関わるすべてのステイクホルダー満足の充足は大切だが、それを実現するためには、まずは「社員」が「よし」となること、そうした会社の状態こそが他のステイクホルダー満足を充足させるエンジンとなり得るということを、

図表Ⅲ－2　「四方よし」を実現する行動プロセスの一例

Examples			
?	相手の立場を想像して考える	御用聞きにならない	ビジネスを通じて社会貢献をする
二律背反の場合第三の案を考える	現状を疑い何度でも立ち返る	困難でも正しいことに拘る	全方位の幸せを考え抜く
この方向は本当に正しいのか？と疑う	本質の追求に立ち返る	形骸化した慣習は勇気を持って捨てる	win-winになるまで考え続ける

出所：「行動指針 Atrae Standard」より。

それは示唆している。

　高い意欲をもったメンバーが無駄なストレス無くイキイキと働き続けられる組織づくりを第一に考える社員達だからこそ、自らで常に「問い」を設定し（他のバリューでも同様であり、同社は行動を起こす前に「問いの設定」をおこなう）、その問いに対し固定概念や前例にはとらわれない形で向き合い、その結果関わるステイクホルダーと「Win-Win」になるような解決法を模索し続けられるのである（図表Ⅲ−2）。

○ヤバいレベルを狙え

「ユーザーや仲間からの期待を理解し、

その期待を遥かに超える『ヤバいレベル』への挑戦を楽しもう。

ヤバいレベルのアウトプットは、周囲に驚きと感動を生み出し、ファンを創る。

自分の限界を定めず、挑戦し続けることで自らを成長させ、

アトラエに飛躍的な成長をもたらそう

　要は、

・どうせやるんだったら、『Wow』を生み出そう」

　当たり前のことをやっても人は感動しない。どんなにすばらしい商品やサービスでも、その価格が高いのであれば、ユーザーは「これだけのお金を

図表Ⅲ−3　「ヤバいレベルを狙う」ための行動プロセスの一例

Examples			
?	理想ドリブン	機会があれば全部ものにする	前例はとにかく疑う
目標設定時に世界最高から考える	「いいね」で満足しない	勝つまでやめない	周囲を驚かす
誰もやったことない方法で挑戦	何よりも成果にこだわる	変態と呼ばれるほど物事を極める	経営者視点で判断する

　出所：「行動指針 Atrae Standard」より。

かけているんだから、これくらいのサービスは当たり前」と考えるだろう。人が心を動かされるのは、「期待を超えたとき」である。思いもよらない商品やサービスに出会ったとき、人は感動し、しかもその感動を自分のなかだけに留めるのでなく、周囲の人にシェアしてくれる。それが「ファンの心理」だ。

　ヤバいレベルの商品やサービスを生み出す事業や組織づくりのために、同社は図表Ⅲ−3にあるような行動プロセスをとる。

○すべての行動に誇りを
「あらゆる状況において、大切な人に誇れる言動を心がけよう。
一人ひとりの言動が、アトラエの信頼を築くことにも、壊すことにも繋がる。
アトラエの代表として、社会からの信頼と評価を獲得し、
大切な人に誇れる会社であり続けよう
　要は、
・カッコ悪い／ダサいこと、すんな」

　顧客ロイヤルティを把握するための指標である「ネット・プロモーター・スコア（純推奨者比率、Net Promoter Score：NPS）を提唱したフレデリック・ライクヘルドは「顧客満足度調査はそのサンプリングの難しさ、質問のあいまいさや数の多さなどによって役に立たない」とした上で、たった1つの質問、すなわち「あなたが、この会社を友人や同僚に薦める可能性はどのくらいありますか？」という問いが、顧客満足を推し量るための究極の質問であるとしている[38]。

　これは顧客満足のみならず、社員満足にも当てはまることである。果たしてどれだけの人が自分の会社を友人や同僚に薦めたいと考えているだろうか。人に薦めるにはまず会社の最重要資源である「社員」自身が誇りある行動をとり、人から信頼される存在になる必要がある。会社の歴史とか名前とかではなく、行動が誇れるものであること、同社はこれを非常に重視するのである。

　上述したように、ホンダの創業者本田宗一郎は「いつどこでも、自分のために行動しても、それが社会全体の意志や時代の流れに逆行することがなく、それにプラスするような自由人でありたい。自分の喜びを追求する行為

が、他人の幸福への奉仕につながるものでありたい」「行動には常に動機があり、目的がある。動機が正義であり、目的が善であって、その行動だけが悪だということは、人間にはあり得ない。行動を生む動機や目的は、その人間の哲学が組み立てるものだ。哲学が正しくなければ、正しい行動は生まれない。行動という刃物が、利器となるか、凶器となるかは、その行動を支える哲学が正しいか否かによって決まるのだと思う」と言っているが、アトラエにもまったく同じ想いを感じる。

　すべての行動に誇りを持つために、同社は図表Ⅲ−4にあるような行動プロセスをとる。

図表Ⅲ−4　「すべての行動に誇りを抱く」ための行動プロセスの一例

Examples			
？	不言実行・有言実行	大切な人に心の底から勧められる	見ず知らずの人をもファンにする
誰も見ていなくても、良いことをする	一事が万事で考える	神は細部に宿るの精神	ダサいことはしない
自分ルールがある	身辺を綺麗にし続ける	アトラエを背負っている自覚	想い・信念を貫く

出所：「行動指針 Atrae Standard」より。

○神輿を盛り上げろ

「会社というのは神輿によく似ている。

一人ひとりが責任感と協調性を持たない限り、正しい方向に進むことも曲がることもできない。

一人ひとりが肩にその重みを感じながら、お互いに声を掛け合い、励まし合い、助け合おう。

全員の掛け算で、チーム・アトラエを最高に盛り上げよう

　要は、

・あなたの力で、チームを強くしろ」

　このバリューには、同社がいかにチームを大切にしているかということを強く感じる。「責任」と「協調性」とは、「自立」と「協働」という言葉に置き換えられるかもしれない。第Ⅱ部第4章第2節で示したように、「依存者」がいくら協働しても成果は出ないし、「自立者」が孤軍奮闘してもその成果はたかが知れたものである。自立したもの同士が「協働者」となることにより、組織力が高まり、エマージェント・プロパティ（組織の創発的効果）が生じるのである。
　ちなみに、上述したように、組織力とは、「個人の能力」×「個人間の繋がり」で表される。掛け算であるので、いくら個人の能力が高くても個人間の繋がりが希薄であれば、高い組織力は発揮できない。神輿は動かないのである。
　神輿を盛り上げるために、同社は図表Ⅲ−5にあるような行動プロセスをとる。

図表Ⅲ−5　「神輿を盛り上げる」ための行動プロセスの一例

Examples			
？	自分の勝利よりもチームの勝利を選ぶ	チームのエンゲージメントを高める	飲みニケーション
なにかやるときは人を巻き込む	周囲の人のエンゲージメントを気遣う	チームの結果＝自分の結果	自分から相手を理解しに動く
相手の感情の背景に寄り添う	遠慮ではなく配慮	「チームで勝つ」を実践する	批判と提案はセットにする

出所：「行動指針 Atrae Standard」より。

　以上が、同社の Vision、Philosophy、Value であるが、これらから浮き出てくるのは、同社が社員の主体性、すなわち「当事者意識」を非常に重要視

しているということである。

　しかし、同社は社員にただ「当事者意識を持て」とは言わない。社員が当事者意識を持つようなユニークな仕組みを構築している。しかも、この仕組みは固定されたものではなく、常に試行錯誤しながら変化している。

　新居には、経営リーダーとしての経験の中で培ってきた持論がある。

　「会社とは、そこに関わる人たちが幸せになるための仕組みでなければなりません。関わる人たちの中でも、『時間』という限られた貴重な資源を投資して働く社員の存在は極めて重要です。その社員が幸せになれないような会社は、そもそも存在する意味がありません。逆に、社員が当事者意識を持っていきいきと、能動的かつ自律的に仕事に取り組む組織こそ、社会に存在する価値があり、変化に柔軟に対応する力を持ち、持続的な競争力を持ち得ると思っています」[39]

　会社が「社員が幸せになるための仕組み」を構築することは非常に重要な意味を持っているが、そもそも「幸せ」とは何なのか。

　幸福というのは相対的なもので、感じる人によって異なる。心理学者は「主観的幸福度」という言葉をよく使う。後述するが、同社の事業の一つである「wevox」が測定の対象としている「エンゲージメント」もまさに主観的幸福度を示すものであり、wevoxはそれを測定するためのツールということになるだろう。

　では、心理学者たちは「幸せ」をどのように定義しているか。一般的には、「『意味や目的の深い感覚を伴う喜び』というポジティブ感情を覚える状態」と捉えられており、また、幸せには、現在のポジティブな感覚と将来に関するポジティブな展望の両方が含まれると考えられている。ポジティブ心理学の創始者の一人であるマーティン・セリグマン博士は、幸せを3つの計測可能な要素に分けて考えた。「喜び」「夢中になること」「意味を見出すこと」の3つである。セリグマンの研究によって、「喜び」だけを追求しても幸福のもたらす恩恵の一部しか得られないこと、3つの要素すべてを求める人が本当に満たされた生活を送ることができるということが実証された。

　幸せを意味する最も正確な言葉は、アリストテレスが使った「ユーダイモニア」という言葉かもしれない、とポジティブ心理学を用いて企業のコンサ

ルティングをおこなう Good Think Inc. の創業者ショーン・エイカーは言う。これは「人の繁栄」と訳される。エイカーは、この言葉が幸せの定義として最もふさわしいと考え、自らは「自分の可能性を追求して努力するときに感じる喜び」と定義している。幸せとは、条件でも状況でもなく「心で感じるもの」である。だが、「幸せ」は単なる「いい気分」ではない。成功するために欠かせない重要な要素でもあるのである[40]。

　上述したような幸福感が社員の間で高まっていくと、第Ⅰ部第1章第3節で示したフレドリクソンの「拡張－形成理論」でも証明されているように、社員一人ひとりのモチベーションが向上し、当事者意識が醸成され、挑戦的かつ柔軟なモノの見方ができるようになり、創造性に溢れた多くのアイデアが創出される。そしてその結果、生産性が向上していくことになるわけであるが、こうした創造性や知恵は、制度やマニュアルでは生み出すことは難しい。

　新居は言う。「重厚長大産業が中心で、マニュアル通り迅速に実行することが求められた時代においては、マネジメントはミスが出ないよう『管理』するという意味合いを強く持っていました。しかし、これからの時代のマネジメントは、社員が意欲を持ち、知恵や創造性をいかんなく発揮するための『環境づくり』や『サポート』へと変わっていかなくてはなりません」[41]。

　では、同社の「社員が幸せになるための仕組み」とはどのようなものであるのか。そのキーワードは「エンゲージメント」であり、それは「組織づくり」に活かされている。

(2) 同社の「社員が幸せになるための仕組み」──組織づくり

　近年、政府主導で「働き方改革」が進められているが、その中心は「ホワイトカラーの生産性向上を意図した長時間労働の是正」である。しかし、同社は、労働時間を減らすだけでは生産性は高まらないと考えている。むしろ、業種や職種を考慮せずに、あるいは創業間もない企業などに、一律かつ強制的に労働時間を削減させることは生産性低下に繋がる危険性すらある。

　同社は、現在の「働き方改革」には本質的に大切な要素が欠落しているという。それが「エンゲージメント」である。エンゲージメントとは、「**組織や職務との関係性に基づく自主的貢献意欲**」を意味する[42]。働き方は、労働

時間（労働の量）だけでなく、エンゲージメントの高さ（労働の質）も併せて考える必要があるのである（図表Ⅲ−6）。

図表Ⅲ−6　労働時間とエンゲージメント

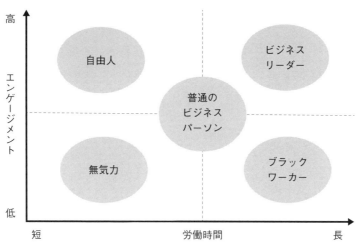

出所：新居佳英・松林博文（2018）p.89.

　上述したように、幸福感の高さと生産性の間には正の相関性があるが、エンゲージメントの高さと生産性の関係も同様である。日本企業は世界的に見てもエンゲージメントが非常に低いとされており、それはすなわち、日本では生産性の低い企業が多いということを意味する。ここで大切な視点は、「エンゲージメントが低いから生産性が低い」のであって、それを「長時間労働だから生産性が低い」と間違えてはならないということである。

　図表Ⅲ−6を見てわかるように、確かに、ブラックワーカーの場合は、長時間労働がエンゲージメントを低めている原因の一つと考えられるので、この人々のエンゲージメントを高めるために労働時間を是正するというのは理にかなった方策である。しかし、長時間労働であってもエンゲージメントが高い人々は多く存在し、そのような高いエンゲージメントを持つビジネスリーダーや社員を生み出している企業、すなわち生産性の高い企業にまで労働時間の削減を迫るということは、日本経済を復興させるどころか、さらに低迷させることに繋がる危険性があるのである。

同社は、「アスリートやアーティストのチームのように、全員が本気でチームの夢を追いかけられる、そんな理想の組織を創ってみたい」という思いで、チームとしてエンゲージメントが高まるような仕組みづくり、すなわち「社員が幸せになるための仕組み」づくりをしている。同社が身を置く知識産業の領域では、最大の競争力の源泉になり得るのは資金でも設備でもなく「人」。同社はそう考える。「幸せに満ちた人はユーザーを幸せにするようなアイデアを創出し、ユーザーが増えれば市場が潤い、会社の株価も上がる。会社の株価が上がれば株主も喜び、幸せな株主による投資が増えると、それが会社経営を安定させ、社会貢献投資にも繋がっていく。すると社会も幸せになり、それを実現した社員の誇りがますます高まっていき次のアイデア創出をもたらす…」。こうした「関わる全ての人々を幸せにするサイクル」の実現が同社の目指すゴールであり、だからこそ、同社はサイクルの「最初」に位置する、社員のやりがいと幸せを重要視するのである。

　同社は、上述したように「世界中の人々を魅了する会社を創る」ことをVisionとし、全社員が強い想いと誇りをもって、世の中に価値ある何かを生み出すために、社員が活き活きと働けるような理想の組織を創り上げることを目指しており、そのために世の中の企業において常識となりつつある数多くの既成概念を撤廃し、独自の組織理論に基づいて運営している。まさに「逆転の発想」である。

　既成概念をくつがえす取組とは、具体的には、出世や役職（いわゆる、肩書き）の撤廃、プロジェクト単位でビジネスを推進する仕組み（ホラクラシー型組織）の導入、360度評価と「Pay for Contribution」の導入、子連れ出社OK、さらには日本初となる譲渡制限付株式の全社員への付与により全社員を株主にする、などであり、このようなVisionとPhilosophyに基づいた独自のユニークな取組を多々実施することによって、それが社員のエンゲージメントを高めることに繋がっている。それぞれについて見ていこう。

①ホラクラシー型組織[43]の導入

　同社の社員には、課長やマネージャーなどといった役職・肩書がなく（株式会社として法的に必要な役職《取締役》だけは置いている）、プロジェクトごとに必要な人員でチームを組んで仕事をしている。

　役職がないということは、上下関係が存在しないので、指示・命令もない

し、当然、「報・連・相」もない。その代わりに重視されているのがミーティングである。同社では、何かにつけてミーティングを開く。誰からも指示を受けないのだから、自分たちで考えるしかない。だから、何かを始めようとするとき、新しいアイデアを考えるときやそれらを共有するとき、何か問題が生じたとき、それらの対応を考えるときなど、常にミーティングを開いて意見を出し合う。

　上下関係は、しばしば自由な発想や率直な意見交換、柔軟な行動の妨げになる。同社では全員が対等なので、「誰が発言したかではなく、何を発言したか」を重視しながら、一人ひとりが主な役割を担いつつ、臨機応変に協力し合うのである[44]。

　例えば、同社の社員は、会議の最中もひとりでいるときも、いつも次のように自問自答する。

　○この資料や機能は世の中に出せるクオリティか？出せていないのはなぜか？

　○チームメンバーの間違いを指摘すべきか？指摘しないのはなぜか？指摘する際、どういう伝え方をするか？

　○このPJはこのまま進めるべきか？中止したとすればサンクコスト[45]はどれくらいになるか？PJの障害になっているものは何か？

　○飲み屋の席でチームメンバーの愚痴を言う仲間にどう向き合うか？

　○この契約の交渉で、一番重要なものは何か？価格か？提携関係か？

　○「評価がおかしい」と訴えるチームメンバーにどう向き合うか？

　○人手が足りない場合、どうするか？

　○これは経費で精算すべきか？

　○Visionや行動指針は変えていいのか？どうして変えたいと思ったか？変えていけないのであれば、それはなぜか？変えていいのであればどう変えるのか？

　自分で下した意思決定もそれに基づく行動も正しいかどうかはわからない。だが、もし間違っていればやり直せばいい。それで社員は成長していく。人から教えられてもその人以上にはなれない。正直、損失を伴うような失敗もあるかもしれない。しかし、成長した社員は必ずその損失以上の成果を生み出す。この組織ではそれが可能である。

職務内容や勤務時間についてもチームメンバーと相談の上で、各自が最適だと思う判断をする。そこには社長やプロジェクトリーダーへの申請や許可は一切不要である。

　5GやAIなどデジタル技術が指数関数的に進化している昨今、IoTなどが注目されているが、今後インターネット業界が世界のビジネスを牽引していくことはまず間違いない。変化の激しいインターネット業界においては、柔軟性や変化への適応力が求められるため、同社のようなホラクラシー型組織の導入は、我が国においてもスタンダードになっていく可能性が高い。

② 360度評価と「Pay for Contribution」の導入 [46]

　上司が存在しないということは、評価の仕方にも工夫が必要となる。そこで同社では、周囲の同僚たちから評価を受ける、いわゆる360度評価を2017年から取り入れている。

　上司が部下を評価する場合、「成果」で評価する「Pay for Performance」が一般的であるが、これを上下関係のない同僚同士の360度評価で実施しようとすると、何をもって成果とするか、その判断が難しい。例えば、営業であれば売上や受注額など分かりやすい数字があるが、バックオフィスの仕事では数字として表れない成果を評価するのは困難である。

　そこで、同社では「Pay for Contribution」、すなわち成果ではなく「貢献」を評価するという考え方をして、売上など目に見える成果に限らず、会社のためになっていること、Visionの実現に近づくようなことを「貢献」と捉え、評価する。

　例えば、営業で受注額が低い社員がいたとしても、単純に低い評価が下されるのではなく、別の社員の相談相手になってくれているとか、「この人がいると助かる」というようなポイントが見えてくるような行動を取っていれば、そうした行動は「組織への貢献」と捉えられ、評価の対象となる。

　それを給与にどのように反映させていくかについては試行錯誤の段階であるが、給与については、金額だけでなく、「納得感」がエンゲージメントを高めるうえで重要であり、社内で丁寧に議論を重ねること、そこに社員の声を取り入れていくこと自体に意味があると考えられている。

③子連れ出社 OK ―多様なワークスタイルを支援 [47]

　同社では子育て中の社員もいるため、子連れでの出社を認めている。子どもが病気のときなどは、リモート勤務も可能にしている。いずれも許可を得る必要はなく、社員の自己判断に任せている。子どもの中には、放課後に会社に一人でやってきて、親の仕事が終わるまで、空いたテーブルで宿題をするという子もいるそうである。

　親の介護など家庭の事情で地方の実家に戻り、そこでテレビ会議等でコミュニケーションを取りながら仕事をしている社員もいる。

　同社がこうした多様なワークスタイルを認めるのは、意欲ある社員が家庭の事情等でストレスをため込んで、仕事に集中できなくなるような状況を排除しようと意図しているからである。ちなみに、リモートワークに関して、同社はリモートワーカーたちを監視したり、作業をチェックしたりするようなことはしないので、リモートワーカーたちが会社側の善意を逆手にとってサボろうと思えばいくらでもサボれる。しかし、そのような人はいないと会社は信じている。その根底には「性善説に基づく経営」という考え方がある。会社が社員一人ひとりを信頼することによって、社員も会社を信頼するような関係が構築されていく。だからサボるような社員も出てこないのである。

④その他の特徴的な仕組み

　同社では、CEO と同じレベルの、あらゆる経営上の数値情報が社員全員に公開されている。これは、メンバー全員が経営視点を持ち、自ら考えて能動的に動くことが推奨されているからである。こうすることにより、意思決定のスピードが上がる、全社の連携がスムーズになるといった効果も生まれる。

　また、同社では、それまでの特定譲渡制限付株式に代わり、2021 年より「税制適格ストックオプション」を導入した。上述したように、社員に当事者意識・経営者視点をもってもらうために、これまでは譲渡制限付株式を付与していたが、おおよその役職員が議決権を保有する株主となったため、今後は従業員持株会と税制適格ストックオプションを併用していく（従業員持株会では奨励金も 10% と設定しており、株式購入の福利厚生も整備している）。

　ほかにも「サバティカル 3」[48] という休暇制度なども創設し、このような取組の結果として、全社員のエンゲージメントは同業他社水準と比べても非

常に高い状況にある。離職率も限りなくゼロに近い状態で推移しており、業界標準を圧倒的に上回る高い定着率を実現している。

　だが、面白いのは、こうしたエンゲージメントを高めるような取組をしているのと同時に、「解雇基準」も設定していることである。

　同社の解雇基準は3つある。次の人たちは解雇の対象となる。1つ目は同社のやろうとしていることに対して心から共感し貢献しようという意欲が持てない人。2つ目はセルフィッシュな人。利他的ではなくて利己的、自己中心的な発言や言動が多い人は、基本的に同社にはそぐわないと判断される。そして3つ目は当事者意識を持てず、他責にしたり、オーナーシップが持てない人。この3つが揃う人は、どんなに優秀でも解雇の対象となる。たとえどんなに大きな売上を上げていても、どんなに高い技術力を持っていても、であり、例外はない。このように絶対に譲れないラインを明確にすることで、アトラエらしい「大切な人に誇れる会社」であり続けている。

　では、同社のエンゲージメントの高い「幸せな社員」が能動的かつ自律的に取り組んでいる事業内容とは、具体的にいかなるものであるのか。

（3）事業内容—意欲あるメンバーが無駄なストレスなくいきいきとビジネスに熱中できる会社を目指して[49]

　アトラエの主力事業は、成功報酬型求人メディア『Green（グリーン）』であるが、2020年現在、ビジネス版マッチングアプリ『Yenta（イェンタ）』、エンゲージメント解析ツール『wevox（ウィボックス）』などの新規事業も急成長を遂げている。

① Green（グリーン）：成功報酬型求人メディア
　「求職者と求人企業の最適なマッチングで人材の流動化を促進し、人と組織を元気にする」

　　ポイント1：業界初の成功報酬型求人メディア[50]
　　　　　　　　先行優位性から、利用企業・ユーザーともに高い認知度を
　　　　　　　　誇る、業界のリーディングサービス。
　　ポイント2：一律の固定料金により安価な採用を実現
　　　　　　　　エリアごとに設定された一律の固定料金システム。競合

　　　　　　　サービスと比較しても安価に優秀な人材の採用を実現。
　ポイント３：ダイレクトリクルーティングを可能とするプラットフォーム
　　　　　　　型サービス
　　　　　　　求人企業ならびに求職者が自身のニーズに基づき自発的か
　　　　　　　つ双方向的にアクション＆コミュニケーションが可能なプ
　　　　　　　ラットフォーム型のサービス。

　これは、エンジニア、クリエイティブ職種の採用に強く、IT業界では国
内最大級の成功報酬型の求人メディアである。
　現在、多くの業界において、従来の労働集約的なビジネスモデルはITの
活用でリプレイスされている。例えば、旅行業界では、Expediaというイン
ターネットプラットフォームが、これまで旅行代理店が担ってきた業務をお
こなって顧客と宿泊施設を結び付けているが、それと同様に、同社はIT人
材に関して、Greenというインターネットプラットフォームが、これまで人
材紹介会社が担ってきた業務をおこなって、求職者と求人企業を繋げている
のである。しかも、インターネットプラットフォームであるため、様々な情
報がビッグデータとして蓄積されており[51]、人手で対応していたこれまでと
は比較にならない高精度のマッチングが実現されている。
　Greenの場合、ビッグデータの蓄積・活用により、高精度のマッチングを
実現しているのと同時に、アドバイザーや施設コストが不要であるため低コ
ストも実現しており、固定費を抱えないビジネスモデルとして、圧倒的なコ
スト競争力を有している。また、この業界において成功報酬型モデルは
Greenが先駆けということもあり、2020年12月現在、累計登録企業数は7,500
社超、登録ユーザーID数は82万人超を誇る。さらに、IT業界における成
長著しい企業の参画が中心でありつつも、様々な業界でデジタル化が進んで
いることに加え、上場に伴う知名度や信用力の向上の効果も相まって、各業
界における著名企業など、利用企業のすそ野がますます拡大している。利用
企業・ユーザーともにGreen認知度は極めて高いと言えよう。

② Yenta（イェンタ）：ビジネス版マッチングアプリ

　「価値ある出会いの創造により世界中のビジネスパーソンをエンパワーメ
ントする」

ポイント1：組織の枠を超えた魅力的な出会いを実現
　　　　　　　組織の枠を超えた横の繋がりを増すことで、オープン・イ
　　　　　　　ノベーション、働き方の多様化、生産性の向上などを促進。
　　ポイント2：テクノロジーの活用
　　　　　　　人工知能（機械学習）を駆使し、多くのマッチングを実現。
　　ポイント3：高いユーザー満足度
　　　　　　　App store レビューにて★4.1（5点満点880件）を獲得
　　　　　　　（2020年12月現在）。ポジティブな内容が大半を占め、高
　　　　　　　いユーザー満足度を実現している。

　これは、人工知能を活用して「ビジネスを加速させる出会い」を生み出す、
ビジネスパーソン向けのアプリである。
　毎日昼の12時に、人工知能が勧める10人のプロフィールが届き、「興味
あり」「興味なし」とスワイプするだけで、お互いに興味を持ったビジネス
パーソン同士がマッチングして、メッセージのやりとりを経てランチタイム
などを利用した情報交換等の交流をすることができる。
　機械学習の仕組みによって、Yenta を使えば使うほど、より会いたくなる
ような10人がお勧めされるのも Yenta の特徴である。実際 Yenta を通じて、
起業仲間が見つかったり、事業提携が生まれたり、自社の採用が決まったり、
Yenta を通じて多くの価値が生まれている。
　ユーザー事例としては、起業家とベンチャーキャピタリストが Yenta で
出会い、資本業務提携を締結したり、海外帰りで人脈を持たない建築士が
Yenta で出会った人たちと不動産系スタートアップを共同創業したりしてい
る。

③ wevox（ウィボックス）：エンゲージメント解析ツール

　「組織のエンゲージメントを可視化することで組織改善を支援し、多くの
人がいきいきと働ける未来を創る」
　　ポイント1：エンゲージメントの可視化
　　　　　　　日本で初めてエンゲージメントの可視化を実現。
　　ポイント2：テクノロジーの活用
　　　　　　　収集した膨大なデータを自動で分析し、組織の課題を即時

に把握可能に。

ポイント3：SaaS[52]モデルによる低価格の実現

　　　　SaaS モデルとすることで、月額一人当たり300円という
　　　　低価格での提供を実現。

　これは、組織に対するエンゲージメントや組織の現状を、定量的かつ多角的に把握し、その結果をもとに組織を改善していくためのサービスである。

　2015年12月から義務化されたストレスチェックの実施ができる "ストレスチェック機能"[53] と合わせて2つの機能で構成されており、導入企業はこれらの結果を分析することで、組織改善の PDCA サイクル（社員データの登録と配信頻度の設定→回答[54]→集計・分析《リアルタイムで自動集計し、様々なグループや属性での分析が可能》[55]→アクション《課題に対し改善策を実施》[56]）を促進し、より望ましい経営環境を構築することが可能となる。

　wevox の競争優位性は4つある。1つ目は、「パルスサーベイ」[57]方式を採用しているということである。導入企業は、月に1回の定点観測によって過去の推移と比較できるため、より具体的な分析をすることにより、リアルタイムに組織課題の把握が可能となる。2つ目は、使い勝手の良い「ユーザビリティ」である。多様なデバイスに対応し、使い勝手に秀でたデザインとなっている（デバイスは PC・タブレット・スマートフォンに対応、コミュニケーションツールはメール、Slack、LINE WORKS、Workplace に対応している）。3つ目は、「データアナリティクス」に優れているということである。ユーザー回答データが加速度的に蓄積され、蓄積された3,200万件以上の回答データを AI に応用している。4つ目は、学術的裏付けがあるということである。エンゲージメント研究の第一人者の監修を受けている。

　wevox で可視化することのできるエンゲージメントスコアとは、組織や業務に対する自発的な貢献意欲、すなわち社員が主体的に取り組んでいる状態を表したものである。上述したように、このエンゲージメントスコアの向上が、離職率低下や生産性向上、更には企業の業績向上に直結することが米国の研究でも証明されている。

　wevox の導入企業は、IT のみならず、証券、銀行、医療、飲食、スポーツチーム、大学など様々な業界・業種にわたり、2021年2月時点で1,800社を超える企業や組織が導入している。

働き方改革やSDGsの流れもあり、社員が働きがいを得ながら働くことや、持続可能な事業を運営し社会に貢献することの必要性を感じる企業が増えている。このような社会的背景もあり、組織のエンゲージメント分析に対するニーズは高まり、問い合わせも急増しているという。既に、日本を拠点とするグローバル企業への導入も増えていることから、世界各国の法令や慣習に合わせたローカライズにも今後は本格的に挑戦していく予定である。なお、現段階で英語、中国語、韓国語には対応済みである。

　wevoxは同社内でも活用されており、上述したように、実際のスコアは他社平均に比べても非常に高い。全社員を対象とし、定期的に実施して社員のスコアの推移を「9つのキードライバー[58]（エンゲージメントを構成する基本的な要素：職務、自己成長、健康、支援、人間関係、承認、理念戦略、組織風土、環境）×各チームや属性の切り口」で確認している。

　実施頻度は月1回。回答率は約94%〜100%。スコアは100点満点中、自社平均スコア：91、他社平均スコア：71となっている（2021年2月現在）。

　近年の知的産業時代においては、人が得られる情報は均一化され、同時に技術力や職能もより均一化されてきており、さらには事業のライフサイクルは極めて短くなってきている。

　変化の激しい現代において、会社を長期に渡り成長させていくためには、変化に柔軟に対応し、知恵を絞り事業や価値を生み出す「人」や「組織」という側面に焦点を当てる必要がある。

　wevoxは、まさに「人」や「組織」の現状を「ワーク・エンゲージメント」という概念に基づき、定量的に可視化することによって、企業の戦略的な組織づくり、組織改善をサポートする役割を担っているのである。

〔注〕
1　1994年、ハーバード・ビジネス・スクールのジェームズ L. ヘスケットらが提唱した概念。これは「人材育成を含めた、上質の組織デザイン（内部サービス）が社員満足の充足へとつながり、社員満足が社員の定着率と一人当たりの生産性を高め、それが顧客サービスの質の向上へとつながり、上質の顧客サービスが顧客満足を生み出し、それが顧客ロイヤルティへとつながり、顧客ロイヤルティは企業に収益をもたらし、そこで生じた収益がより上質な内部サービスとより高い社員満足につながっていく」という一連の流れを意味する。
2　本章は、合力知工（2004）『現代経営戦略の論理と展開：持続的成長のための経営

戦略』同友館、第 6 章 pp.137-144、第 7 章 pp.149-152、pp.157-161、pp.163-166 に加筆修正を行ったものである。

3　その後 1960 年に、より自由な発想で研究開発に専念できるようにと、本田技研工業から独立した。

4　「HONDA」https://www.honda.co.jp/guide/philosophy/（2021/06/30）

5　本田宗一郎（1982）『私の手が語る』講談社、p.46.

6　本田宗一郎（1982）、p.47.

7　安田信治（1991）『本田宗一郎』ぱる出版、p.112.

8　滝澤算織（1977）『巨大な実験企業？ホンダの組織にメスを入れる』日本経営出版会、p.25.

9　滝澤算織（1977）、p.23.

10　滝澤算織（1977）、p.24.

11　本田宗一郎（1982）、pp.82-83.

12　本田宗一郎（1982）、p.158.

13　江戸時代前期、「商人と屏風は直には立たず」と言われ、商人は不正直な道徳的に劣った人間と見なされていた。こうした商人を道徳的に高め、商人の精神的な支えとなったのが、石田梅岩を祖とする「石門心学」である。梅岩は『都鄙問答』のなかで、「商人に商人の道あることを教ゆるなり」と言及し、商人のあり方、商家の経営理念について教えた。そして、「売利を得るは商人の道なり」として、利潤の正当性を主張した。

14　山本治（1977）『ホンダの原点』自動車産業研究所、p.212.

15　山本治（1977）、p.229.

16　1970 年 12 月に、米国の上下両院で『1970 年大気清浄改正法』が可決され、その末日に当時のニクソン大統領が署名し、いわゆる『マスキー法』が成立した。「自動車排気ガスの 3 大毒物である、一酸化炭素、炭化水素（HC）、窒素酸化物（NOx）を、1975 年までに 10 分の 1 に減らす」ことを目的に制定されたマスキー法は、米国だけでなく、日本の自動車業界にも大きなショックを与えた。

17　50 年度規制（米国の 75 年規制に同じ）に向けて、自動車各社はそれをクリアするための開発に乗り出したが、それには高度な研究技術と高額なコストが必要となってくる。これに際し、米国ではビッグ・スリーをはじめ数社が、基準値達成は不可能だとして猛反発し、EPA（米国環境保護庁）に対して、基準値の見直しや規制の延期を申請するなどの手段を講じた。この反撃に、初めは強硬な姿勢に立っていた政府も次第に弱腰になり、ずるずるとそれを緩和していった。一方、日本でも、各社の規制に対する姿勢は消極的であり、「企業の社会的責任よりもコストを優先する」ものが大部分であった。それらのメーカーは、ビッグ・スリー同様「対応困難」といっせいに反論を繰り返し、常識的な対策として「触媒利用」による大気の浄化を図ろうとしたが、そのような体制的、硬直的な姿勢の下で、若い技術者の自由な研究意欲は疎外されてしまうこととなった。もし、ホンダにこのような体制的な組織文化がはびこっていたら、CVCC エンジンは開発されていなかったことだろう。

18 山本治（1977）、pp.234-235.

19 本田宗一郎（1963）『俺の考え』実業之日本社、p.178.

20 本田宗一郎（1963）、p.179.

21 本田宗一郎（1962）『得手に帆あげて』わせだ書房新社、p.55.

22 本田宗一郎（1960）『ざっくばらん』自動車ウィークリー社

23 井深大（1994）「天晴れ、本田宗一郎、好奇心に限度なし」『プレジデント』1994.1、p.61.

24 井深大（1994）、p.61.

25 外部環境の変化を見据えて、経営トップが事業の転換や新分野への進出、また企業全体の経営資源の配分の見直しなど、企業の長期的な視野に立って行う意思決定。他に、経営ミドルが（全社戦略の実現に向けて）部署内で組織編成や資源の調達方法、商品の販売方法などを考える「管理的意思決定」、経営ロワーが課内で定型的な日常業務の効率性と収益性を向上させるために行う「業務的意思決定」がある。

26 奥村昭博（1989）『経営戦略』日本経済新聞社、pp.67-68.

27 三木陽之助（1994）「名経営者の陰に名番頭あり」『プレジデント』1994.1、pp.77-80.

28 京セラ・第二電電（現・KDDI）の創業者であり、日本航空の名誉会長である稲盛和夫氏はその著作『生き方』において、人生をよりよく生き、幸福という果実を得るための「方程式」を提唱している。それは「人生・仕事の成果＝考え方×熱意×能力」というものであり、この３つの要素の中でも特に「考え方」すなわち哲学が重要であるとしている。熱意や能力はマイナスになることはないが、考え方はマイナス（ネガティブ）になることもあるからである。この方程式は掛け算であるので、いくら強い熱意があり、能力に恵まれているとしても、考え方の方向が間違っていると、見事なまでにネガティブな成果を招いてしまう。それほどに「どんな哲学を持つか」ということは重要なのである。（稲盛和夫《2004》『生き方：人間として一番大切なこと』サンマーク出版、pp.26-27.）

29 「日本理化学工業株式会社」https://www.rikagaku.co.jp/company/outline.php（2021/07/02）

30 大山泰弘（2009）『働く幸せ―仕事でいちばん大切なこと』WAVE出版、p.152.

31 大山泰弘（2009）、p.154.

32 大山泰弘（2009）、p.69.

33 大山泰弘（2009）、pp.78-81.

34 本章は、合力知工（2007）『CSR戦略の一環としての戦略的人材育成』福岡大学商学論叢第51巻第4号、pp.11-16. に加筆修正を行ったものである。

35 塚越寛（2004）『いい会社をつくりましょう』文屋、pp.38-42.

36 塚越寛（2004）、pp.52-53.

37 塚越寛（2004）、p.70.

38 NPSは以下の流れで算出する。まず、企業の顧客に『究極の質問』をして、その回答から、例えば10点満点中9点または10点と答えた顧客は「推奨者（プロモー

ター：ロイヤルティの高い顧客）」、5点から8点は「中立者（パッシブ：満足しているがそこまで熱狂的ではなく、競合他社からの働きかけになびきやすい）」、それ以下は「批判者（デトラクター：劣悪な関係を強いられた不満客）」として分類する。次に、顧客に占める推奨者の割合から批判者の割合を引き算すると、NPSが算出される（フレッド・ライクヘルド著／堀新太郎監訳《2006》『顧客ロイヤルティを知る「究極の質問」』ランダムハウス講談社、pp.42-43.）

39　新居佳英・松林博文（2018）『組織の未来はエンゲージメントで決まる』英知出版、p.2.

40　ショーン・エイカー（2011）『幸福優位7つの法則：仕事も人生も充実させるハーバード式最新成功理論』徳間書店、pp.55-57.

41　新居佳英・松林博文（2018）、p.3.

42　新居佳英・松林博文（2018）、p.5.（エンゲージメントとは、組織に対する自発的な貢献意欲や、主体的に仕事に取り組んでいる心理状態を評価したもの。学術的に企業業績との因果関係が立証されている。）

43　ホラクラシー型組織とは「自律的なグループに決定権を分散させることで、それぞれのグループが能動的に活動できるようになる組織管理システム」のこと。従来型のヒエラルキー型組織は、社会の変化が速くない環境下においてはメリットが大きかったが、ビジネス環境の変化が目まぐるしい昨今においては適応に遅延をもたらし、デメリットの方が大きいとされる。ホラクラシーの導入企業としては、靴を中心としたECサイトを運営するザッポスが有名。（「日本の人事部」https://jinjibu.jp/keyword/detl/725/《2021/07/15》）

44　新居佳英・松林博文（2018）、p.151.

45　ある経済行為をおこない、それを中止・撤退した際に回収できない費用。埋没費用とも呼ばれる。

46　新居佳英・松林博文（2018）、pp.152-153.

47　新居佳英・松林博文（2018）、pp.155-156.

48　3年ごとに1か月の休暇が取れる制度。厳密にいえば、最低2週間、最長4週間の範囲で休みを取ることを義務付けている。「義務」なので他者の目を気にせずに取得できる。

49　『Green』「株式会社アトラエの企業情報」および「Atrae　決算説明資料（2020年9月期）」を参照。

50　新規登録時に初期設定費としてシステム利用料や掲載記事作成料が必要となるものの、その後は求人広告の掲載期間や掲載求人数の制限がない。採用が成功し求職者が実際に入社した段階で報酬が発生する料金体系である。

51　Greenでは、過去10年超のアクションデータ、プロフィールデータ、選考データなどが蓄積されており、このデータベースを分析・活用することにより、高精度のマッチングが可能となっている。

52　SaaSとは、Software as a Serviceの略語であり、ユーザーがソフトを導入するのではなく、インターネット経由で、ユーザーが必要な機能を必要な分だけサービスと

して利用できるようにしたソフトウェアもしくはその提供形態のことである。

53 リモートワークの普及などにより、社員の状況把握が困難になった企業が増えたため、社員の健康・メンタルヘルスの状況把握を可能にする新たなサーベイを追加している。

54 ユーザーの回答実績に基づいた質問配信アルゴリズムを構築し、高いユーザビリティを提供する。負担を最小限にすることで高い回答率を実現している。

55 部署、役職、入社年、新卒／中途等、様々な属性での分析が可能である。

56 蓄積したデータを解析することで、エンゲージメントに対する各因子の影響度合いが可視化されるため、データに基づく効果的な組織改善が可能となる。

57 パルスサーベイとは「社員満足度調査に用いられる意識調査」の一つであり、1分程度で簡単に回答できる5〜15問程度の社員アンケートを、頻度を高くして行う。パルスとは「脈拍」を意味で、脈拍を定期的にチェックして健康状態を把握するように、「高頻度で調査をして組織と個人の健全性を把握する」ことが、パルスサーベイの目的である。

58 **職務**：職務に対して満足度を感じているか、**自己成長**：仕事を通して、自分が成長できていると感じているか、**健康**：社員が仕事の中で、過度なストレスや疲労を感じていないか、**支援**：上司や仕事仲間から、職務上又は自己成長の支援を受けているか、**人間関係**：上司や仕事仲間と良好な関係を築けているか、**承認**：周りの社員から認められていると感じているか、**理念戦略**：企業の理念・戦略・事業内容に対して納得・共感しているか、**組織風土**：企業の組織風土が社員にとって良い状態か、**環境**：給与・福利厚生・職場環境といった、社員を取り巻く会社環境に満足しているか。

【参考文献】

1．Schein, E. H [1985], *Organizational Culture and Leadership (1st ed.)*, Jossey-Bass,（E・H．シャイン／清水紀彦・浜田幸雄訳《1988》『組織文化とリーダーシップ』ダイヤモンド社）

2．浅野俊光（1991）『日本の近代化と経営理念』日本経済評論社

3．新居佳英・松林博文（2018）『組織の未来はエンゲージメントで決まる』英知出版

4．稲盛和夫（2004）『生き方：人間として一番大切なこと』サンマーク出版

5．井深大（1994）「天晴れ、本田宗一郎、好奇心に限度なし」『プレジデント』1994.1

6．梅津和郎（2010）『チャンスをつかむ中小企業：ケースで学ぶリーダーの条件』創成社

7．大山泰弘（2009）『働く幸せ：仕事でいちばん大切なこと』WAVE出版

8．奥村昭博（1989）『経営戦略』日本経済新聞社

9．奥村惠一（1994）『現代企業を動かす経営理念』有斐閣

10．北岡俊明（1992）『本田宗一郎の経営学』産能大学出版部

11．合力知工（2004）『現代経営戦略の論理と展開：持続的成長のための経営戦略』同友館

12．合力知工（2007）『CSR戦略の一環としての戦略的人材育成』福岡大学商学論叢第

　51 巻第 4 号
13. ショーン・エイカー（2011）『幸福優位 7 つの法則：仕事も人生も充実させるハーバード式最新成功理論』徳間書店
14. 滝澤算織（1977）『巨大な実験企業？ホンダの組織にメスを入れる』日本経営出版会
15. 竹中靖一・宮本又次監修（1979）『経営理念の系譜』東洋文化社
16. 塚越寛（2004）『いい会社をつくりましょう』文屋
17. 土屋喬雄（2002）『日本経営理念史』麗澤大学出版会
18. 中川敬一郎編著（1972）『経営理念』ダイヤモンド社
19. 中瀬寿一（1967）『戦後日本の経営理念史』法律文化社
20. 中谷哲郎・川端久夫・原田実編著（1979）『経営理念と企業責任』ミネルヴァ書房
21. 中西寅雄・鍋島達編著（1965）『現代における経営の理念と特質』日本生産性本部
22. 日本能率協会編（2008）『隠れた力を引き出す会社』日本能率協会マネジメントセンター
23. 間宏（1964）『日本労務管理史研究：経営家族主義の形成と展開』ダイヤモンド社パコ・ムーロ／野田恭子訳（2007）『なぜ、エグゼクティブは書けないペンを捨てないのか？：読むだけで、仕事と人生の報酬が up するショートストーリー』ゴマブックス
24. 本田宗一郎（1960）『ざっくばらん』自動車ウィークリー社
25. 本田宗一郎（1962）『得手に帆あげて』わせだ書房新社
26. 本田宗一郎（1963）『俺の考え』実業之日本社
27. 本田宗一郎（1982）『私の手が語る』講談社
28. 松下幸之助（1978）『実践経営哲学』PHP 研究所
29. 松野弘・堀越芳昭・合力知工編著（2006）『「企業の社会的責任論」の形成と展開』ミネルヴァ書房
30. 三木陽之助（1994）「名経営者の陰に名番頭あり」『プレジデント』1994.1
31. 邑井操（1983）「明治実業界三傑の精神」『経営者』第 37 巻第 3 号
32. 安田信治（1991）『本田宗一郎』ぱる出版
33. 山城章編（1972）『現代の経営理念』白桃書房
34. 山本治（1977）『ホンダの原点』自動車産業研究所

第 **IV** 部

社会と共生する企業経営

第Ⅰ部から第Ⅲ部までは、「モノの見方」の重要性やその「モノの見方」によって持続的に成長してきた企業の事例を挙げたが、そこには共通していることがある。それは、それらの企業が「社会との繋がりを非常に重視している」ということである。

　企業が社会のなかに存在する限り、企業は私的利益を追求するとともに、社会の利益も併せて考える必要がある、とそれらの企業は考える。

　このような考えはCSR（Corporate Social Responsibility：企業の社会的責任）の一環であると考えられるが、CSRという言葉に抵抗感を抱く企業人も少なくない。「責任」ということから、何か「負担」や「マイナスのイメージ」を連想するのかもしれない。だが、それは「モノの見方」次第である。

　例えば、CSRを「法令遵守」と捉える見方がある。法律はもちろんのこと、企業内で作成した倫理綱領にも違反してはならない、と内部監査が目を光らせる。この徹底が過度に行き過ぎると、企業メンバーは何をするにも「法令」を意識し、手続きも煩雑になり、その結果、メンバーのモラールが低下したり、肝心な行動に辿り着くまでに時間がかかったりしてしまうようになる。トラブルやミスも起こりうることを前提に、どこまでができるのか、また違法行為が起きるにしてもそれをどのように処理して、よりよい体制にするか、がコンプライアンス経営の考え方である。つまり、このコンプライアンスに「終わり」はなく、これを過度に整備していくと、組織が機能障害を起こしてしまうのである。

　もし、「CSRイコール法令遵守」と捉えるならば、それは企業経営にとって大きな制約と映り、経営者は積極的にそれに取り組もうとは思わないかもしれない。だが実際は、法令遵守はCSRとイコールではなく、その一部に過ぎない。

　法令遵守と言えば「コンプライアンス経営」がすぐに連想されるかもしれない。そして一般に、コンプライアンス経営は「法令、倫理綱領、社会規範などに基づく企業倫理の確立と実践を目指す経営」とされ、法令遵守とイコールと考えられる。だが、それは狭義の解釈であり、広義のコンプライアンス経営を「法令や倫理綱領の遵守、社会規範への配慮などに基づく総合的な企業倫理の確立と実践をおこなうことを基盤にして、高い倫理基準に基づく公正で誠実な企業行動により、企業使命を遂行することを目指している経営」とする研究者もいる[1]が、いずれにせよ、本来、コンプライアンス経営

とは、企業がただ法令を遵守していればよいということではない。だが問題なのは、現実的に多くの企業人が「コンプライアンス経営＝法令遵守」であると思っていることであり、さらに「CSR＝コンプライアンス経営」と捉えている事実である。

　また、コンプライアンスを広義の意味に捉えても、コンプライアンス経営には重要な問題がある。それは、コンプライアンス経営が、外部との関わりを重視するというような体裁を保ちながら、実際は、企業組織内部にその焦点の多くが当てられている「内向きのシステム」ということである（ここで「外部との関わりの体裁を保つ」とは、外部からの「受信」、いわゆるニーズへの対応に終始し、外部への「発信」はほとんどおこなわないという意味である）。

　短期的には、企業組織はその内的均衡を図ることによって維持されるが、組織がオープンシステムということを考えると、組織諸要素のバランスは外部事情とともに変化するから、究極的には組織の存続は、内部システムとその外的な全体状況の均衡に依存している。つまり、企業が持続的に成長していくためには、様々なステイクホルダーとの繋がりを重視していくべきであり、それらに向かって企業から「発信」していくことが求められる。

　「内向き」の整備はもちろん大切であり、コンプライアンス経営を実践するということもCSRには違いないが、これは「積極的CSR」ではなく、「消極的CSR」であると言わざるを得ない。したがって、コンプライアンス経営は、内的均衡は図れても、外的均衡を図っていくにはあまり効果的とは言えない。さらに上述したように、過度のコンプライアンス経営の実践は、内的均衡すらもおびやかすことになる。

　一方、「積極的CSR」とは、「**社会との繋がりを重視し、私的利益と社会的利益双方の創出を図りながら、自律的に自らの成長を目指すとともに社会全体の持続的成長に貢献しようとする企業活動**」である。これは、社会そのものの歪みあるいは機能不全に起因する各種社会問題の解決や、より健全な社会の建設に企業が参加し貢献する責任である。

　ここでは、積極的CSRを展開している企業について考察していくが、これを実践できる企業はそう多くはない。何故か。それは、上述したように、CSRは見方次第で様々な解釈が可能であり、誤った解釈によりCSRの真の重要性に気づいていない企業が多々あるからである。そこで、ここではまず

企業が陥りやすい CSR の誤った解釈について、その原因とともに概観し、次に、積極的 CSR を実現するために必要不可欠な「企業倫理」について確認し、その後、積極的 CSR をおこなっている企業の事例を紹介していくことにしよう。

1. CSR についての誤った解釈

(1) 社会的批判を避けるための CSR

CSR を道徳や倫理という観点から見てみると、一般にそれは企業不祥事と結び付けられることが多いかもしれない。CSR は、日本では 1950 年代以降、「企業社会責任」とか「企業の社会的責任」という言葉で学界や財界で、道徳や倫理と関連付けられて議論されてきているが、それにもかかわらず、企業の不祥事は一向に無くならない。

「企業不祥事は何故、無くならないか」という問いに対し、多くの識者は「企業倫理の欠如」と答えるが、これは問題の一面しか捉えておらず、それよりもむしろ「企業組織の風土・構造、社会に対するアカウンタビリティ（説明責任）の欠如」にこそ、その本質的な原因がある[2]とする立場がある。

この立場には大いに賛成であるが、だからといって企業倫理を軽視するわけではない。むしろ、企業の有する倫理観は CSR にとって重要な要素であると考えられる。しかし、不祥事を起こした企業がその原因を「企業倫理の欠如」と考える場合、その多くは自社内での倫理綱領の設置や見直しに注力し、「コンプライアンス経営」を強調する。その第一の目的は表面上の社会的な批判を避けることにあり、真に社会的文脈に即した形で企業に一貫して根を下ろす倫理（次章で示す L. コールバーグの「第 3 レベルの道徳」など）を考察しようとはしないのである。しかし、その企業が事後対応的あるいは対処療法的な倫理観の粛清の強調に終始し、社会的な価値観やルールと照らし合わせた形で根本的な企業倫理を見つめ直すことをしないのであれば、その企業は、再度、不祥事を起こす危険性がある。

また、企業が不祥事を無くすためには、全社的な組織風土・構造の見直しをおこなうことも重要であるが、企業が組織構造の見直しをおこなう場合、

企業の関係する社会経済システムの構造を鑑みる必要がある。この場合も、企業の経済活動が自社内の価値観やルールに則っているかだけではなく、社会的な価値観やルールに則っているかどうか、またステイクホルダーへのアカウンタビリティを果たしながら事業活動をおこなっているかどうかなどが重要なのであり、企業構造の見直しもその観点からおこなわれなければ、積極的 CSR を果たせるような企業にはなれない。

　すなわち、企業内における倫理的対応（対内倫理）と企業外に対する倫理的対応（対外倫理）との格差、いわば「倫理の二重性」なるものを企業が解消し、社会とリンクさせた、道徳的・倫理的価値観に支えられた企業倫理を企業内部システムに浸透させ、経営者の意思決定・企業経営政策・企業行動に明確に反映させるとともに、社会的な価値観やルールに則った形で組織構造の見直しをおこない、ステイクホルダーに対しアカウンタビリティを果たしていくことが重要である。

　社会は、企業に倫理的であることを期待し、経営者が意思決定をおこなう際に、善と悪・公正と不公正・倫理的正当性を判断するガイドラインを適用することを望んでいる。倫理的規範は社会によって異なることが多いが、異なる社会の人々の間に文化的相違があるからといって、共通の倫理が形成されないわけではない。例えば、後述する「国連グローバル・コンパクト」や「OECD 多国籍企業行動指針」などでは、加盟国間および関係諸国における共通の職権と人道的処遇の促進が謳われている。

　しかし重要なのは、「企業は倫理的であるべきか」ではなく、また、「企業は経済的に効率的であるべきか」でもない。社会は企業に対して、同時にその双方の要件を満たすことを求めている。倫理的行動は、企業の社会業績のキーとなる。社会からの公的な支援を維持し、信用すなわち企業の正当性を維持するために、企業は高い経済業績と高尚な倫理的規範という2つの社会的要求を統合する方法を見つけ出さなければならない。企業がステイクホルダーに対し倫理的に振舞うと、社会から信頼を得るのと同時に、社会への貢献がより良いものとなる。しかし、倫理的に振舞うことを怠ると、社会からの公的な支援を失うというリスクに直面することになるのである[3]。

(2) コストと捉えられる CSR

　企業を「資本主義経済体制における営利的商品生産を目的とした組織体」
としての側面からのみ見れば、そのような企業の活動の目的は「利潤の極大
化」に集約される。これは、より具体的には、企業が市場の需要に従って「総
収入と総費用の差額としての利潤を極大化すべく生産量を決定し、獲得する
こと」を意味する。

　CSR をコストと捉える立場の人々は、CSR が経済的制度としての企業に
とって何ら基本的意味を持たず、考慮するに値しない抹消的な問題にすぎな
いと考える。それは、経済的問題でないばかりか、不明確で貧弱な内容しか
有さず、測定することもできない。それは、現代資本主義社会における企業
を理解しないものの主張する世俗的で皮相的な「たわごと」にすぎない。こ
うした問題は無用であり、有害であるとみなす。つまり、彼（彼女）らは、
その非科学性と経済合理性との無関連性のゆえに、CSR を排撃すべきと主
張しているのである[4]。

　例えば、経済学者の伊藤長正は「経営者の実質的地位は『社会的責任』決
議当時[5]よりいちじるしく弱化し、この論理を実践できる主体がない。経営
者はいつまでも幻想にとらわれるほど鈍感でなく、目下利潤水準を回復する
ためには手段を選ぶ余裕がないという追いつめられた心境であり、『経営責
任』は『社会的責任』に優先し、『経済合理性の追求』は『倫理』に優先す
るというのが現在の経営者の態度である。企業が現代の競争社会で生きぬく
ためには、そんな甘ちょろいことではとてもやってはいけない。要するに『社
会的責任』などは生きぬくためのヴェールにすぎない。皮肉な見方をするな
ら、わが国でこれまで『社会的責任』を口にすることができたのは、戦後の
特殊事情のためであり、わが国大企業が甘やかされていたからだということ
である」[6]と指摘する。

　また伊藤は、米国ではCSRへの批判が堂々となされているとして、1)「『社
会的責任』を要求され、これにこたえようとすると、それだけ原価が上昇し、
価格の騰貴をもたらす、あるいは賃金切下げないし引上げ余力の縮小をきた
す。つまり経済合理性の追求が弱まり、それだけ経済の発展が阻害される」、
2)「経営者は株主に対してのみ責任をもつべきで、株主以外の人たちのため
に株主の利益を少なくするような行為をすることは株主に対する義務を怠る

ことであり、商法に違反する」などを紹介している[7]。

　確かに、企業制度が確立されたばかりの時期や高度成長期においては、私的利潤極大化目的は社会に受け入れられてきたかもしれない。しかし、企業プレゼンスの増大とともに社会に対する企業の影響力が大きくなってくると、私的利益の追求を社会的利益に結び付けようとする努力なしに、ただひたすらに自企業の存続のためだけにおこなうことを目的とする企業行動は、社会的コストを増大させることにも繋がり、社会的に批判されるようになってきている。

　上記1）に対しての反論として、例えば、ISO14000 シリーズ（環境配慮型経営）の認証を得ようとする活動プロセスにおけるコスト削減・利益創出の実現が挙げられる。

　ISO14000 シリーズの認証取得のためには審査料が数十万円〜100 万円程度、取得後も定期審査（1 年ごと）、更新審査（3 年ごと）などに数十万円費用が発生する。すなわち、非常に「コストがかかる」のである。大企業であれば大した金額ではないかもしれないが、中小規模の企業にとってその費用はかなり大きなものである。そこで、中小企業のなかには「ISO 認証の取得は業績を圧迫するから、逆効果である」とイメージする経営者もいる。

　しかし、実際に ISO 認証取得に取り組んだ企業の多くは、そうしたイメージとは裏腹に ISO 認証取得への取組プロセスの中で環境配慮のために色々な工夫をし、無駄な「贅肉」を落とすことにより、急激にコストを削減させることに成功している。そして、売上が伸び悩んでもコスト削減の効果が出て、利益が伸びるという状況に至っているのである。

　ISO 認証取得への取組は上記のような「目に見える効果」も出すが、実はこれに取り組むことによって得られる最も重要な効果（実は、これが利益を生み出す源なのであるが）は「社員一人ひとりの環境意識の変革」である。これらは目には見えないが、企業にとって非常に大きな効果である。

　通常、ISO14000 シリーズの取得は、どこか一部の部署だけで取り組むのではなく、全社一丸となって組織横断的におこなう。「Plan → Do → Check → Action」のすべてに「環境配慮的思考」が組み込まれるのである。したがって、全社の至る所で、環境配慮のための改善や提案がなされることになり、それが環境の負荷を減らすのみならず、結果的に企業に利益をもたらすことになるのである。

CSRが企業によって一時的なもので片付けられる典型的なパターンが、例えば「CSR推進室」などが増設され、その部署にCSR遂行のためのすべての権限と機能が集中し、その部署のメンバーだけが熱心に取り組み、他のメンバーはその指示に従う、というようなものである。このようなCSRでは、確かにコスト以外の何物でもないであろう。

　さて、CSRと企業業績との間に正の関係性が表されるようになると、投資家たちもCSRに熱心になってきて、SRI[8]やESG投資（注8参照）のような金融商品（手法）に注目し始めるようになった。その後、国連が責任投資原則（PRI）[9]を公表し、近年SDGs[10]を重視する企業が増加してきたことなども重なり、持続可能な社会の発展に寄与する活動としてESG投資が広く普及してきている[11]。2018年現在で、ESG投資残高は31兆ドル（約3,418兆円）規模となっており、世界全体の投資残高の約3割を占めている。

　企業がCSRを遂行することは「株主の利益を少なくするような行為」でも「株主に対する義務を怠ること」でもなく、もちろん「商法違反」でもない。CSR遂行により企業の評価が高まれば、株主は利益を手にすることになり、CSR遂行企業に対して投資額を減らすも増やすも、その選択は投資家の自由である。これが、上記2)に対しての反論である。

　これまでは企業の価値と言えば、財務的な価値（有形資産）が評価されたが、今後はそれに非財務的な価値（無形資産）が加わり、むしろ後者の評価が高まると考えられる。そして、その後者の価値にCSRの遂行により蓄積される社会的・環境的価値が含まれるのである。しかし、その非財務的な価値は社会や市場と連動していなければ意味がない。あくまでも、企業価値を最終的に評価するのは社会や市場なのである。その解釈を誤ってはいけない。

(3) 啓発的自己利益倫理に基づくCSR

　さて、ISO14000シリーズへの取組やSRIの台頭などにより、企業が「CSRを遂行すれば利益を得ることができる」と考え、CSRを目的ではなく利益を得るための手段と考える、いわゆる啓発的自己利益倫理（第Ⅱ部第5章第4節を参照されたい）に基づくCSRも最近増えている。しかし、これは「企業にとって利益があるからCSRに取り組む」という立場であるので、裏を返せば、「企業に利益をもたらさないようなCSRはやらない」ということに

なる。

　このような CSR は、景気や企業業績の良い時は遂行されるが、不景気や企業業績が悪くなると、「企業の生存」の名のもとに「遂行されないことが正当化される」というケースが多くなる。そして、このような立場の倫理は「生存倫理」として多くの経営者に内部化されている。経営者たちは、企業（あるいは自分自身）をつぶすことを恐れるあまり、他者を道徳的に扱う必要性を見落としがちである。生命の危機的状況におかれた個人が、最も基本的な道徳教義でさえ、生存の名のもとに破ってしまうのと同様に、生存倫理の立場をとる経営者は「そうしなければ（社会に反する行動をとらなければ）会社はつぶれていた」という過度の経済的使命感から、彼（彼女）らが口にしていた道徳的献身とは逆の内容の活動を正当化するのである[12]。

　「利益をあげるために良いことをする」というアプローチは、最終的に自己利益を高めるために他人志向の行動をとることを推奨している。しかし、この立場での CSR は、他人を自分に利益を与える対象と見ている点で、いついかなる時でも実践される活動とはならないであろう。

　啓発的自己利益モデルでは、もし、倫理が即座の金銭的利益をもたらすものと見られない時には、倫理は、金銭的コストの観点、例えば利益に対する制約として見られる。したがって、そのモデルに則った企業は、法律を正しいと判断するゆえに従うのではなく、それが企業利益を減少させる罰則を課すことができるゆえに従うのである[13]。

　企業が営利組織である限り、利益を追求するのは至極当然であるが、「自己利益創出のための手段として社会的利益創出の必要性を考える」ことと、「社会的利益創出のための手段として自己利益創出の必要性を考える」のとでは、その立場は全く異なる。前者は啓発的自己利益倫理に基づく消極的な CSR であるが、この CSR は持続的におこなわれるものではなく、景気や企業の業績によって左右される、いわば「見せかけの CSR」であり、後者の「社会的利益創出のための手段として自己利益創出の必要性を考える積極的 CSR」を推進していくべきであろう。

2. CSR 論と企業倫理 [14]

(1) 企業倫理を取り巻く背景

　1990 年代以降、日本企業による不祥事が増加してきた。証券業界の損失補填・インサイダー取引、金融業界の不正融資、保険業界の不適切販売、建設業界の談合・政治献金、製薬業界の薬害・贈賄、スーパー業界の二重価格表示、自動車業界のリコール隠蔽や燃費詐称、電力業界の原発トラブル隠蔽、食品業界の不当表示・牛肉偽装、そして各種業界の粉飾決算や総会屋絡みの利益供与事件など、枚挙に遑がない。

　1993 年の商法改正により、株主代表訴訟の提訴手数料が一律 8200 円 [15] とされたことを一つの契機として、以降、提訴の件数が急増し、それを受けて粛清に乗り出す企業もあらわれたものの、全体的に見て企業不祥事は一向に無くならない。

　現在、多くの企業はその不祥事を減らす方策の一つとして、「行動指針の整備・充実」に力を注いでいる。地球環境問題をはじめ SDGs に対する社会意識の高まり、環境問題や社会問題に関係する法律の強化、商法改正による株主代表訴訟の簡素化などを受けて、「倫理綱領」や「行動憲章」などを制定し、それを遵守する（コンプライアンス）制度を充実させようとする企業が、近年非常に増加している。

　日本企業がコンプライアンス経営に着手する以前の 1991 年、米国において「連邦量刑ガイドライン」[16]（Federal Sentencing Guidelines for Organizations）が施行された。これは、政府が企業を組織体として法令遵守の観点から評価するための指標であり、贈収賄・詐欺・独禁法違反などの不祥事をおこした企業に対して科す罰金などの処罰の程度が、企業のコンプライアンス体制の構築・運用の実施内容により減免されるというものである（元来、このガイドラインは、量刑のバラツキをなくすために作成されたものであるが、量刑を決定する過程で、コンプライアンス経営の導入の程度が大きく影響することになる─コンプライアンスへの取組の程度により、有罪の際の量刑が最大で罰金基準額の 4 倍に、最小で同 20 分の 1 になり、最大と最小の格差は 80 倍に達する─）。この施行により、米国では「倫理綱領」

など行動指針の制定をおこない、コンプライアンス経営を積極的に導入する企業が急増した。

　「連邦量刑ガイドライン」における「コンプライアンス経営の実施程度による罰金の減免」は、米国企業がコンプライアンス経営に積極的に取り組んでいる大きな理由の一つとして考えられるが、日本企業の場合、それよりもむしろ「世評」を考慮してコンプライアンス経営に取り組んでいるケースが多い。特に、食品業界の牛肉偽装事件以降、企業に対する社会の目が厳しくなり、対応の仕方で会社自体が消滅するという事例も出た。

　このようにコンプライアンス経営が多くの企業で導入されるようになった背景には、「ペナルティを軽減するため」「世評を考慮して」というように、内発的・積極的動機というよりも、半強制的・消極的動機の方が強くあるように思える。

　では、内発的・積極的動機とはいかなるものか。そのひとつが「企業倫理の徹底化」である。経営者および社員個々人の意識の中に倫理意識、倫理価値規範を確立させることができれば、利益供与や粉飾決算の指示など経営トップの暴走、偽装表示やリコール隠蔽など会社ぐるみの組織的不正、横領や詐欺など社員の個人的不正に歯止めをかけることができるという意図である。

(2) CSR と企業倫理との関連性

① CSR の解釈

　CSR という言葉は、社会における企業の機能の拡大と複雑化の過程において生成された概念であると言える。我が国では 1950 年代ごろから CSR について本格的に議論されるようになってきたが、1960 年代後半から盛んになってきた反戦・反公害などの社会運動に加え、大企業の社会的影響力の増大に伴う経済効率的な合理主義経営への矛盾の露顕（不正取引・贈収賄・不正監査等多くの企業不祥事や森林伐採・水質汚濁等の環境汚染問題など）、グローバリゼーションに伴う地域社会と企業との関係の悪化（アジアシフトなどに伴う地域産業の空洞化や不当労働、大企業による集権化構造など）などが具現化している状況とそうした状況を改善するための世界の動きから推察するならば、企業行動における「社会化」[17] が、今後益々、企業変革上の

重要な要素となってくることは間違いないであろう。企業が社会の中の一員（社会的存在）である限り、企業は社会に対して、その「責任」の遂行を通じて、企業行動の社会化を図っていかなければならない。

　しかし、前章で考察したように、これまで企業が遂行してきた社会的責任は、社会的課題への対処に加えて、社会的ニーズにも応えていく「能動的な社会化」というより、社会的批判を意図的に回避するために企業の形式的倫理観を社会に訴求していく「受動的な社会化（自己防衛化）」に主眼が置かれていた（例えば、ある企業が不祥事を起こして社会から非難を浴びると、別の企業も慌てて倫理綱領の作成・見直しをおこない、企業のイメージアップを図る行為などその典型と言えるであろう）[18]。

　CSR をどのように考え（定義やコンプライアンスする範囲をどうするか）、どのように取り扱うか（責任対象たるステイクホルダーの重視度をどのように配分するか、あるいはリスクマネジメント、ブランドマネジメントなどの一環として位置づけるか否かなど）については、経営者や研究者によって異なる。だが、そこに倫理的概念が何らかの形で関わっているのは明白である。

　CSR に関する国際基準としては、「人権・労働・環境・腐敗防止」の4分野において 10 の原則[19] を定めた「国連グローバル・コンパクト」や多国籍企業に対する政府の勧告である「OECD 多国籍企業行動指針」[20] などがある。

　また、報告書に関する国際的なガイドラインとして最も多くの企業が参考としているものは「GRI ガイドライン」[21] である。日本企業の CSR レポート（サステナビリティレポート）では、この「GRI ガイドライン」と環境省の「環境報告ガイドライン」を参考とするのが一般的である。

　さらに、2010 年 11 月に、企業に限らない組織の社会的責任（SR）に関する国際規格である「ISO26000」が発行された。但し、これは ISO9000 シリーズや ISO14000 シリーズのような要求事項を示した認証規格ではなく、企業が CSR の取組を進めるにあたっての参考書のような位置づけとなっている。

　ISO26000 は、「7つの原則」と「7つの中核的主題」で構成されている。「7つの原則」とは、「説明責任（Accountability）」「透明性（Transparency）」「倫理的な行動（Ethical behavior）」「ステイクホルダーの利益の尊重（Respect for stakeholder interests）」「法規範の尊重（Respect for the rule of law）」「国際的行動規範の尊重（Respect for international norms of behavior）」「人権の尊重（Respect for human rights）」である。

　また、「7つの中核的主題」とは、「組織統治（Organizational gover-nance)」「人権（Human rights）」「労働慣行（Labor practices）」「環境（Environment）」「公正な事業慣行（Fair operating practices）」「消費者課題（Consumer issues）」「コミュニティへの参画およびコミュニティの発展（Community involvement and development）」である。

　さて、上述したCSRに関する国際基準を含めて、CSRの遂行は法律のように罰則で行動を拘束するというよりも、各国各企業の倫理観に委ねられるという傾向が強い。したがって、企業がどのような倫理観を持つかということが重要になってくるわけであるが、これはそもそも企業が「倫理（道徳）」をどのように捉えているかということとの関連性が深い。

　企業が積極的CSRを遂行する倫理観を養うためには、まず倫理（道徳）についての考え方を確認する必要がある。以下、その解釈の仕方について確認していこう。

②企業倫理の解釈

　企業経営にはリーダーシップ力―組織の将来がどうあるべきかという方向性を明らかにし、そのビジョンに向けてメンバーを動かし、必要な改革を実現する方向にメンバーを鼓舞するプロセスに関わる能力―とマネジメント力―人材と技術を管理する複雑なシステムを円滑に進行させるための様々なプロセスに関わる能力―のバランスが重要であるとよく言われる。どちらの能力も、企業にとっては不可欠であるが、リーダーシップ力は、常にマネジメント力に先んじている必要がある。なぜなら、マネジメント力―技術力、運営力―がいかに優れたものであっても、リーダーシップ力―目的意識、方向性―が定まっていなかったり、正しいものでなかったりすると、「正しくない方向に、正確に技術力を押し進めてしまう」ことになるからである。これでは、せっかくのマネジメント力も効果的には発揮されない。

　企業倫理とCSRとの関係も同様である。企業の遂行するCSRがいかに時代に即し、社会ニーズに対応するものであったとしても、そこに倫理原則としての企業倫理が明確に反映されていなければ、それは見せかけの社会対応に終わってしまうであろう。

　企業を取り巻く経営および社会環境は天気のように変わりやすく、今後、今以上にその場で素早く判断しなければならないという状況が一般化するだ

ろう。その際、正しい方向性を示してくれるのがリーダーシップ力であるのと同じように、企業倫理の重要性は計り知れない。企業経営の有効性は、技術や運営の優秀さというより、その技術や運営が正しい目的に従って正しい方向に進んでいるかということに依存するのである。明確な倫理原則を伴わないCSRを遂行する企業は、マネジメント力の強化にとらわれ過ぎてリーダーシップ力の充実を疎かにしてきた企業に等しく、自己に都合の良いような論理を展開し、やがて市場や社会からの支持を失うであろう。

　ところで、我々は日常生活の出来事について何気なく無意識に「道徳的に悪い」とか「倫理的に許されない」と口にすることがあるが、その場合の「道徳」「倫理」とは何を意味するのであろうか（何を念頭においているのか）。おそらく、個々人の中に何か普遍的な基準があり、それに従って判断を下しているのではないだろうか。

　しかし、例えば「戦争が正しいか、間違っているか」ということを考えるとき、普遍的な基準ではなく、経済的、宗教的、政治的理由などが介在し、ある人は正しいと言い、別の人は間違っていると言う。そして、そこにおける倫理も普遍的なものではなく相対的なものであると考えられる。いずれの理由にしろ、そこには無意識ではなく意識的に「正当性」を見出そうとする意図が働いている。

　倫理は国や地域、あるいは宗教などによって異なるという「倫理相対主義」的見方は確かに現実に即している。このような見方をせずに、グローバル化という名の下に先進国の倫理を普遍化させようとする動きがあるとすれば、それは発展途上にある国や地域の異なる事情を無視することになり、それらの国・地域の人々の反感を買うことになるであろう。

　とはいえ、我々には上述したような無意識のうちに行動の普遍的基準となるような「倫理」が存在するのも事実である。もちろんそれは、先進国によって意識的に「普遍化」されるような類のものではない。

　先の「国連グローバル・コンパクト」や「OECD多国籍企業行動指針」および「ISO26000」などで念頭に置かれている倫理（道徳）は普遍的なものとなる可能性を秘めてはいるものの、その精神が企業のコンプライアンス経営のなかに導入される場合、企業に都合の良い解釈で運用されるという危険性も含んでいる。倫理には、確かにそのように他の組織や団体から導入され、時間と場所と状況とによって異なるような相対的な性質のものもある

が、それを都合よく使い分けるという企業も多く存在し、それが企業不祥事などに繋がる（企業不祥事が明るみになった企業のなかには、既に倫理綱領などを掲げていたものも多く含まれており、「倫理的企業」であったにもかかわらず不祥事を犯してしまうという状況がある）ことも多々ある。

　こうしてみると、倫理（道徳）の解釈にはいくつかのレベルがあり、そのレベルを理解して、それをCSRに反映させることが肝要ではないかと思われる。この分析には、L.コールバーグの「人間の道徳性発達」研究が有効であると思われる。

　L.コールバーグは、「人間の道徳性発達」に関しての広範な研究をおこない、それを3つのレベルに分け、さらに各レベルを2つの段階に分けた。図表Ⅳ－1はその概略である。

図表Ⅳ－1　人間の道徳性発達のレベル

人間の道徳性発達の レベル	段 階 と そ の 内 容	
第1のレベル（慣習以前のレベル─賞罰への反応。まだ道徳とは呼べない発達の局面）	第1段階	罰への反応。善悪の観念はまだないが、罰を受けて学習する。
	第2段階	「ほめられたい」という承認欲求があらわれる。罰と賞への反応を通じ、ある行為は望ましくなく、ある行為は許容されるということを学習していく。しかし、この段階では、まだ、自分が規則に従っているということ、あるいはそれが正しいことであるが故にそれをおこなっているという意識はない。
第2のレベル（慣習のレベル─慣習的な役割と一致する道徳。大半の個人は、このレベルで生きている）	第1段階	行為の動機が第1のレベルよりも発達している段階。道徳の規範についての理解を得ている。「良い行為」を期待され、その観点からの自分の役割を意識し始める。
	第2段階	道徳の規範が「小集団」から「社会の法」へと発展していく。個人は社会に順応していくようになり、良き市民とはどんな存在かを考え、どのように行動すればよいかを理解する。
第3のレベル（慣習以後のレベル─自律的・原理的レベル。道徳原理の自己受容のレベル）	第1段階	契約と個人の権利の段階。「世間が正しいから、認められたいから」ということではなく、それらの原理が正しいということが何を意味するかを理解している。
	第2段階	賞罰や法律に従って行動するのではなく、道徳律に従って行動する。道徳律を他の人から課せられた外的な拘束としてではなく、自らが自らに課した行動原理として受け入れる。

出所：リチャード・T.ディジョージ／永安幸正・山田経三監訳（1995）『ビジネス・エシックス：グローバル経済の倫理的要請』明石書店, pp.49-52. より筆者作成。

　このうち、「第1のレベル」の道徳とは「個人や集団によって異なる倫理」

という場合のものであり、「第2のレベル」の道徳とは「国や社会によって異なる倫理」という場合のものであると考えられる。すなわち、「時間と場所と状況とによって異なるような倫理」も確かに倫理には違いないが、倫理にはさらに「第3のレベル」があり、その倫理—時間（過去・現在・未来）や空間（国・地域）によって左右されず、「普遍」的な性質を持った倫理—をCSRに反映させることが重要であるとするのがここでの立場である。

　企業がコンプライアンス経営を通じて倫理綱領を制定・実施する場合の倫理は、「第2のレベル」の倫理であると思われる。この倫理を持った企業メンバーは、社会の観点から自分の役割を意識し始め、それを遵守しながら社会に順応していくようになり、良き市民とはどんな存在かを考え、どのように行動すればよいかを理解していく。だが、このレベルの倫理では、社会が無関心であったり（あるいは、初めは関心があっても次第に無関心になっていったり）、法が整備されていなければ、他者に害を与えても仕方がないという考えに繋がっていく危険性を秘めているのである。

　では、「第3レベル—『普遍』的な性質を持った倫理—」とは具体的にどのようなものが考えられるのであろうか。以下に示そう。

1）A.スミスの「同感」に基づく企業倫理

　スミスは、『国富論』（1776）の前に『道徳感情論』（1759）を出版していた。そして、その冒頭で「同感」（sympathy）という概念を提起している。

　「同感」とは、頭の中で自分の立場を他人の立場に置き換え、ある行為が受け入れ難いものか、受け入れられるものかを判断する能力である。人は「慈恵の徳—相手が喜ぶことをやってあげること—」と「正義の徳—相手が望まないことをやらないこと—」を持ち、「同感」を通して人はこの両者をわきまえることができる、とスミスは考えた[22]。

　この点に関して、スミスは以下のように述べている。

　「我々自身を、我々が他人について判断するのと同じように判断することは、…公平さと中立性との最大の行使である。このために、我々は自分たちを、他の人々を見るのと同じ目で見つめなければならない。すなわち、我々は、自分たちが我々自身の性格と行動の行為者ではなく観察者であると想像しなければならず、これらの性格と行動が、この新しい立場から見られた場合に、どのように我々に作用するであろうかを考察しなければならない。…

道徳性についての一般的諸規則は、このようなやり方で形成されるのである」[23]。

　スミスは、他者からの同感を確認する第三者として、「公平無私な観察者（impartial spectator）」というものを仮定している。この観察者は、究極的には、我々が自己の中に育てる自己の分身（alter ego）にほかならない。すなわち、個々人は、その生活を営む上で、自分の中に自分自身を審判する他者を持たなければ、自己利益の追求は初めから許されるものではない、とスミスは宣告していたのである [24]。

　ここで面白いのは、「自分を観察者であると想像しなければならない」という考え方が、室町時代に生きた世阿弥の「離見の見—他者のまなざしをわがものとして自分の姿を見る技術—」という考え方と酷似しているということである。自己の主体的行動のなかに他者を介在させ、客観的に自己を見る、という考え方が洋の東西を問わず同じであるという事実は、それが普遍性を持ちうる一つの論拠となることを表していると言えよう。

　元来、人は他者との同感を確認しながら生きるものであり、むき出しの自己利益の追求などというものは、人間の社会生活においては、はじめから想定されていない。生活をおくる上でどうしても必要となる自己利益の優先にしても、そのような行動が認められるのは、他者からの同感が得られる限りにおいてである。

　スミスと言えば、「見えざる手」ばかりが強調されてきたが、それがうまく機能するためには、上述したような前提が必要であることを彼は説いていた。その前提を考えると、市場で自由競争を繰り広げる企業は、自己利益を優先させるか否かにかかわらず、まず「他者との同感」を考え、社会一般の利益を意図すべきであろう。社会が、企業に対して巨額の利益を生み出すことを認めるのは、それが社会一般の利益を高めるのに役立つような種々の活動や結果に結実する場合のみである。

　企業が何らかの行動をおこす場合、「他者に潜入する」ということは非常に「倫理的」であると言える。この他者が個人であれ法人であれ、その他者に潜入し、その他者が喜ぶことをやってあげること—慈恵の徳—やその他者が望まないことをやらないこと—正義の徳—というのは、人類の普遍的倫理である。

　スミスは「一個人は、決して他のどんな個人にさえも自分を優先させて、

彼自身が利益を得るためにその他人を害したり侵害したりしてはならない。…ひとりの人にとって、他人から何かを奪ったり、他人の損失または不利益によって不正に彼自身の利益を促進したりすることは、死よりも、貧困よりも、苦痛よりも、彼の肉体にであれ、外的事情にであれ、彼に作用しうるあらゆる非運よりも自然に反している」[25] というストア学派の原理の真理性を個人が内面的に持つことを支持しているが、このような「同感」に基づく行動準則は、まさに普遍的倫理概念にほかならない。

　スミスの「同感」に基づく行動準則は、他者への潜入を重要視する「個人と社会との間の契約」概念であり、「社会（他者）のために」という道徳を伴った普遍的倫理であると捉えることができよう。

2) 石田梅岩の「正直」に基づく企業倫理

　日本における企業倫理研究の歴史は、一般的には浅いと言われているが、石田梅岩は1739年に著した『都鄙問答』のなかで既に企業倫理について言及しており、またそれ以前にも鈴木正三などがその思想のなかで、商人の道徳について言及している。とは言え、それはまだ理論的研究という体系をなしてはおらず、その主流となる体系的研究は、やはり1970年代以降、米国での研究を追う形で展開されていったと言えるであろう[26]。

　江戸時代前期、「商人と屏風は直には立たず」と言われ、商人は不正直な道徳的に劣った人間と見なされていたが、こうした商人を道徳的に高め、商人の精神的な支えとなったのが、石田梅岩を祖とする心学である。

　梅岩は『都鄙問答』の中で「商人が利益を得るのは、武士が禄をもらうのと同じ」と述べ、商人の存在意義を説いた。また「実（まこと）の商人は、先も立ち、我も立つことを思ふなり」と主張したが、そうした共存共栄の精神は、江戸商人の基本として広まっていった。梅岩は「正直」を重視した。彼の言う「正直」とは、「道にはずれない」「本心にかなう」「私曲なきこと」の3つを含んでいた。「二重の利を取り、甘き毒を喰い、自ら死するようなること」をしてはならないと説き、商人のモラルを高めようとした[27]。

　また、梅岩以前に商人の道徳について言及した鈴木正三も「正直の徳」を非常に尊んでいた。正直一筋の経営理念に徹するならば、おのずから「神明の加護」をうけて繁栄し、利益も多くなるに違いないが、目前の利益だけに目が眩んで人を出し抜くようなことをすれば「天道のたたり」がある、とい

うのが正三の信念であった。要するに、正三の考えは「商人は、ひたすら営利を追求すべきであるが、正直にして万民のために商取引をすれば、おのずから福利が得られる」という主張である[28]。

　商人の主体性を自覚するとともに、商業の公共性を忘れず、得た利益を享楽的に浪費せず、資本を蓄積し、それを有効に投下せよ、という正三の主張は、梅岩の思想とともに、またスミスの「同感」に基づいた行動準則と同様に、「他者への潜入」を重視するものであり、したがって普遍的倫理であると考えられる。

　これらは、現代のような情報交流などほとんどなかった時代の事実である。情報交流により相対化された倫理を実践的に用いようとするコンプライアンス（「世評を気にして」、あるいは「賞罰や法律があるから」という意識）ではなく、外圧で課せられた拘束でもなく、自らが自らに課した道徳律をCSR に反映させることこそが、企業不祥事を防ぎ、真に「倫理的企業」になれる条件ではないだろうか。

(3) ジョンソン・エンド・ジョンソン社の「わが信条」に基づく経営

　コールバーグの「第3のレベルの道徳性」（スミスの「同感」、梅岩・正三の「正直」）を実践する企業の事例として、ジョンソン・エンド・ジョンソン社の「タイレノール危機」を挙げてみよう。

　1982 年、米シカゴ地区である中毒事故が起こった。その被害者たちはジョンソン・エンド・ジョンソンの子会社製の非ピリン系鎮痛解熱剤である「タイレノール」のカプセルを服用した後に中毒になっていた。同社研究所での検査の結果、カプセルにはシアン化合物が混入されていることが確認された。そして、その後の情報により、結局、ジョンソン・エンド・ジョンソンの製造過程には何ら過失がないということ、毒物注入はカプセルが工場を出荷した後で起こっているらしいということが判明した。

　とは言え、誰もこの事故がどのようにして引き起こされたか、そしてどれくらいの量のカプセルが汚染されているかをはっきりと答えられなかった。タイレノールは、年間1億ドル市場であり、多くの人たちの痛みを和らげていたが、ジョンソン・エンド・ジョンソンは、すべてのタイレノール製品を回収した。専門家たちは、他のタイプのタイレノール製品が汚染されている

ことはほとんどあり得ないと考えていたが、同社は中毒事故の再発の危険を冒さなかったのである。

タイレノールを再び市場に出すことは、ジョンソン・エンド・ジョンソンにとって大きな挑戦であったが、先の回収により、すでに世間から高い信頼と評価を勝ち取っていたので、この危機を乗り切ることができた。同社は、市場復帰するとすぐに、顧客にはフリー・ダイヤルのホットラインを用意し、前の製品を破棄したと主張する人すべてに無料交換証明証を与えた。すると18か月もしないうちに、タイレノールは失ったマーケット・シェアのほとんどを取り戻した。

この問題は純粋にマーケティング的なものであり、同社の対応は、リスクと報酬を計算に入れた、「自社利益の観点」からの意思決定であると解釈する人たちもいた。しかし、その決定に至るまでのプロセスが、その人たちとジョンソン・エンド・ジョンソンの管理者とでは大きく異なる。

純粋に経済的、広報活動的観点からすれば、製品を引き上げずに、店頭の棚の上に残しておく方が非常に合理的であった。汚染は同社の過失ではなかったし、ジョンソン・エンド・ジョンソンの施設で起こっているとは思えなかった。知恵のある広報担当者ならば、シカゴ地域からのみ製品を回収するという「善意のジェスチャー」によって、その戦略を引き立たせるかもしれない。

だが、同社はそうした「対症療法」的な戦略は策定しない。同社の戦略は信条を中心として策定される。ジェームズ・E.バーク会長の信条中心のアプローチのいくつかの側面は、注目に値する。図表IV－2は、ジョンソン・エンド・ジョンソンの有名な「わが信条」である[29]。

タイレノール危機において、同社は、まさに上記の信条に則った行動をとった。まず、消費者の安全性を考え、当座の利益を犠牲にしてでもすべてのタイレノール製品を回収した。そして、安全性を確認した上で、今度は利益の回復に戦略的に乗り出し、みごとに成功した。

一方、「利益第一主義」をとっている会社では、たいていが、それイコール「株主第一主義」である。そうした会社では、「利益」は、その大部分が株主に還元されるべきものであると考えられ、その結果として、設備投資や新製品開発への投資はいつでも抑えられることとなる。したがって、そのような会社において、「利益」が「何か別の要素に準ずる」ということは決し

図表Ⅳ-2　ジョンソン・エンド・ジョンソンの「わが信条」（抜粋）

- ・我々の第1の責任は、我々の製品およびサービスを使用してくれる医師、看護士、患者、そして母親、父親をはじめとする、すべての消費者に対するものであると確信する。
  　　　　　　　　　　─以下、省略─
- ・我々の第2の責任は、全社員─世界中で共に働く男性も女性も─に対するものである。社員一人ひとりは個人として尊重され、その尊厳と価値が認められなければならない。
  　　　　　　　　　　─以下省略─
- ・我々の第3の責任は、我々が生活し、働いている地域社会、さらには全世界の共同社会に対するものである。
  　　　　　　　　　　─以下省略─
- ・我々の第4の、そして最後の責任は、株主に対するものである。
  　　事業は健全な利益を生まなければならない。我々は新しい考えを試みなければならない。研究開発は継続され、革新的な企画は開発され、失敗は償われなければならない。
  　　新しい設備を購入し、新しい施設を整備し、新しい製品を市場に導入しなければならない。逆境の時に備えて蓄積をおこなわなければならない。
  　　これらのすべての原則が実行されてはじめて、株主は正当な報酬を享受することができるものと確信する。

てあり得ないのである。タイレノール危機と同様の事件がその会社において起これば、おそらく、まず、株主への言い訳を考え、そして、必要最小限の製品の回収をおこなうにとどまるであろう。

　タイレノール危機に対するバーク会長の対応は、経済的な思考とビジネスの誠実性とを統合していた。この事件に対するジョンソン・エンド・ジョンソンの対応を単純な市場判断のひとつにすぎないものとして簡単に片付けると、バーク会長のリーダーシップの本質や幹部たちのみごとなチームワークが示唆することを理解することはできない。

　最小に見積もっても、リコールの実施は損益に短期的な重いペナルティを課せられるという危険が大いにあったが、それを冒してでさえも、公共の安全に無条件で献身することを彼らは選択した。この危険は現実のものであり、その処置の妥当性は絶対的に正しいというものではなかった。すなわち、競争の激しい産業の中にあって、その損失を取り戻せるという保障はどこにもなかった。また、製品の回収をおこなわなければ、世間での会社の信用が

必ず取り返しのつかなくなるほどに失墜するという根拠もなかった。

　しかし、彼らは敢えてそれを実行に移した。極度に状況が不確実な中で、管理者たちが「回収は正しい」という結論に迅速に到達する唯一の可能性は、彼らが「公共の安全を尊重し、製品の信頼性に価値を置き、また良い経営というものは長期的な視点においてなされなければならない」という同社の信条に基づいた認識を持っているかどうかということであった。このことは、合理的な経済的関心と非合理的な倫理的価値とを相乗効果があるような方法で統合するためのひとつの指針となる[30]。

3. 社会と共生する企業経営の最近の動向

　企業は営利組織である。したがって、利益を上げていかなければならないが、上述したように、企業が社会のなかでオープンシステムとして、社会との関わり合いを持つ限り、社会を軽視した自己利益のみの追求はもはや許されない。企業は、積極的にその責任を果たしていく必要がある。しかし、それは道義的な責任などではない。企業が営利組織ということを考えると、利益を度外視して社会に責任を負うことなどは理に反しており、それは営利組織として本末転倒である。企業は社会的責任を遂行する際、「道義的」というスタンスではなく、「戦略的」なスタンスでそれを考えていくべきである。

　著者は、「社会との繋がりを重視し、私的利益と社会的利益双方の創出を図りながら、自律的に自らの成長を目指すとともに社会全体の持続的成長に貢献しようとする企業活動」として「積極的 CSR」という概念を 1998 年に示した[31]が、近年、それと類似した概念である「CSV（Creating Shared Value：共通価値の創造）」が注目されている。

(1) CSV の定義

　19 世紀以降、利益の極大化を短期的に実現しようとする企業の多くは、地域社会を犠牲にして、社会に負荷をかけながら成長し利益を上げてきた。その結果、上述してきたように、特に 1960 年代以降、企業は社会から批判の的となり、社会的責任遂行を意識せざるを得ないようになった。

　しかし、本来、ビジネス活動は正当なものであり、社会的責任の遂行がビジネス活動の制約条件になるという状況があるとすれば、それは非常に奇妙な話である。すなわち、「経済効率と社会の進歩との間にはトレード・オフが存在する」という考え方である。

　企業の社会的責任が叫ばれるようになって以来、多くの経済学者は「社会的便益を提供するためには、企業は経済的な便益を犠牲にしなければならない」という考え方を支持してきた。実際、企業は多くの場面で「外部不経済」[32] を生み出してきた。環境汚染など公害はその最たるものである。社会は、このような外部性を内部化するよう企業に要求するため、企業はそれに対し環境税を納めたり、規制や罰則を受けたりして、経済活動を制約されることになる。

　マイケル・E. ポーターとマーク・R. クラマーはそこに問題を見出し、2011 年に、CSV（共通価値の創造）という概念を発表した[33]。彼らはCSVを「企業が事業を営む地域社会の経済条件や社会状況を改善しながら、自らの競争力を高める方針とその実行」と定義した。そして、この概念の前提として、価値の原則を用いて社会と経済双方の発展を実現しなければならない、とした[34]。

　言い換えると、「経済的価値を創造しながら、社会のニーズや問題に対応することで社会的価値も創造する（社会的価値を創造することで経済的価値を創造できる）というアプローチ」であり、彼らはCSV が企業成長の次なる推進力と考えており、GE、IBM、グーグル、インテル、ジョンソン・エンド・ジョンソン、ネスレ、ユニリーバ、ウォルマートなどが早くからCSV に取り組んでいるとしている[35]。

　共通価値の概念は、「従来の経済的ニーズのみならず、社会的ニーズと併せて市場は定義される」という前提に立っている。すなわち、共通価値の創造を企業目的と考える企業は、企業の経済活動への社会的制約をコスト増とは考えない。なぜなら、企業は、その制約に応えるために開発された新しい技術、あるいは業務方法や経営手法を通じてイノベーションを生み出せるからであり、その結果、生産性を向上させ、市場を拡大させることもできるからである[36]。

(2) CSV と CSR の違い

　ポーターとクラマーは、共通価値の創造を CSR でもなければ、フィランソロピー（社会貢献活動）でもなく、経済的に成功するための新しい方法であるとしている[37]。そして、現在直面している種々の社会問題に対して、慈善活動ではなく、あくまで事業として取り組むことが効果的であると主張する。

　彼らは、企業が地域社会に投資する際、（消極的）CSR に代わって、CSV をその指針とすべきであると考える。（消極的）CSR プログラムは主に評判を重視し、当該事業との関わりも限られているため、これを長期的に正当化し、継続するのは難しく、一方、CSV は、企業の収益性や競争上のポジションと不可分であり、その企業独自の資源や専門性を活用して社会的価値を創出することで経済的価値を生み出す、という立場を取っている。

図表Ⅳ－3　CSR と CSV の違い

CSR　　　　　⇒	CSV
●価値は「善行」	●価値はコストと比較した経済的便益と社会的便益
●シチズンシップ、フィランソロピー	●企業と地域社会が共同で価値を創出
●任意、あるいは外圧によって	●競争に不可欠
●利益の極大化とは別物	●利益の極大化に不可欠
●テーマは外部の報告書や個人の嗜好によって決まる	●テーマは企業ごとに異なり、内発的である
●企業の業績や CSR 予算の制限を受ける	●企業の予算全体を再編成する
●例えば、フェア・トレードで購入する	●例えば、調達方法を変えることで、品質と収穫量を向上させる

出所：マイケル・E.ポーター＆マーク・R.クラマー（2011）、p.29.の図表をもとに著者作成。

(3) 共通価値を創造する方法[38]

　ポーターとクラマーによれば、企業は社会的価値を創造することで経済的価値を創造できる。それには３つの方法がある。それは、「製品と市場を見

直す」「バリューチェーンの生産性を再定義する」「企業が拠点を置く地域を支援する産業クラスターをつくる」の３つである。これらはそれぞれが、共通価値の好循環を形成する要素となり、それぞれが互いを補完し、強化する役割を果たす。共通価値を創造するには、これら３つの分野に関する具体的な評価指標を、事業部門別に用意する必要がある。

　ポーターとクラマーは、共通価値の概念が、これまでの資本主義の境界を引き直すという。企業が成功すれば社会が改善され、改善された社会がまた企業を成功に導く。このように、双方が結びつくことで、企業は新たなニーズに応え、効率を改善し、差別化を生み出し、そして市場を拡大するいくつもの道筋とチャンスが広がってくるのである。

①製品と市場を見直す

　これまでの製品は、機能や使いやすさ、価格などを意識して市場に投入されてきた。なぜなら、市場がそれを求めていたからである。しかし、市場ニーズはそうしたものから、より社会的なものへと変化してきているため、企業はそれを見据えて、製品と市場を見直す必要がある。

　例えば、食品メーカーは消費を刺激するために、これまで味や量を重視してきたが、消費者は健康や安全性を重視し始めてきている。また、中身だけでなく、パッケージに関しても、消費者は環境意識が高まってきているので、企業はリユース可能なもの、よりリサイクルしやすいものへとシフトさせる必要がある。

　また、市場自体も、これまでの市場のみならず、BOP[39]市場など世界規模で広がりを見せており、貧困地区に資本が入り始めると、経済開発と社会発展の新たなチャンスが爆発的に増える。

　このような共通価値を創出するために、企業はまず、既存の自社製品によって解決できそうな社会的ニーズを明らかにする必要がある。技術の進歩、経済状況の変化などに伴い、市場も絶えず変化していく。

　企業は、社会的ニーズを探し求めることで、既存市場においても差別化とリポジショニングのチャンスを見出し、また、これまで見逃していた新市場の可能性に気づくことができるかもしれない。これまで軽視されてきた市場の社会的ニーズに対応するには、製品の再設計や新しい流通手段が必要になることも多い。このような要求に応えることで、既存市場でも活用できる抜

本的なイノベーションが生まれてくる。

　例えば、グラミン銀行のマイクロファイナンスは、必要であったにもかかわらず長きにわたって放置されていた金融ニーズに応えるためにバングラデシュで開発された。これにより、多くの貧困女性が、融資された資金を元手にして、手に職をつけることが可能になった。この手法は、そうした開発途上国のみならず、クラウドファンディングなどの形で、先進国でも急成長してきている。

②バリューチェーンの生産性を再定義する

　企業のバリューチェーンは、自然環境、水利、エネルギーの利用、労働者の安全衛生や健康、職場での均等処遇など、様々な社会問題に影響を及ぼし、その一方で、影響を被ることもある。しかし、そこに共通価値を創造するチャンスが生まれる。なぜなら、社会的課題の多くは、企業に「外部不経済の内部化」という形で、バリューチェーンに経済コストを発生させているからであり、これらを解決できれば、それはコスト削減などの価値を企業が創造することになるからである。

　例えば、環境汚染を最小化する取組は、関連する規制や課税のせいで、事業コストが増加すると考えられてきた。しかし、実際は、環境パフォーマンスを改善するためのコストは増えるといってもごくわずかであり、技術の進歩により、共通化などによる資源の有効活用、プロセス効率と品質の向上を通じて、逆に、コスト減を実現している企業もある。

　また、企業が社員の健康増進プログラムに投資すると、社員とその家族は健康になり、国は医療費負担が軽減されるので、社会にとってもプラスになる。企業の方も、社員の欠勤と生産性の喪失を軽減できる。高齢者雇用への投資も同様の効果がある。

　バリューチェーンの生産性に関する理解が深まり、短期的なコスト削減の罠[40]が認識されるようになったことで、各分野では新たなアプローチが可能になっている。

　ポーターとクラマーは、共通価値の考え方によってバリューチェーンを改革する取組について、「エネルギーの利用とロジスティックス」、「資源の有効活用」、「調達」、「流通」、「社員の生産性」、「ロケーション」等の分野で具体的に紹介しており、共通価値の観点からバリューチェーンを見直せば、イ

ノベーションを実現し、多くの企業が見逃してきた新しい経済的価値を発見できるとしている。

③地域社会にクラスターを形成する

すべての過程を自己完結できる企業など存在しない。いかなる企業も、その成功は、支援企業やインフラに左右される。ポーターとクラマーは、生産性やイノベーションは特定分野の企業や関連企業、サプライヤー、ロジスティクスなどが地理的に集積した地域、すなわちクラスターに大きく影響される、という。

成長が著しい地域経済には、例外なくクラスターが形成されており、生産性、イノベーション、競争力の面で重要な役割を果たしている。地方圏において、サプライヤーの教育、輸送サービスなどの能力が高まれば、シナジーが発生し、おのずと生産性も向上する。

逆に、クラスターを構成する条件に欠陥があると、企業には内部費用が生じることになる。公的教育の質が低いと、生産性や再教育にかかるコストが発生する。輸送インフラが整備されていなければ、ロジスティクスのコストが上昇する。

企業は、自社の生産性を高めるためにクラスターを形成し、かつクラスターを構成する条件の欠陥やギャップを解消することで、共通価値を創造できる。にもかかわらず、これまで多くの企業は、クラスターを軽視していた。

開発途上国であれ、先進国であれ、クラスターを形成するカギは、「オープンな市場の存在」と「オープンなイノベーション」である。

前者で言えば、労働者が搾取されたり、サプライヤーに適正価格で支払われなかったり、期限が守られなかったりなど、非効率あるいは独占的な市場では、生産性が悪化する。一方、公正かつオープンな市場が形成されれば、企業は安定供給を確保し、またサプライヤーには品質と効率を改善させるインセンティブが働き、社員も適正に雇用され、地域住民の所得や購買力が大きく向上する。

また、後者で言えば、閉鎖的な環境ではイノベーションは生まれにくい。仮に、ある社会的課題に対して、それを解決するようなイノベーションが単独の企業で生まれたとしても、それが広く普及していくことは稀である。一方、多くの企業が自前主義を脱却し、自社以外の企業が保有する知識や技術

を相互に取り入れることによって生まれた新たなイノベーションは、エマージェント・プロパティ（組織の創発的効果）が生じることにより、持続可能、かつ広く普及していく可能性を秘めている。

4. 積極的 CSR のケース・スタディ ―ボーダレス・ジャパン―

　ここでは、積極的 CSR を展開して、私的利益と社会的利益双方の創出を図りながら、自律的に自らの成長を目指すとともに社会全体の持続的成長に貢献している企業として、ボーダレス・ジャパンを紹介したい。

　ボーダレス・ジャパンは、2007 年に田口一成が東京都文京区で設立した、「ソーシャルビジネスで世界を変える」という経営理念のもと、社会問題をビジネスで解決するソーシャルビジネスを展開する、社員数 1483 名（うちパート・アルバイト 234 名）の会社である。社員の国籍は、日本以外にバングラデシュ、ミャンマー、ケニア、グアテマラ、韓国、台湾、フィリピン、フランス、インドに及んでいる（2021 年 3 月現在）。

　企業が能動的に CSR を遂行しようとする際、必ず「社会的課題」の探索をおこなう必要があるが、現在、世界には様々な社会的課題が存在する。環境面では、温室効果ガスの増加に伴う気候変動や海洋投棄などによる諸問題、社会面では、人種や性による差別、マイノリティ差別、貧困により教育の機会を失っている子どもたち、わが国でも少子高齢化、ホームレス、ワーキングプア、ニート問題、女性の職場環境、病児保育、障がい者や外国人の雇用問題、途上国支援など枚挙に遑がない。

　ボーダレス・ジャパンはこうした社会的な課題に対して真正面から取り組んでいる。以下、同社の取組について見ていこう。

（1）存在意義および使命[41]

　同社の定款前文は以下のようになっている。

　「社会の不条理や欠陥から生じる、貧困、差別・偏見、環境問題などの社会問題。それらの諸問題を解決する事業『ソーシャルビジネス』を通じて、よ

り良い社会を築いていくことが株式会社ボーダレス・ジャパンの存在意義であり使命です。

　株式会社ボーダレス・ジャパンは、社会起業家が集い、そのノウハウ、資金、関係資産をお互いに共有し、様々な社会ソリューションを世界中に広げていくことで、より大きな社会インパクトを共創する『社会起業家の共同体』です。

　ここに集う社会起業家は、利他の精神に基づいたオープンでフラットな相互扶助コミュニティの一員として、国境・人種・宗教を超えて助け合い、良い社会づくりを実現していきます」

①すべての事業は、貧困、差別・偏見、環境問題など社会問題の解決を目的とします。

②継続的な社会インパクトを実現するため、経済的に持続可能なソーシャルビジネスを創出します。

③事業により生まれた利益は、働く環境と福利厚生の充実、そして新たなソーシャルビジネスの創出に再投資します（「恩送りのエコシステム」[42]「ボーダレスの福利厚生」[43]。

④株主は、出資額を上回る一切の配当を受けません。

⑤経営者の報酬は、一番給与の低い社員の7倍以内とします。

⑥エコロジーファースト。すべての経済活動において、自然環境への配慮を最優先にします。

⑦社員とその家族、地域社会を幸せにする「いい会社」をつくります（「ボーダーレスイズム」[44]）。

⑧社会の模範企業となることで、いい事業を営むいい会社を増やし「いい社会」をつくります。

（2）同社が展開するソーシャルビジネス[45]

　上述したミッションに基づき、同社は35の事業を展開している（2021年5月現在）が、以下にそのうちのいくつかを示そう。

　なお、同社の事業はすべて独立採算制をとっており、「VISION」「解決したい問題」「どうやってアプローチするのか」「ソーシャルインパクト」を明

確にすることが、事業の共通条件となっている。

①ピープルポート：日本の難民 [46] に雇用を生むパソコンリユース

（ⅰ）VISION

　　難民に安心と働く機会を提供し、地域社会に貢献する集団となる。

（ⅱ）解決したい問題

　　日本にいる難民の貧困と孤立、および社会の無関心さ。

（ⅲ）どうやってアプローチするのか

　　英語力が活きる・日本社会に貢献する PC リユース事業。企業から回収
　　した PC を eco パソコンとして販売する。

（ⅳ）ソーシャルインパクト

　　難民（申請者）が日本で働けるようになる。

　　「日本語が話せない日本の難民（申請者）➡経済的に不安定、かつ社会
　　的に孤立➡英数字を多用するパソコンの再生事業で直接雇用➡安定収入
　　かつ日本人の仲間との信頼関係➡お客を含めた現地社会とのつながりを
　　通じて、相互理解が進む」

②ビジネスレザーファクトリー[47]：バングラデシュの貧困層を作り手とする
レザーブランド [48]

（ⅰ）VISION

　　「世界中の働くを楽しく」を実現し、貧困のない社会を共創する。

（ⅱ）解決したい問題

　　バングラデシュの都市部における貧困層の雇用問題。

（ⅲ）どうやってアプローチするのか

　　バングラデシュの革工場で貧しい人々を雇用し、世界に通用する革職人
　　に育成する。

（ⅳ）ソーシャルインパクト

　　バングラデシュの貧しい人たちが仕事を得られる。

　　「貧困層は学校に行っていない、働いた経験がない➡働けない or 低賃金
　　や劣悪な労働環境で働いている➡自社工場で貧しい人々を優先的に採用
　　する➡現地資源の本革を使い、高付加価値商品をつくる➡ビジネスシー
　　ンの牛本革専門ブランドで販売する➡『働く』を繋ぎ『働くを楽しく』

を共創する」

③ Enter the E：人や環境に配慮したファッションを当たり前にするセレクトショップ

（ⅰ）VISION

地球と人が服を楽しめる社会の両立。

（ⅱ）解決したい問題

人や環境に配慮した洋服が当たり前ではない社会。

（ⅲ）どうやってアプローチするのか

日本の市場に合うテースト、価格幅を世界中からセレクト。

（ⅳ）ソーシャルインパクト

自分の消費行動に対して意識を持つ人が増える。

「人や環境に配慮した洋服の選択肢が少ない→従来品を購入し、人や環境負荷に加担している状態→デザイン面も価格帯も自分に合う、人や環境に配慮した洋服のバリエーションを提供→自分のスタイルにあった配慮型の洋服を選択できるようになる→人や環境に配慮したファッションが特別なことではなく、標準化された社会を構築」

④ローカルフードサイクリング：持続可能な食循環をつくる都市型コンポスト

（ⅰ）VISION

「捨てない暮らし」で、台所を起点とした食循環をつくる。

（ⅱ）解決したい問題

捨てる必要のない資源をゴミとして捨ててしまっている社会。

（ⅲ）どうやってアプローチするのか

循環ツールの開発と商品・継続サポートを届ける。都会で手軽にできるコンポストで持続可能なエコロジー習慣を提供。

（ⅳ）ソーシャルインパクト

コンポストで個人起点の持続可能な食循環ができる。

「安心して取り組めるコンポスト体験→ごみ減量で快適な暮らしを体験・継続意欲→できた堆肥でガーデニング、生ごみを資源として認識→食の見直し、資源化への意欲→ごみ減量・CO_2削減・持続可能な食循環の形成」

⑤＃ママバラ：産後うつや児童虐待を"予防"するアウトリーチ

（ⅰ）VISION

「ママの私」も「大人の私」もどちらも大切にできる母親をふやす。

（ⅱ）解決したい問題

産後うつ・児童虐待の増加。

（ⅲ）どうやってアプローチするのか

オンラインコミュニティで安心できる居場所をつくる。

（ⅳ）ソーシャルインパクト

ママバラの会員の人数が増える。

「『私、お母さんだから。これくらい我慢して当たり前』って思っているママ→ママライフバランスという概念と出会う→『ママ』ではない『わたし』はどうしたいのか？という問いが生まれる→ママライフバランスをとりながら子育てをすることで心の底から笑えるようになる」

⑥ハチドリ電力：地球温暖化を防ぐ CO_2 を出さない電気販売

（ⅰ）VISION

CO_2 排出ゼロの再生可能エネルギーで持続可能な社会をつくる。

（ⅱ）解決したい問題

人間が排出する CO_2 による地球温暖化。

（ⅲ）どうやってアプローチするのか

誰かを応援する目的で電気を再生可能エネルギーに切替。毎月の電気料金の1％を自分が応援したい社会活動家に寄付できるという仕組みを構築。

（ⅳ）ソーシャルインパクト

電力切替によって減らすことができた CO_2 排出量が可視化される。

「多くの人にとって電力切替を真剣に考える目的がなかった→誰かを応援するという目的のため電力を切り替える→火力発電で発電された電気ではなく持続可能な再エネを利用→ CO_2 排出量をゼロにし、一人ひとりが地球温暖化防止に貢献」

⑦ボーダレスハウス：異文化への差別偏見をなくす国際交流シェアハウス

（ⅰ）VISION

　　人種や国籍関係なく、お互いを認め合える真の多文化共生社会へ。

（ⅱ）解決したい問題

　　異文化への差別偏見と閉鎖的な社会。

（ⅲ）どうやってアプローチするのか

　　社会を担う若者たちが、共同生活を通じて多様な価値観を育むことができる超多国籍コミュニティ、国際交流シェアハウスの提供。

（ⅳ）ソーシャルインパクト

　　異文化交流を体験し、差別・偏見のない人が増える。

　　「異文化への差別偏見と閉鎖的な社会をかえるために→異文化の人々との共同生活の中で相互理解を育む体験を提供→異文化理解のある若者たちが世界中へ→人種や国籍関係なく、お互いを認め合える真の多文化共生社会へ」

⑧ RICE：発信で社会を変える社会派インフルエンサーコミュニティ

（ⅰ）VISION

　　社会的発信を日常に根付かせ、誰もが当事者意識を持てる社会を作る。

（ⅱ）解決したい問題

　　日本の低い社会・政治参加率。

（ⅲ）どうやってアプローチするのか

　　社会的な発信をする YouTuber や TikToker、また Instagramer といった社会派インフルエンサーを育成、輩出する、日本で唯一の社会派インフルエンサー事務所を運営。

（ⅳ）ソーシャルインパクト

　　社会問題に当事者意識を持てる社会になる。

　　「社会への発信が避けられ、無関心が育まれる→社会派インフルエンサーを育成・輩出→社会的な発信が当たり前な風土を醸成→発信をすることで社会への当事者意識を育む」

⑨タベモノガタリ：産地フードロスをなくす八百屋

（ⅰ）VISION

地域内で農家と消費者が支え合うコミュニティ流通を創出する。

（ⅱ）解決したい問題

「形が悪い」だけで流通に乗せられない産地廃棄。

（ⅲ）どうやってアプローチするのか

"形はワルいが、味はイイ"を掲げて運営する、地域密着型の「八百屋のタケシタ」の運営。朝どれの野菜を農家から買い取り、電車の駅ナカに出店・販売。品質を保つため全て自社便で流通する。

（ⅳ）ソーシャルインパクト

フードロスがなくなる。

「たくさんの規格外野菜が廃棄されている→地域内で規格がない流通を創る→生産した野菜が全て消費される→消費者も地域内で新鮮な野菜が手に入る→地域の中でコミュニティをベースにした農産物流通が実現する」

⑩UNROOF：障がい者が「戦力」として働き、正当に評価される場をつくる

（ⅰ）VISION

天井のないオープンファーム。精神・発達障がいのある人を一流の革職人に育て上げる工場を通じて、障がいがあるだけで仕事の選択肢が制限される社会から「障がいがあっても自分の可能性を信じられる社会」へと変えていく。

（ⅱ）解決したい問題

精神・発達障がい者が活躍できる仕事が限られること。

（ⅲ）どうやってアプローチするのか

メンバーが一流の革職人として付加価値の高い製品を作る。

（ⅳ）ソーシャルインパクト

障がいのある人が自分の可能性を信じて働ける。

「工場で働く障がいを持つメンバーが増える→働く中で、給与や仕事の内容がステップアップしていく→成長をしている姿を社会に発信していく→障がい者は戦力にならないという意識が取り払われていく→工場で働くメンバーが増える→UNROOFのやり方を真似する企業が増える→

社会の中の意識が変わる」

⑪セカキャリ：非正規のシングルマザーを正社員で自社雇用する

（ⅰ）VISION

シングルマザーを正規雇用し、平日時短勤務で月収30万円を目指す。
販売接客業に特化した転職エージェントのキャリアアドバイザーとして
シングルマザーを雇用する。

（ⅱ）解決したい問題

平均年収171万円というシングルマザーの貧困問題。

（ⅲ）どうやってアプローチするのか

人材紹介事業のキャリアアドバイザー職として雇用。

（ⅳ）ソーシャルインパクト

直接雇用者数とその子どもの数が増える。
「非正規就労によるワーキングプア問題→お母さんの勤務条件を満たす
正規雇用を提供→十分な教育環境を用意してスキルアップ、年収を上げ
る→相対的貧困から抜け出し子どもの教育費まで賄う」

田口社長の目標は売上高10億円の会社を1000社つくり、グループ全体で
1兆円の規模にすることである。そのくらいの規模にならないと、ソーシャ
ルビジネスは「仕事の出来ないやつが何かいいことをやっているだけ」と見
られてしまうからとのことである。「一人でできることは限られているが、
支え合えばソーシャルビジネスで社会を変えられる」という信念のもと、田
口は一人でも多くの社会起業家を生み出そうとしている。

2006年にノーベル平和賞を受賞した、バングラデシュのグラミン銀行の
創設者であるムハマド・ユヌスはマイクロクレジット（小口無担保融資）の
先駆けとして知られている。マイクロクレジットとは、一般の銀行では融資
を断られるような貧しい人々に対しての資金の融資であり、ユヌスはこの融
資により貧しい人々の経済的な自立支援を広くおこなうために1976年にグ
ラミン銀行を設立した。

また、貧困のサイクルを断ち切ることをミッションとして立ち上げられた
NPO団体「ルーム・トゥ・リード」は、寄付（同団体の活動資金の大部分
は寄付によるものであるが、一般的な「ただ待っているだけの寄付」ではな

い。ミッションと資金の使い道を明確に示し、詳細に成果を公表する。「NPO団体は『やろうとすること』だけでなく、『やってきたこと』を具体的な数字で客観的に寄付者や社会に示すことが大切だ。堂々と寄付をお願いするだけの根拠を示せないNPOの存在価値は薄い」というのが同団体のモットーであり、寄付を募るために戦略的にマーケティング活動を展開している）で集めた支援金を恵まれない地域への「施し」ではなく、例えば学校を建てる際など、必ず現地の人々との「協働」という形で活用する。恵まれないから支援されて当たり前という「内向きの依存」を認めず、教育機会の獲得を情熱的に行動で示す「前向きの自立」を助けるのである。

　「1000万人の子どもに生涯の教育の機会を」という目標を達成するための同団体の活動を「不可能だ」という人は多い。だが、「それはできないと言う人は、それをしている人を批判すべきではない」。もし、アフガニスタンに、より多くの子どもの生涯教育への支援がなされていたら、もし爆薬の数ではなく、バナナの数を数える算数の教科書があれば、あの「9.11」は起こらなかったかもしれない。

　社会的課題に対して、行政や企業は、取り組まなければならないということは分かってはいても、縦割り構造やコスト意識がその進行を阻害して、それらに積極的に対応できないでいる。また、セーフティネットの充実がいくら手厚くおこなわれても、それが自立を促すプログラムでない限り、単に「依存者」を増やすことを助長することになる。

　そうした中で存在を発揮するのがソーシャルビジネスである。彼（彼女）らの多くは社会的課題に対し、無償ボランティアという形ではなく、長期的なビジネスという形で取り組んでいる。前者では寄付などが滞れば支援もストップするが、後者ではビジネスが軌道に乗れば持続的にその支援を展開することが可能だからである。「利益は自らのためにではなく社会のために」を実践し、「ビジネスとしての採算確保」と「社会貢献」の両立という難題に彼（彼女）らは挑戦している。

　現在、CSRの重要性は多くの企業によって認識されており、特にSDGsを背景に、社会的貢献などを経営戦略に組み込むような企業も増えてきているが、その活動はあくまで利益追求活動の手段およびその一環としての「周辺部分」という位置に止まっている場合が多い。したがって、「ブーム」の終焉や景気後退、企業業績の悪化により、その部分への資金投入が簡単に減

らされたりもする。

　それに対し、ボーダレス・ジャパンが取り組んでいるソーシャルビジネス
は存立目的（ミッション）自体の中に「社会的課題を解決する」という信念
が織り込まれている。表面的でも一時的でもない信念である。ゆえに、その
活動は持続的に社会的負荷を減らし、同時に持続的に企業自体も成長させて
いく可能性を秘めている。

〔注〕

1　田中広司（2005）『コンプライアンス経営』生産性出版、p.40.

2　谷本寛治（2006）『CSR：企業と社会を考える』NTT 出版、p.24.

3　松野弘・堀越芳昭・合力知工編著（2006）『「企業の社会的責任論」の形成と展開』
　　ミネルヴァ書房、p.15.

4　合力知工（2004）『現代経営戦略の論理と展開―持続的成長のための経営戦略―』
　　同友館、p.174.

5　1956 年 11 月の経済同友会第 9 回大会において「経営者の社会的責任の自覚と実践」
　　が決議され、わが国で初めて「社会的責任」という理念が提示された。これ以降
　　1960 年代の同友会の経営者の理念として定着することになる（浅野俊光《1991》『日
　　本の近代化と経営理念』日本経済評論社、p.134.）

6　中瀬寿一（1967）『戦後日本の経営理念史』法律文化社、p.95.

7　中瀬寿一（1967）、pp.96-97.

8　SRI（Socially Responsible Investment）とは、投資家が財務的指標だけでなく、
　　CSR 活動を評価した社会的指標と併せて、企業を選んで投資する手法である。そして、
　　その中でも、「環境（Environment）」「社会（Social）」「企業統治（Governance）」と
　　いう非財務情報に注目した投資を ESG 投資といい、近年、非常に注目されている。
　　ESG 投資は当初、社会課題への自主的な対応から始まったが、のちに機関投資家な
　　どが長期的収益の獲得を図る上で非財務情報に注目するという形に変容していき、本
　　来の SRI の意義はやや薄れている。

9　責任投資原則（PRI: Principles for Responsible Investment）とは、国際連合が
　　2006 年に提唱したもので、投資に ESG の視点を組み入れることなどからなる機関投
　　資家の投資原則。原則に賛同する投資機関は署名し、遵守状況を開示・報告する。
　　PRI に署名する機関投資家は、受託者責任と一致することを条件に、以下の 6 つの原
　　則にコミットしている。

　　　①投資分析と意思決定のプロセスに ESG の視点を組み入れる

　　　②株式の所有方針と所有監修に ESG の視点を組み入れる

　　　③投資対象に対し、ESG に関する情報開示を求める

　　　④資産運用業界において本原則が広まるよう、働きかけをおこなう

　　　⑤本原則の実施効果を高めるために協働する

⑥本原則に関する活動状況や進捗状況を報告する

（「経済産業省」https://www.meti.go.jp/policy/energy_environment/global_warming/esg_investment.html《2021/08/13》）

　日本においても、年金積立金管理運用独立行政法人（GPIF）が2015年に署名したことを受け、ESG投資が一気に広がった。

10　Sustainable Development Goals（持続可能な開発目標）の略称。2001年に策定されたミレニアム開発目標（MDGs）の後継として、2015年9月の国連サミットで加盟国の全会一致で採択された「持続可能な開発のための2030アジェンダ」に記載された、2030年までに持続可能でよりよい世界を目指す国際目標。17のゴール・169のターゲットから構成され、地球上の「誰一人取り残さない（leave no one behind）」ことを誓っている。SDGsは発展途上国のみならず、先進国自身が取り組むユニバーサル（普遍的）なものであり、日本としても積極的に取り組んでいる（「外務省」https://www.mofa.go.jp/mofaj/gaiko/oda/sdgs/about/index.html《2021/08/13》）。

11　田村怜・石本琢「ESG投資の動向と課題」『ファイナンス』2020 Jan.、p.39.

12　合力知工（2004）、p.210.

13　ローラ・L.ナッシュ／小林俊治・山口善昭訳（1992）『アメリカの企業倫理：企業行動基準の再構築』日本生産性本部、p.82.

14　本章は、松野弘・堀越芳昭・合力知工編著（2006）の第5章に加筆修正をおこなったものである。

15　2003年の改正で、以来、一律13000円となっている。

16　2004年に、改正連邦量刑ガイドラインが成立している。

17　ここでいう「社会化」とは、「企業と社会」（Business & Society）論的視点に立ち、「企業の公共的利益の遵守という立場から、企業行動における経済的利益と社会的利益の最適化による企業の社会性の向上を推進していく」という意味であり、これを推進していくことが「積極的CSR」の推進ということになる。

18　松野弘・合力知工（2003）「転換期における企業の社会的責任論—企業行動の社会化への視点と『社会的評価経営』への方向性—」『企業診断』9月号、同友館、p.78.

19　原則1：国際的に宣言されている　人権の保護を支持、尊重する（人権）、原則2：自らが人権侵害に加担しないよう確保する（人権）、原則3：組合結成の自由と団体交渉の権利の実効的な承認を支持する（労働）、原則4：あらゆる形態の強制労働の撤廃を支持する（労働）、原則5：児童労働の実効的な廃止を支持する（労働）、原則6：雇用と職業における差別の撤廃を支持する（労働）、原則7：環境上の課題に対する予防原則的アプローチを支持する（環境）、原則8：環境に関するより大きな責任を率先して引き受ける（環境）、原則9：環境にやさしい技術の開発と普及を奨励する（環境）、原則10：強要と贈収賄を含むあらゆる形態の腐敗の防止に取り組む（腐敗防止）。

20　OECD加盟国およびこれを支持する諸国において事業をおこなう多国籍企業に対する政府の勧告。勧告の範囲は、人権、情報開示、雇用・労使関係、環境、汚職防止、消費者保護、科学技術、競争、課税などに及ぶが、法的拘束力はなく、任意で遵守されるべきものであるため、企業の倫理感が強く求められている。

21　GRI（Global Reporting Initiative）がまとめた、持続可能な社会に向けたサステナビリティ（持続可能性）報告書に関する、世界共通のガイドライン。

22　高巌・Thomas Donaldson（1999）『ビジネス・エシックス：企業の市場競争力と倫理法令遵守マネジメント・システム』文眞堂、p.235.

23　アダム・スミス／水田洋訳（1973）『道徳感情論』筑摩書房、pp.183-189.

24　小畑二郎（1997）「経済と倫理との本質的な関連について―ブキャナン『倫理の経済学』に学ぶ」『書斎の窓』No.465 有斐閣

25　アダム・スミス／水田洋訳（1973）、pp.202-203.

26　例えば、高田馨の企業倫理に関する研究は特筆すべきものがある。

　　高田は、「実践的道徳原理により再構成された社会的責任道徳原理を経営文化に内在させて経営倫理文化を形成すべきである」と主張し、そのような「経営倫理文化を経営体が持つことが経営体の存続と成長にとって不可欠の条件である」との立場をとっている（高田馨《1989》『経営の倫理と責任』千倉書房、pp.7-13.）。

　　彼は、道徳（倫理）を「道徳的判断を含む人間行動の原理」として、経営道徳（経営倫理）を「道徳的判断を含む経営行動の原理」と定義づけている（高田は、「人間尊重」という道徳価値を最上位の道徳基準であると捉えている）。また、実践人が経営行動をとる際の行動基準として、普遍的な善価値である、理論的道徳基準だけでは不十分であり、実践人が実践において何が善で何が悪か、何が正で何が邪かを判断する際のよりどころとなる実践的道徳基準の必要性を説いた（高田《1989》、pp.31-33.）。

27　梅岩の死後、門弟の手島堵庵などが、京都から大坂、江戸、そして全国へと心学を広め、町人層から武士層にまで影響を与えていった（特に、近江商人への影響は大きい。当初、近江商人は、その商売の巧さから、「近江泥棒」などと揶揄されていたが、徐々に信用を重視する商売へと変わっていった。そこで特に強調されたのが、「正直」と「倹約（財産をつつましやかに使うことは、人を愛することに通ずる）」であった（長銀総合研究所《1993》『尊厳なき企業の崩壊』PHP研究所、pp.45-46.）

28　竹中靖一（1977）『日本的経営の源流』ミネルヴァ書房、pp.27-32.

29　ローラ・L.ナッシュ／小林俊治・山口善昭訳（1992）、pp.54-58.

30　ローラ・L.ナッシュ／小林俊治・山口善昭訳（1992）、pp.59-61.

31　合力知工（1998）「企業の社会的責任の再検討―企業の社会的責任の現代的解釈―」『福岡大学商学論叢』第42巻第4号

32　企業の経済活動に伴い、市場の外で取引の当事者でない者が不利益を被ること。

33　「共通価値」という考え方が最初に検討されたのは、Porter, Michael E. and Kramer, Mark R., "Strategy & Society: The Link Between Competitive Advantage and Corporate Social Responsibility", HBR, December 2006 である。

34　ここでいう価値とは、「便益だけではなく、コストと比べた便益」を意味する。（マイケル・E.ポーター＆マーク・R.クラマー（2011）「経済的価値と社会的価値を同時実現する共通価値の戦略」『Diamond Harvard Business Review』June 2011、p.11.）

35　マイケル・E.ポーター＆マーク・R.クラマー（2011）、p.8.

36　マイケル・E.ポーター＆マーク・R.クラマー（2011）、p.12.

37　マイケル・E.ポーター＆マーク・R.クラマー（2011）、p.10.

38　マイケル・E.ポーター＆マーク・R.クラマー（2011）、pp.14-24.

39　Bottom of the pyramid、あるいは Base of the pyramid の略。世界において、所得が最も低いが、人口では多数を占める層。BOP層は世界人口の約7割、潜在的な市場規模は5兆ドルにのぼると言われている。先進諸国の貧困地区や開発途上国には未だに膨大な社会的課題が山積しており、それに応えられる企業は社会的課題を解決しながら、自らも成長することになる。

40　多くの企業は、生産性を上げるために、短期的にコスト削減をしようとするが、それはむしろ生産性を低下させる、あるいは持続可能性を損なうことになる。

41　「ボーダレス・ジャパン」https://www.borderless-japan.com/whoweare/identity/（2021/05/02）

42　ソーシャルビジネスをおこなう社会起業家を増やし、社会を変えるアイデアを世界中に広げるための同社の仕組み。

　　同社では、多くのソーシャルビジネスを展開しているが、すべて独立採算制である。各社売上追求ではなく、解決したい社会問題に対するソーシャルインパクトの拡大を目指す。そうした事業を増やすために、各社の利益は自己投資分を除き、すべて共通のグループポケットに入れる。そして、その共通資金で新たなソーシャルビジネス（新会社）をサポートするが、その承認を含め、利益の使途・制度設計などは全社の合議制により運営される（「共同体経営」）。年2回、世界中から全社長が集まり、組織や制度の決議を「世界会議」でおこなう。

　　なお、起業家支援として、立ち上げを支えるスタートアップスタジオと経営を支えるバックアップスタジオという2つの機能を設け、最短での事業の立ち上げを可能にしている。最大1,500万円の資金が手渡され、採用・投資・報酬などすべて各経営者が自己決定し「自立自走経営」をおこなう。資金が尽きると事業は終了するが、プラン発表から再チャレンジできるようになっている。2か月連続黒字を達成した起業家は、自社の出した余剰利益を共通ポケットに入れ、恩送りをする側にまわる、というサイクルになっている。

43　「子ども手当：社員の子どもが健全に成長し、適切な教育が受けられるようにするための手当。金額は世帯収入や子どもの人数をもとに決定される」。「パパ育児有休：父親になったメンバー（社長含む）には、子どもの生後6か月以内に合計12日間の有給休暇を強制的に取得させる。男性の育児参加を促し、女性が働きやすい社会を目指すことが目的」。「保育有休：子どもの急な体調不良や迎えに対応できるよう、子どもを持つ親に対して、毎月最大8時間を時間単位で有給として取得可能にしている」。「帰省手当：本人とその配偶者の実家へ帰省する交通費を、最大12万円まで会社が負担。子どもの数と世帯年収に応じて支給額が決まり、盆と正月の年2回利用可能」。「扶養家族の健康診断：家族の健康を守るため、社員の配偶者・両親の健康診断の費用を会社が負担する」。「ボランティア有休：年に1-2回、緊急度の高いボランティア活動に充てられる有給休暇。往復交通費とボランティア保険の費用も会社が負担する」。

その他、ハネムーン有休（最大 5 日間）、弔事有休（社員の家族に不幸があった際、最大 5 日間）なども整備されている。

44　同社の行動指針で、「エコファースト：ゴミは持ち帰る、オフィスにコンポストの設置（生ゴミは堆肥として再利用）、マイボトル・マイ箸・マイ食器、再生パソコン（ZERO PC）の使用、オフィスは自然エネルギー使用、コンセントは抜いて帰る、荷物はオフィスで受け取り可など」「ファミリーワーク：Facebook への全社員参加で出来事やアイデアの共有、メンバーの治療費を捻出、他部署のヘルプ、月一度のランチ会、フリーアドレス、大運動会など」「Something New：託児施設（バングラデシュ）、障がい者就労支援の受け入れ、ボランティア有休、社会問題に関するドキュメンタリー映画の上映（東京・大阪・福岡で月一度）、レインボー行進への参加」から成る。

45　「ボーダレス・ジャパン」https://www.borderless-japan.com/social-business/index（2021/05/02）

46　2017 年の難民申請者は 19,623 人（うち認定者は 20 人）、2018 年は 10,493 人（同42 人）、2019 年は 10,375 人（同 44 人）、2020 年は 3,936 人（同 47 人）となっており、認定者の割合が非常に少ないことがわかる（2020 年は新型コロナウィルスによる入国制限の影響で、申請者が非常に減少している）。ちなみに、2019 年の主要各国の難民認定率は、フランスで 18.5％、ドイツで 25.9％、米国で 29.6％、英国で 46.2％、カナダで 55.7％となっており、日本は 0.4％と極端に低い。日本で認定が少ない理由としては、そもそも受け入れ意思が弱い（移民政策がグローバルスタンダードになっていない）ということと、難民を「助ける」というより「管理する」という見方が強いということなどが考えられ、そのため日本では難民の自立を促すような施策がとられていない。

47　カスタムオーダーの革製品ブランド『JOGGO』も同グループの姉妹ブランドである。JOGGO の方が先に設立され、現地の人にゼロから革製品の技術を教えて人材育成をおこなっている。

48　「動物の皮を使って、可哀想ではないか」という考え方もあるかもしれないが、革製品として広く流通している動物に関して、皮を取るために殺すことは禁止されており、多くは食肉加工過程の副産物がレザーに利用されている。一部、病死や寿命で死んだ動物も利用される。そのため、畜産副産物という側面からみると、動物を余すことなく利用するという意味で、皮革としての利用はむしろエコだということができよう。

【参考文献】

1．DeGeorge, Richard T. [1990], *Business ethics, 3rd ed.* Macmillan（リチャード・T. ディジョージ／永安幸正・山田経三監訳《1995》『ビジネス・エシックス：グローバル経済の倫理的要請』明石書店）

2．Donaldson, Thomas, and Dunfee, Thomas. W. [1994], *Toward a Unified Conception of Business Ethics : Integrative Social Contracts Theory*, Academy of Management Review. Vol.19. No.2, April.

3. Donaldson, Thomas, and Dunfee, Thomas. W. [1999], *Ties that Bind : A Social Contracts Approach to Business Ethics*, Harvard Business School Press.

4. Epstein, Edwin M. [1989], *Business Ethics, Corporate Citizenship and the Corporate Social Policy Process: A View from the United States*, Journal of Business Ethics 8 (エドウィン・M. エプスタイン／中村瑞穂・風間信隆・角野信夫・出見世信之・梅津光弘訳《1996》『企業倫理と経営社会政策過程』文眞堂)

5. Frederick, W. C. [1986], *Toward CRS₃ : Why Ethical Analysis is Indispensable and Unavoidable in Corporate Affairs*, CMR, Winter.

6. Frederick, William C., Davis, Keith, and Post, James E. [1988], *Business and society : Corporate Strategy, Public Policy, Ethics, 6th ed*. McGraw-Hill.

7. Freeman, R. Edward. [1984], *Strategic Management : A Stakeholder Approach*, Pitman.

8. Freeman, R. Edward and Liedtka, J. [1991], *Corporate Social Responsibility: A Critical Approach*, Business Horizons, July-August.

9. Freeman, R. Edward and Gilbert, Daniel R., Jr. [1988], *Corporate strategy and the search for ethics,* Prentice Hall (エドワード・R. フリーマン＆ダニエル・R. ギルバート Jr.／笠原清志監訳, 澤井敦他訳《1998》『企業戦略と倫理の探求』文眞堂)

10. Kohlberg, Lawrence [1973], *The Claim to Moral Adequacy of a Highest Stage of Moral Judgment*, The Journal of Philosophy, 70.

11. Nash, Laura L. [1990], *Good intentions aside : a manager's guide to resolving ethical problems*, Harvard Business School Press (ローラ・L. ナッシュ／小林俊治・山口善昭訳《1992》『アメリカの企業倫理：企業行動基準の再構築』日本生産性本部)

12. Paine, Lynn Sharp [1997], *Cases in leadership, ethics, and organizational integrity : a strategic perspective*, Irwin (L. S. ペイン／梅津光弘・柴柳英二訳《1999》『ハーバードのケースで学ぶ企業倫理：組織の誠実さを求めて』慶應義塾大学出版会)

13. Porter, Michael E. and Kramer, Mark R. [2011], "Creating Shared Value How to reinvent capitalism—and unleash a wave of innovation and growth", Harvard Business Review January–February 2011 (マイケル・E. ポーター＆マーク・R. クラマー《2011》「経済的価値と社会的価値を同時実現する共通価値の戦略」『Diamond Harvard Business Review』June 2011)

14. Rosenthal, Sandra B. and Buchholz, Rogene A. [2000], *Rethinking business ethics : a pragmatic approach*, Oxford University Press (サンドラ・B. ローゼンタール＆ロージン・A. ブッフホルツ／岩田浩・石田秀雄・藤井一弘訳《2001》『経営倫理学の新構想：プラグマティズムからの提言』文眞堂)

15. Steinmann, H. u. Löhr, A., (Hrsg.) [1989], *Unternehmensethik*, C. E. Poeschel.

16. Smith, Adam [1759], *The Theory of Moral Sentiments*, A. Millar, A. Kincaid and J. Bell. (アダム・スミス／水田洋訳《1973》『道徳感情論』筑摩書房)

17. Weber, Max [1934], *Die Protestantische Ethik und der Geist des Kapitalismus*, J. C. B. Mohr (マックス・ウェーバー／大塚久雄訳《1988》『プロテスタンティズムの倫

理と資本主義の精神』岩波書店）

18. Wood, John [2006], *Leaving Microsoft to Change the World: An Entrepreneur's Odyssey to Educate the World's Children*, Harper Business.（ジョン・ウッド／矢羽野薫訳《2007》『マイクロソフトでは出会えなかった天職：僕はこうして社会起業家になった』ランダムハウス講談社）

19. 浅野俊光（1991）『日本の近代化と経営理念』日本経済評論社

20. NHKスペシャル「ワーキングプア」取材班編（2007）『ワーキングプア—日本を蝕む病—』ポプラ社

21. 小畑二郎（1997）「経済と倫理との本質的な関連について：ブキャナン『倫理の経済学』に学ぶ」『書斎の窓』No.465 有斐閣

22. 合力知工（1996）「日本人の企業行動の基本原理に関する一考察：世間体の解明」『福岡大学商学論叢』第41巻第2号

23. 合力知工（1998）「企業の社会的責任の再検討：企業の社会的責任の現代的解釈」『福岡大学商学論叢』第42巻第4号

24. 合力知工（1999）「従業員に対する経営者の社会的責任：現代における人事戦略の再考」『福岡大学商学論叢』第44巻第2・3号

25. 合力知工（2004）『現代経営戦略の論理と展開：持続的成長のための経営戦略』同友館

26. 合力知工（2007）『CSR戦略の一環としての戦略的人材育成』福岡大学商学論叢第51巻第4号

27. 鈴木辰治・角野信夫編著（2000）『企業倫理の経営学』ミネルヴァ書房

28. 高巌・Thomas Donaldson（1999）『ビジネス・エシックス：企業の市場競争力と倫理法令遵守マネジメント・システム』文眞堂

29. 高田馨（1989）『経営の倫理と責任』千倉書房

30. 高橋浩夫編著（1998）『日米企業のケース・スタディによる企業倫理綱領の制定と実践』産能大学出版部

31. 田中広司（2005）『コンプライアンス経営』生産性出版

32. 谷本寛治（2006）『CSR：企業と社会を考える』NTT出版

33. 谷本寛治・唐木宏一・SIJ編著（2007）『ソーシャル・アントレプレナーシップ：想いが社会を変える』NTT出版

34. 中瀬寿一（1967）『戦後日本の経営理念史』法律文化社

35. 中村瑞穂（1994a）「アメリカにおける企業倫理研究の展開過程：基本文献の確認を中心として」『明大商学論叢』第76巻第1号

36. 中村瑞穂（1994b）「『企業と社会』の理論と企業倫理」『明大商学論叢』第77巻第1号

37. 松野弘・堀越芳昭・合力知工編著（2006）『「企業の社会的責任論」の形成と展開』ミネルヴァ書房

38. 宮坂純一（1999）『ビジネス倫理学の展開』晃洋書房

あとがき

　以前、有限会社マックス・ユア・ビズ代表取締役であり、ICF（国際コーチ連盟）認定マスターコーチでもある森川里美氏から、思いがけないプレゼントを頂戴したことがある。それは、ある詩を葉書サイズのカードに綺麗な金色の縁どりで印刷したもので、同じものが100枚セットになっていた。
　その「ある詩」とは、私がよくゼミOB・OGの結婚披露宴の挨拶の場で、お祝いとして贈る『Be born』という自作の詩であった。ひょんなことから森川氏にこの詩を披露することになったのであるが、その贈られてきた「金色の縁どりのカード」を見た瞬間、その詩がとても大切に扱われていると感じた。そして、心から感動した。

『Be born』

思いやりと思い込みは違う。
思いやりは他人のための行為だけど、思い込みは自己満足の行為かな。
そういえば、旅人のコートを脱がせたのは、「北風」ではなく「太陽」だったね。

自信を持つことは素晴らしいけど、持ち過ぎると人は傲慢になる。
謙虚になることも素晴らしいけど、なり過ぎると人は卑屈になる。
だから、僕は決めたんだ。自信と謙虚の間で生きようと…。

自分が世の中で一番悲しい人間だと感じるのは、きっと自分のことしか考えていないから。
自分が世の中で一番劣った人間だと感じるのは、きっと他人への感謝を思い出せないから。

「幸せはいつも自分の心が決める」と誰かが言った。

だけど、僕は自分の心がいつもあなたに生かされているということを
決して忘れない。
決して忘れない…。

　森川氏はコーチングのプロフェッショナルであるが、このプレゼントを頂き、「さすが」だと思った。コーチングはコンサルティングとは異なる。コンサルティングが一般に「クライアントの問題を発見し、解決案としての『答え』を提示する」のに対し、コーチングは「クライアントへの質問・対話を繰り返し、クライアント自らに問題を発見させ、『答え』を自らで導き出させる」手法である。

　上述の『Be born』という詩は、私自身の人生のある分岐点で「パラダイム転換」をしたときに作ったもので、傲慢さや卑屈さなどそれまでの自らの人生の問題点を見つめ直し、そして、「他者の存在の有難さや感謝の気持ち」などその時点で出した私なりの「答え」を表現したものである（もちろん、この「答え」は、今後の私自身の成長と私自身への「問いかけ」とともにさらに変化していくだろう）。

　森川氏は、この詩をご覧になったとき、以前に交わした私との対話の蓄積から、この詩が私にとってとても大切だということをみごとに察知され、だから、綺麗なカードにして贈ってくださったのだと思う。「さすが」一流のコーチである。

　経営に携わる者は、経済や政治の流れの把握、自社を取り巻く外部環境の分析、および経営スキルに関する専門知識の修得（learn）だけをしていればいいというわけではない。経営は「ヒト」の営みである。したがって、経営に携わる者は、そうした経済・政治的情報や外部環境、経営スキル以上に「ヒトの心」についての勉強（study）をする必要がある。

　第Ⅰ部第1章でも紹介したが、ここ数年、AIという新しい技術のビジネスへの導入が急速に進んでいる。画像認識や解析、データ分析、需要の予測や最適化などによる、自動運転やAIレジ、音声翻訳など、その利用領域の広がりは留まるところを知らない。恐らく、この技術は21世紀の経営に最も強い影響を及ぼす経営ツールの一つになっていくだろう。これを利用すれば、大企業から中小企業まで、経営判断に必要な情報を限りなく多く、しかも正確に入手でき、規模に関係なく、どんな企業でも高い競争優位性を獲得できる可能性がある。

　しかし、AIでも獲得できないものがある。それが「ヒトの心」である。「知能」に関してはやがて「シンギュラリティ（技術的特異点）」が訪れるかも

しれないが、どんなに AI 技術が進展しても、「ヒトの心」は AI では正確には理解できない。その範囲も限られているであろう。

　多くのヒトが感動（心を動かされること）するとき、そこには必ず「ギャップ」が存在する。「ギャップのある、ヒト・企画・商品・サービス」はヒトを惹きつける。「笑い」の根底にもギャップが存在する。「サプライズ」「勘違い」「意外性」、そして「発想の転換」、すべてギャップである。ヒトは「当然のこと」に心を動かされはしない。いくら素晴らしいサービスでも、高い値段を出していれば、それは「当然のサービス」としてしかヒトには映らない。ヒトが心を動かされるサービスとは、「高い値段でもその価値をきちんと実感させてくれるサービス」、あるいは「ここまでやるか」という、価格などとはかけ離れた「思いもよらない（予想とギャップのある）サービス」である。

　ギャップは「ヒトの心」とリンクしているものであり、AI にどんなに多くのデータを入力して学習させても、AI がヒトの心の微妙な変化まで読み取り、「正解」を出すことは困難であろう。

　「ヒトの心」はヒトにしか分からない。ヒトを軽視する企業は、ヒトから尊敬されない。ヒトを軽視する企業は、好景気では勢いに乗って強くとも不況期には弱い。ヒトを重視する企業は、好景気でも無理をせず、戦略的に不況期に備える形で利益を出そうとする。だから、不況期でも強い。

　本書のタイトルは『新・「逆転の発想」の経営学』であるが、もし本書が第Ⅱ部で紹介したような内容だけのものであるならば、ただの「ハウツー本」ということになるかもしれない。第Ⅰ部で示した「モノの見方」、そしてそれを駆使した「逆転の発想」が効果を発揮するのは、「理念—特に、ヒトを重視するという理念—」がその根本にあってのことである。したがって、本書では、第Ⅲ部で「理念」を強調した。そして、第Ⅳ部では経営目的（ミッション）として「社会的課題の解決を、ビジネスを通じて実現する」という「理念」を掲げ、ヒトとヒトとの「心の繋がり」を重視する「社会的企業」について紹介した。ちなみに、本書の全体を通じて事例として取り扱った企業は、すべて「ヒトを重視するという理念」を掲げている。

　結局のところ、社員を始めとして、より多くの取引先・顧客・株主・コミュニティなどのステイクホルダーの「心や想い」をいろいろな角度から見て理解し、彼らに対して「逆転の発想」で「ここまでやるか」という「思いもよ

らない行動」を発信することのできる企業が、持続的に成長し続けるように思える。ヒトとヒトとの「心の繋がり」、それによって生み出される尊敬や信頼は何ものにも勝る力を発揮するのである。

　本書は、いつも時間がない私に代わって、私の仕事に関係する有益な新聞の記事を切り抜いて、そっと書斎の机の上に置いてくれている妻の朱実と15歳の長男、耀の笑顔、弱音を吐きそうになる私にいつも天国から「喝」を入れてくれる父母と、事故で逝去しても今も私の心の中で生き続けているゼミOBの小峰宗雲君、若くして癌で急逝したゼミOGの熊江眞梨江さんの声援、そしていつも前のめりの姿勢で真剣に私とともに研究に励むゼミナール生たちの存在がなければ完成をみなかったであろう。また、同友館の武苅夏美氏には大変お世話になった。心より厚く御礼を申し上げたい。

　では最後に、本書の読者を含め、すべての「友」に向けて、「ヒトの心」を大切にした自作の詩を贈りたい。

『友　よ』

我々は、誰しも人生の「計算式」を持っている。
いつも「計算通り」にいく人もいれば、いつも「計算間違い」をする人もいる。
いつも「計算通り」にいく人も、たまに「計算間違い」をすることもある。
いつも「計算間違い」をする人も、たまに「計算通り」にいくこともある。
自分の立てた計算式だけど、「答え」はいつも一つとは限らない。

人間は完成品じゃない。
人間は死ぬまで未完成。
だから僕は生きる。

「人間は生まれたときから死の方向に向かっている」と言う人がいる。
確かにそれは事実かもしれない。
でも僕は思いたい。
僕が向かっているのは「死」ではなく「完成」の方向だと。

人間は完成品じゃない。
人間はいつも未完成。
だから人を傷つけるし、人から傷を負わされる。

「人間は身勝手な生き物です」。
確かにそれは事実かもしれない。
でも僕は信じたい。
僕の受けた傷は、誰かへの憎しみにではなく、
多くの人への優しさに変わるのだと。

友よ。
君の悩みの重さは、僕には計り知れないものだろう。
だから、気安く「分かった」とは言えない。

でも、友よ。
きっとその痛みは君にとって必要なものだと思う。

だから僕は祈りたい。
君のその苦痛が、誰かへの怒りにではなく、
多くの人への慈しみに変わりますように…。

2022 年 2 月

合力　知工

著者略歴

合力 知工（ごうりき・ちこう）

1988 年上智大学経済学部卒業後、93 年同大学院経済学研究科博士課程単位取得。福岡大学商学部教授。経営戦略論担当。コロンビア大学客員研究員（2011 年〜12 年）。主な著書に『サスティナブル・コーチング「自走する組織の創り方」』（共著、同友館、2021 年）、『「逆転の発想」の経営学—理念と連携が生み出す力—』（同友館、2010 年）、『チャンスをつかむ中小企業—ケースで学ぶリーダーの条件—』（共著、創成社、2010 年）、『「企業の社会的責任論」の形成と展開』（共著、ミネルヴァ書房、2006 年）、『伸びる企業の現場力』（共著、創成社、2006 年）、『現代経営戦略の論理と展開—持続的成長のための経営戦略—』（同友館、2004 年）、主な訳書（共訳）に『50 のテーマで読み解く CSR ハンドブック—キーコンセプトから学ぶ企業の社会的責任—』（ミネルヴァ書房、2021 年）『コトラーのソーシャル・マーケティング—地球環境を守るために—』（ミネルヴァ書房、2019 年）『企業と社会（上・下）』（ミネルヴァ書房、2012 年）『ハイパーカルチャー』（ミネルヴァ書房、2010 年）、『社会にやさしい企業』（同友館、2003 年）、などがある。その他、論文多数。

2010 年 3 月 14 日　初　版　第 1 刷発行
2022 年 3 月 18 日　改訂版　第 1 刷発行
2023 年 4 月 18 日　第 2 刷発行

新・「逆転の発想」の経営学

ⓒ著　者　　合　力　知　工

発行者　　脇　坂　康　弘

〒113-0033　東京都文京区本郷 3-38-1
TEL. 03(3813)3966
FAX. 03(3818)2774
URL　https://www.doyukan.co.jp/

発行所　株式
会社　同友館

乱丁・落丁はお取替えいたします。

ISBN 978-4-496-05585-0

三美印刷／松村製本所
（装丁デザイン）阿部つよし
Printed in Japan